Theodor Waitz

Die Indianer Nordamerikas

Theodor Waitz

Die Indianer Nordamerikas

ISBN/EAN: 9783743333093

Hergestellt in Europa, USA, Kanada, Australien, Japan

Cover: Foto ©ninafisch / pixelio.de

Manufactured and distributed by brebook publishing software (www.brebook.com)

Theodor Waitz

Die Indianer Nordamerikas

Die Indianer Nordamerica's.

Eine Studie

von

Theodor Waitz.

Leipzig,

Friedrich Fleischer.

1865.

Vorwort.

Als der Verfasser dieses Schriftchens sein berühmtes, leider noch nicht vollendetes Werk: „Die Anthropologie der Naturvölker" schrieb, gelangte er bei Bearbeitung desjenigen Theiles, welcher den Indianern Nordamerika's gewidmet ist, zu der Ueberzeugung, dass im grösseren Publikum eine ziemlich falsche Vorstellung vom Charakter dieser „Wilden" verbreitet ist. Durchdrungen vom Mitgefühl für die aufs Schlimmste verkannten Indianer glaubte er dem allgemein herrschenden Irrthum durch eine wahrheitsgemässe Darstellung des Charakterbildes derselben entgegentreten, insbesondere aber die Meinung bekämpfen zu müssen, dass die rothe Rasse unfähig zur Civilisation sei.

Zugleich hatte der Verfasser bei Bearbeitung des obenerwähnten, nur für ein genaueres Studium der Anthropologie sämmtlicher Naturvölker bestimmten Buches in den von ihm benutzten, zumeist wenig zugänglichen Quellen viele den Indianercharakter treffend illustrirende Thatsachen und Züge aufgefunden, auf die er in seinem grösseren Werke nur kurz hinweisen konnte, die aber in ihrer vollen Ausdehnung für einen Jeden vollständigen Aufschluss über das innere Leben und die geistige Befähigung des Indianers gewähren. Diese unter einheitlichen Gesichtspunkt gebrachten Thatsachen reihen sich nun im vorliegenden Werke zu einem geschlossenen Ganzen zusammen. Der einheitliche Gesichtspunkt ist eben die von Waitz behauptete geistige Befähigung des Indianers zur Civilisation, und der leitende Gedanke, welcher durch das Ganze geht, ist das Bestreben, uns durch genauere Darlegung des Thuns und Treibens des Indianers und durch Schilderung der Lebenslage, in welche denselben theils die ihn umgebende Natur, theils die Berührung mit den Weissen versetzt hat, nicht blos mit dem ursprünglichen psychischen Leben jener „wilden" Menschen völlig vertraut zu machen, sondern uns auch zu beweisen, dass nur die natürlichen Verhältnisse und die historischen Schicksale die Schuld tragen, wenn der Indianer sich noch nicht mehr als bisher für die Civilisation zugänglich gezeigt hat.

Das vorliegende Buch ist somit ein Nebenproduct der Studien zu jenem grösserem Werke, behandelt eine der wichtigsten Fragen des Menschenwohles, das Wohl und Weh einer ganzen grossen, von den Weissen unterschätzten und verfolgten Rasse — und wendet sich als guter Anwalt dieser Rasse an die Einsicht aller Gebildeten. Das Manuscript des Buches lag schon seit einiger Zeit im Pulte des Verfassers, als dieser unerwartet schnell starb. Fertig bis auf den Schluss (über die Indianerpoesie), welcher durch einige Notizen hinlänglich vorbereitet war, hatte es der Verfasser für eine spätere Zeit zurückgelegt. Als mir nun der Verleger dieses Manuscript übergab, um es zum Druck befördern zu helfen, zeigte sich mir bei der genaueren Durchsicht desselben sogleich in jeder Zeile, wie der Verfasser, dessen ungemeiner Fleiss und kritische Sorgfalt beim Quellenstudium in der gelehrten Welt schon hinlänglich bekannt sind, eben so sehr mit der den Menschenfreund kennzeichnenden Lust und Liebe, wie mit der Meisterschaft des völlig vorurtheilsfreien Psychologen das Ganze bearbeitet hatte. Mir selbst lag bei Herausgabe des Werkchens ausser der Durchsicht des in Einzelheiten schwierig zu lesenden Manuscripts bei Beaufsichtigung des Druckes lediglich die Redaction einiger nothwendigen Einfügungen ob. Die von mir herrührenden Zusätze betreffen hauptsächlich: die Angabe der Kopfzahl der Indianer in der Neuzeit (auf Seite 16 und 17), die Anführung einiger charakteristischer Indianer-Anekdoten, welche Waitz selbst (nach gewissen Andeutungen im Manuscript) nachzuholen gedachte, sowie die Herstellung des Schlusses nach Waitz's eigenen Notizen und nach den von ihm selbst in seinem grösseren Werke eingeschlagenen Gedankengange. Endlich glaubte ich auch durch Hinzufügung der Ueberschriften im Texte, sowie durch Entwerfung einer Inhaltsangabe eine grössere Uebersichtlichkeit zu erzielen.

Noch habe ich aber als Herausgeber des nachgelassenen Werkes eines allgemein geschätzten Schriftstellers die Pflicht, einen Bericht über manche noch wenig bekannte Momente aus dem Leben desselben mitzutheilen. Der schon in seinem 43. Lebensjahre verstorbene Verfasser wurde im J. 1821 zu Gotha geboren und war der einzige Sohn höchst begabter Eltern; sein Vater stand als Pädagog und Geistlicher in grosser Achtung. Schon früh zeichnete sich der Knabe durch Wissbegier, Ordnungsliebe und Arbeitsamkeit aus, und zeitig erwarb er sich eine feste sittliche Haltung; dabei gewann er die Fürsorge einer edlen Fürstin des herzoglichen Hauses zu Gotha, welche ihn, so lange sie lebte, an sich zog, als wäre er ihr eigenes Kind. Nachdem er in Jena Philologie zu studiren begonnen, wendete er sich nach Leipzig, wo ihn der bekannte Professor der Philosophie Drobisch für das Studium der Mathematik und der Herbart'schen Philosophie gewann. Kaum hatte er das 20. Jahr erreicht, so wurde ihm Gelegenheit gegeben, zur Bearbeitung des Aristoteles nach Rom und Paris zu reisen; die ausgezeichnete kritische Ausgabe des „Organon" war der Ertrag dieser Reise. In demselben Jahre 1844, wo diese Arbeit erschien, erhielt er einen Ruf an die Universität

Marburg, wo er bis zu seinem Tode Vorlesungen über Philosophie hielt. Fort und fort bis zu seinem Lebensende widmete er sich in unersättlichem Wissensdrange ausgedehnten Studien; er erlernte erst in den letzten Jahren mehrere Sprachen, wie die spanische und holländische; namentlich führte ihn das Bestreben, seine Kenntnisse in allen Gegenständen des Wissens zu erweitern und einen tieferen Einblick in die Vorgänge der Natur zu gewinnen, zu einer genaueren Beschäftigung mit den Naturwissenschaften, unter Anderem mit der Chemie und Anatomie. Mit ungemeinem Eifer vervollständigte er sein historisches, geographisches und ethnographisches Wissen auf auswärtigen Bibliotheken, welche er während der Ferienzeiten besuchte. Die Früchte dieser Studien, seine Werke, zeichnen sich aber nicht bloss durch grosse Gelehrsamkeit, sondern auch durch eine einfache, klare und schmucklose Darlegung der Ergebnisse seines Nachdenkens und seiner kritischen Untersuchungen aus. Als die vorzüglichsten seiner Werke nennen wir seine „Grundlegung der Psychologie" (1846), sein „Lehrbuch der Psychologie als Naturwissenschaft" (1849), seine „Pädagogik" (1852) und schliesslich seine auch vom Auslande bewunderte „Anthropologie der Naturvölker" (1859—64). Ueber der schwierigen Bearbeitung dieses letzteren Werkes brach seine Kraft zusammen. Doch hatte er Zeit gefunden, angeregt durch die umfangreichen Studien über die Indianervölker, welchen er sich bei Bearbeitung dieses Werkes widmen musste, die vorliegende Schrift zu verfassen, die ihm gewiss noch nach seinem Tode zahlreiche Freunde erwerben wird.

Leipzig, im November 1864.

Dr. Ploss.

Inhalt.

Seite

Charakteristik des Indianers in ethnographischer Hinsicht . 1
   Schwierigkeit der Gruppirung der Indianervölker nach ihrer Stammverwandtschaft 1
   Gleichförmigkeit der äussern Erscheinung aller Indianervölker . . . 2
   Beschränkung der Charakterschilderung auf die bis jetzt bekannten Indianerstämme 4
   Mannichfaltigkeit der Indianersprachen 5
   Unzuverlässigkeit aller Traditionen der Indianer hinsichtlich ihrer Stammverwandtschaft 10
   Wanderungen der Indianerstämme in früher Zeit 12
   Abnahme und Untergang der Indianer durch Krieg, Branntwein und Krankheit 13
   Ungefähre Schätzung der Zahl der Indianer 16
   Uebersicht der Indianerstämme nach ihrer geographischen Verbreitung 19
   Veränderung des Indianercharakters durch Berührung mit den Weissen 21
   Mangelhaftigkeit der Berichte zur richtigen Würdigung des Indianercharakters 23
   Der ursprüngliche Charakter zeigt sich nur bei der ersten Berührung mit den Weissen 25
Historische Schicksale der Indianer 26
   Geschichte der Niederlassungen der Engländer in Virginien 26
   Feindseligkeiten 28
   Geschichte der Niederlassungen der Engländer in Massachussets . . 32
   Erbitterung und Widerstand der Indianer daselbst (die Pequots) . . 34
   Krieg zwischen den Häuptlingen Uncas und Miantunomoh 36
   Sittliches Sinken der Indianer in Folge der Behandlung durch die Engländer 39
   Schicksale der Indianer im Süden der Vereinigten Staaten . . . 41
   Die Kriege mit den Creeks, Choktaws, Chickasaws und Chirokees . . 41
   Ernstes Streben der Indianer zum Fortschritt und zur Civilisation . 43

Seite

Der Krieg mit den Seminolen 45
Die eingetretene Umbildung des Indianercharakters betrifft besonders
die südlichen Indianerstämme 48
Einfluss der Weissen auf die nördlichen Stämme, die Irokesen (die
„fünf Völker": Senecas, Oneidas, Onondeyas, Cayungas, Mohawks) 50
Annäherung des Indianers an civilisirtes Leben 60

Civilisationsfähigkeit des Indianers 66

Einwurf gegen die Civilisationsfähigkeit von naturwissenschaftlicher
Seite (Beurtheilung der Kopfform des Indianers) 67
Der Indianer erhob sich nur deshalb nicht zur Civilisation, weil er
kein Bedürfniss fühlte, das wilde Leben zu verlassen 68
Er befand sich stets im Kampfe um die Existenz gegenüber den Trä-
gern der Civilisation 69
Der Indianer ist an sich nicht unfähig der Bildung 70
Einzelne Beispiele befähigter Indianer 71
Die Indianer lebten noch nicht unter Bedingungen, welche einen Fort-
schritt überhaupt erwarten lassen 74

Physische Eigenthümlichkeiten des Indianers 76

Schädelgestalt 76
Haar und Bart 77
Hautfarbe 77
Allgemeine Constitution 78
Körpergrösse 79
Gesichtsbildung 79
Eigenthümliche Organisation der Indianersprache 80
Schärfe der Sinne 80
Künstliche Abplattung des Schädels 81

Culturhistorische Schilderung 82

In wie weit ist das äussere und innere Leben von der Rasseneigen-
thümlichkeit abhängig? 83
1. Subsistenz- und Genussmittel 84
Die Lebensweise des Indianers wird durch die Natur des Landes
bestimmt 84
Jagd 85
Der Büffel und die Prärie 86
Krieg 89
Fischerei 90
Landbau 91
2. Aeussere Ausstattung des Lebens 93
Die Wohnungen und das häusliche Leben 93
Geräthe und Waffen 94
Kähne, Kleidung 95
Wampum-Schnüre 96
Mahlzeiten und Nahrungsmittel 96
3. Familienleben und geselliger Verkehr 97
Stellung der Frau in der Familie 97
Ursachen der Polygamie 99

	Seite
Liebe zu den Kindern; Kindermord	100
Benehmen gegen alte Leute	101
Erziehung der Kinder	101
Namengebung der Kinder	102
Anstand, Ernst und Würde des Indianers	103
Standhaftigkeit im Ertragen des Schmerzes	104
Schweigsamkeit im geselligen Verkehr	105
Geringe Neigung zu Tanz, Musik und Festlichkeit	105

4. **Politische und sociale Verhältnisse** 107

Lockere Verbindung der Bevölkerung zu einem Ganzen	107
Geringes Zusammenhalten im Kriege	109
Der Bund der „sechs Völker"	110
Stellung des Häuptlings	112
Häuptlinge für den Krieg und für den Frieden	113
Die Abstammung von der Mutter bestimmt die edle oder unedle Geburt	114
Ursachen der Kriege sind Noth, Rache u. s. w.	115
Art der Kriegführung	117
Die Skalps als Trophäen	119

5. **Temperament und Charakter** 119

Tapferkeit und Muth, List und Feigheit	119
Grausamkeit und Rachedurst	121
Ehemalige Menschenfresserei	124

6. **Religion** 126

Der Glaube an den „grossen Geist" als Schöpfer der Welt	126
Die Sagen vom „grossen Geist"	127
Veränderlichkeit der Indianer-Mythen	130
Leichtgläubigkeit der Indianer gegenüber den Erzählungen ihrer Zauberer	131
Der Glaube an den Riesen Hackah	132
Der Gott der Gewässer, der Gott der Bewegung u. s. w.	134
Die Sagen von den feurigen Meteoren	135
Aehnlichkeit der Mythologie bei den Indianern in Nord- und Südamerica	136
Vorstellung des Indianers von der Seele und dem zukünftigen Leben	137
Gottesdienst der Indianer	139
Selbstpeinigung als Gottesverehrung	139
Religiöse Feste und Tänze	141
Skalptanz	141
Medicinmänner und Wunderthäter als Veranstalter von Festen	142
Sonnentanz, Hundetanz u. s. w.	143
Abergläubische Vorstellungen von den Thieren	145
Die „Medicin" der Indianer	147
Die „Medicinmänner"	148
Das Heilverfahren derselben bei Kranken	149
Mannichfache Arten des Aberglaubens	151
Erfolglosigkeit der Bemühungen der Missionäre	152

		Seite
7. Sittliche Vorstellungen		155
Rechtsbegriffe der Indianer		155
Vorstellung von Strafe und Wiedervergeltung		157
Ehrgefühl und Stolz		158
Ehrlichkeit und Unehrlichkeit, Lüge und Diebstahl		159
Das Schliessen und Halten von Verträgen		161
Gastlichkeit des Indianers		163
Anhänglichkeit und Dankbarkeit		166
8. Intellectuelle Bildung und Begabung		168
Geographische Vorstellungen		168
Bilderschrift		169
Unvollkommene Kenntniss der Zeiteintheilung		171
Mangelnde Neigung zum Untersuchen neuer Erscheinungen		171
Beredtsamkeit		172
Witz und Schlauheit		172
Die beste Quelle zur Kenntniss des geistigen Lebens der Indianer		175
Neigung des Indianerkriegers, sich ritterlich zu schmücken		176
Indianer-Poesie		177

Berichtigungen.

Seite 6 Zeile 10 von unten statt übertrieben, ist — lies übertrieben ist.
„ 19 „ 7 von unten „ Schawanons — lies Schawanoes.
„ 25 „ 18 von oben „ richtig — lies wichtig.
„ 80 „ 11 von unten „ Guichua — Quichua.

Charakteristik des Indianers in ethnographischer Hinsicht.

Wer die uns bekannten Namen der Indianerstämme Nordamerica's überliest, kann sich leicht schon durch die blosse Anzahl derselben von dem Versuche abgeschreckt finden, sie zu schildern. Ihre Anzahl beträgt weit über vierhundert. In der That würde ein solcher Versuch ein Unternehmen von unermesslicher Ausdehnung und zum Theil unüberwindlichen Schwierigkeiten sein, wollte man die Untersuchung auf die Rasseneigenthümlichkeiten, die Stamm- und Sprachverwandtschaften, die Geschichte und die Wanderungen, das äussere und innere Leben dieser Völker in ihrem ganzen Umfange erstrecken. Viele dieser Fragen nehmen zu ihrer Lösung eine sehr lange Reihe besonderer Studien für sich in Anspruch, viele derselben verlangen, dass das zu ihrer erfolgreichen Behandlung erforderliche Material erst herbeigeschafft und verarbeitet werde, viele derselben werden endlich, selbst wenn Alles für sie geschehen ist, was irgend geschehen kann, nur einer annähernden mehr oder weniger wahrscheinlichen Beantwortung fähig sein.

Unter solchen Umständen ist es unerlässlich, die Aufgaben zu theilen, und der Theil derselben, welchen wir uns gegenwärtig zur Bearbeitung gewählt haben, besteht in der Schilderung des ursprünglichen Indianercharakters, in der Darstellung des inneren Lebens, der geistigen Fähigkeiten und Eigenthümlichkeiten der Indianer.

Ein solches Charakterbild zu geben wird wesentlich erleichtert durch die typische Gleichartigkeit, welche sich in den Sitten, den Vorstellungen und der Lebensweise der Indianer Nordamericas überall findet, wo der Verkehr mit Einwanderern aus Europa noch keinen oder nur einen geringen Einfluss auf ihre Umbildung ausüben konnte. War es freilich eine starke Uebertreibung, wenn Reisende behauptet haben dass die demselben Stamme angehörigen Individuen bei den wilden Völkern der mongolischen und americanischen Rasse einander schon im Aeusseren so sehr glichen, dass man (nach einer bekannten Aeusserung Ulloas über die Americaner) alle kenne, wenn man einen gesehen habe, so ist doch nicht zu bezweifeln, dass erst die Civilisation es ist, als deren Folge sowohl äussere als auch innere Verschiedenheiten unter Stammverwandten in weit grösserem Umfange auftreten als im Naturzustande — und selbst an den Hausthieren im Vergleich mit ihren wilden Stammältern scheint sich diess zu bewähren —, und dass eine bis zu möglicher Verwechselung gehende Aehnlichkeit im Aeusseren, gewöhnlich verbunden mit einer eben so grossen Gleichförmigkeit des inneren Lebens und einer mangelhaften Ausprägung bestimmter Individualität, beim Naturmenschen eine wesentliche Thierähnlichkeit ist, welche in der schwierigeren Unterscheidung der Exemplare besteht, die derselben Art angehören. Selbst Männer und Weiber sind nach den Gesichtszügen allein bei vielen Indianerstämmen nicht zu unterscheiden.

Lässt sich diese Gleichförmigkeit der äusseren Erscheinung aller Indianervölker America's allerdings als eine feststehende Thatsache betrachten, die ebensowohl im nächsten Zusammenhange mit der niederen Bildungsstufe und der im Vergleich mit europäischen Völkern sehr grossen Gleichartigkeit ihres inneren Lebens, als auch mit der Thatsache steht, dass verschiedene Indianervölker sich nicht mit einander zu vermischen pflegen, so wird man sich vor zwei irrthümlichen Ansichten hüten müssen, die sich leicht von selbst an diese Bemerkung anschliessen.

Die erste besteht darin, dass man mit jener Gleichförmigkeit und mit dem niederen Bildungsstande auch sogleich eine geringere Bildungsfähigkeit verbunden denke, wogegen vorläufig die Bemerkung Prichard's warnen mag, dass Reisende aus civilisirten Ländern von wilden Völkern wegen der Einförmigkeit ihrer Lebensgewohnheiten stets den Eindruck einer grossen Aehnlichkeit ihrer ganzen Erscheinung und ihres Ausdruckes erhielten und dass die Römer dieselbe Erfahrung an den alten Germanen machten. Der andere Irrthum ist der, dass man sich diese Gleichförmigkeit häufig als weit bedeutender vorgestellt hat als sie ist.

Allerdings bestätigen Beobachter, deren Urtheil unbedingtes Vertrauen in dieser Rücksicht in Anspruch nehmen kann, die allgemeine Aehnlichkeit der Züge, die bei allen Indianervölkern vom Feuerland bis zum Lorenzstrom und bis zur Behringsstrasse auf den ersten Blick auffällt. In diesem Sinne spricht sich A. v. Humboldt aus und Morton äussert sich, nur die Eskimos ausnehmend, auf ganz ähnliche Weise. Wie gross indessen der Spielraum zu denken sey, der innerhalb dieses allgemein gleichförmigen Typus für die Verschiedenheiten der einzelnen Stämme noch übrig bleibt, wird man leicht aus Folgendem ermessen können.

Morton selbst hebt ausdrücklich hervor, dass einige Stämme eine längliche Kopfform haben (von vorn nach hinten), andere eine runde, und von früheren Schriftstellern sprach sich Molina über die vorhin angeführte und so oft wiederholte Bemerkung Ulloa's dahin aus, dass er sie lächerlich finde und dass man sich hauptsächlich durch die Aehnlichkeit der Hautfarbe zu einem solchen Urtheile habe verführen lassen, das nur auf einem vagen Scheine von Gleichförmigkeit beruhe; alle Stämme, die er selbst gesehen habe, besässen deutlich unterschiedene eigenthümliche Züge und ein Chilese sey von einem Peruaner nicht weniger verschieden als ein Italiener von einem Deutschen. Noch weiter geht d'Orbigny, der sogar sagt, ein Peruaner unterscheide sich stärker von einem Patagonier und dieser von einem Guarani, als ein Grieche von einem Aethiopier oder von einem Mongolen, wozu er noch überdies die wichtige Bemerkung macht, dass die Aehnlichkeit der einzelnen Individuen, die demselben Stamme angehörten, allerdings eine sehr bedeutende und bestimmt markirte sei.

Es erinnert diess vor Allem daran, wie äusserst relativ eine Bestimmung ist, welche vielen Stämmen einen gleichen allgemeinen Typus zuschreibt. Wie nach Morton wesentlich verschiedene Kopfformen bei den Indianern vorkommen, so auch bedeutend verschiedene Hautfarbe, die in Südamerica im Westen im Allgemeinen olivenbraun, im Osten schmutziggelb ist. Neben Völkern von mächtigem Körperbau, hohem Wuchse, athletischem Ausdruck finden sich auch kleine, magere, schwächlich aussehende. Ausser der ovalen Gesichtsform kommt auch die fast runde und die lange viereckige vor, während der Ausdruck des Gesichts gewöhnlich ernst und ruhig gleichförmig ist, obwohl nicht bei allen Stämmen. Die Augen, bald tief liegend, bald stärker heraustretend, stehen zwar meist horizontal, doch convergiren sie namentlich bei den Guaranis nach innen, ähnlich wie bei den Mongolen, und die Peruaner besitzen eine gelbbraune Hornhaut. Die Nasen sind bei einigen Völkern nicht lang vordringend und gebogen, sondern kurz und platt, die Nasenlöcher nicht immer weit geöffnet, Mund und Lippen nicht immer gross und stark, und in ähnlicher Weise zeigen fast alle

Theile ds Gesichtes bald grössere bald geringere Verschiedenheiten. Doch muss bemerkt werden, dass Männer und Weiber desselben Stammes häufig eine sehr gleichartige und in vielen Fällen schwer unterscheidbare Gesichtsbildung besitzen, ein Umstand, der jedenfalls sehr dazu beitragen muss, den Eindruck, den die Individuen hervorbringen, zu einem äusserst gleichförmigen zu machen.

Die Grenzen der Charakterschilderung, welche wir zu geben beabsichtigen, werden ferner dadurch bestimmter gezogen, dass eine solche nach den bis jetzt uns vorliegenden Nachrichten fast nur in Rücksicht derjenigen Indianerstämme möglich ist, welche innerhalb des Gebietes der Vereinigten Staaten an dessen Nord- und Südgrenze und westlich von ihm bis zum Felsengebirge wohnen. Die Nachrichten, welche wir über die übrigen besitzen, sind zu wenig ausführlich und zusammenhängend, als dass sich eine psychologische Charakteristik derselben in einigermaassen befriedigender Bestimmtheit geben liesse. „Die Kenntniss der Länder von Nordamerica jenseits der Grenzen der Vereinigten Staaten, sagt Prichard, ist verhältnissmässig sehr beschränkt. Die Untersuchungen der englisch-amerikanischen Sprachforscher haben sich grösstentheils der Geschichte derjenigen Stämme zugewendet, welche innerhalb jener Grenzen liegen. Da sich jedoch das Gebiet der grossen Republik nach Süden und Westen ausdehnt, so ist nicht zu zweifeln, dass sich unsere Kenntniss in wenigen Jahren auch auf die verschiedenen Völker und Sprachen erstrecken wird, welche die weiten Länder im Norden von Mexico und im Westen des Felsengebirges bewohnen. Gegenwärtig ist es unmöglich, diese Völker auch nur mit einiger Sicherheit in Familien zu gruppiren, namentlich auf dem Gebiete von Neu-Californien und Neu-Mexico." Vielleicht haben wir nicht einmal Ursache wenigstens in Rücksicht auf den vorliegenden Zweck, diese allerdings bedeutende Lücke unseres Wissens sehr zu beklagen wegen der erwähnten bedeutenden Gleichartigkeit der Eigenthümlichkeiten, die sich auf alle diese Stämme zu erstrecken scheint. Um jedoch zu keiner unstatthaften Verallgemeinerung Veranlassung zu geben, müssen wir ausdrücklich darum bitten, im Auge zu behalten, dass sich unsere spätere Darstellung (wo nicht das Gegentheil besonders erwähnt ist) nur auf das bezeichnete Ländergebiet und seine ursprünglichen Bewohner bezieht.

Vielleicht erwartet man hier zur Einführung in den Gegenstand, mit welchem wir uns beschäftigen wollen, vor Allem eine übersichtliche Gruppirung der Indianervölker nach ihrer inneren Zusammengehörigkeit. Dieser Erwartung zu entsprechen müssen wir jedoch ablehnen; denn so zweckmässig allerdings eine solche Einleitung sein würde, so hat ein Versuch dieser Art, abgesehen davon dass er werthlos sein würde, wenn er sich nicht zu einer umfangreichen und schwierigen neuen Arbeit ausdehnte, so vieles Gewagte und Missliche, wenn er auch nur in den wesentlichsten Punkten vom Tadel willkürlicher Behandlung sich frei halten soll, dass wir es vorziehen müssen, von ihm ganz abzustehen. Von minder gewissenhaften Schriftstellern ist er oft, von den scharfsinnigsten und gelehrtesten dagegen bis jetzt immer nur so gemacht worden, dass sie sich in Rücksicht bei weitem des grössten Theiles der Indianerstämme mit einer bloss äusseren Nebeneinanderstellung begnügten, welche durch die geographische Lage gegeben war, wogegen sie die Gruppirung derselben nach ihrer Stammverwandtschaft, wo sie ihnen möglich schien, selbst noch als erheblichen Zweifeln unterworfen betrachteten. Dagegen wird es für unsern besonderen Zweck von Nutzen sein, die Hauptpunkte wenigstens zu berühren, in welchen jene wesentlichen Schwierigkeiten liegen, die einer sicheren Gruppirung der Stämme nach ihrer inneren Zusammengehörigkeit entgegenstehen. An erster Stelle ist hier die Menge und Verschiedenheit der Sprachen zu nennen, an zweiter die grossentheils unbekannten Wanderungen, das starke Zusammenschmelzen und Einverleiben oder gänzliche Aussterben vieler Indianervölker.

„Wir verdanken die erste Kenntniss der americanischen Sprachen", sagt Prichard, „den Missionären, die von Zeit zu Zeit von den Königen von Spanien auf Veranlassung des Papstes ausgesendet wurden, um die Eingeborenen zum Christenthum zu bekehren. Um sich zu ihrem Berufe geschickt zu machen, gaben sich viele von ihnen unendliche Mühe, die Sprachen verschiedener Stämme zu lernen. Sie bezeichneten die Zahl der verschiedenen Sprachen der neuen Welt als eine sehr grosse. Abbé Gilii, der eine Geschichte von Orinoco geschrieben und Sprachproben aus verschiedenen Gegenden gesammelt hat, die er kannte, sagt, dass wenn man ein Verzeichniss aller Sprachen des Continents aufstellen wollte, man nicht bloss sehr viele, sondern unzählige finden würde. Abbé Clavigero versichert, dass er 35 verschiedene Idiome kenne, die allein den Stämmen von Mexico angehörten. Pater Kircher, ein berühmter Philolog seiner Zeit, der die in Rom 1676 versammelten Jesuiten darüber zu Rathe zog, berichtet, dass die Missionäre, welche in der neuen Welt gewesen waren, die Anzahl der Sprachen Südamerica's, von denen sie einige Kenntniss erlangten, auf 500 anschlugen. Aber Abbé Royo, der genaue Untersuchungen über die Peruanische Sprache anstellte bei seinem dortigen Aufenthalt, behauptet, dass die ganze Bevölkerung von America nicht weniger als 2000 Sprachen besitze. Der gelehrte Francisco Lopez, ein Eingeborner von Südamerica, der ausgebreitete Kenntniss sowohl dieses als auch des nördlichen Continentes besass, hielt es für keine unüberlegte Behauptung, dass die bedeutend verschiedenen (notabilmente diversi) Idiome des ganzen Landes sich auf nicht weniger als 1500 beliefen."

Eine so ungeheure Menge verschiedener Sprachen erschwert natürlicher Weise jeden Versuch zur Gruppirung der Völkerstämme nach ihrer inneren Verwandtschaft bis zur Unmöglichkeit, solange jene noch nicht in grossem Umfange bekannt und durchforscht sind. Gleichwohl hat die Untersuchung derselben schon jetzt zu dem sicheren Resultate geführt, dass jene Verschiedenheit sich nur auf die Wörter oder Wurzeln (das Lexicalische) der Sprachen erstreckt, während „die Physiognomie," wie es A. v. Humboldt einmal nennt, der innere Mechanismus, der grammatische Bau sich bei ihnen als derselbe herausstellt, selbst wenn man die vollkommneren unter ihnen mit den unvollkommensten vergleicht, zugleich aber von dem Bau aller übrigen bekannten Sprachen durchaus abweichend ist. Nach dem allgemeinen Urtheile der Sprachforscher aber ist Gleichheit des grammatischen Baues verschiedener Idiome ein stärkeres Argument für ihre innere Verwandtschaft und gemeinsame Abstammung, als gänzliche Verschiedenheit der Wörter ein solches gegen dieselbe, so dass gerade dieses Verhältniss den gewichtigsten Grund für die ursprüngliche Einheit der Bevölkerung von America abgiebt.

Es ist nicht unwahrscheinlich dass die Menge der wesentlichverschiedenen Sprachen in jenen älteren Nachrichten in hohem Grade übertrieben, ist und dass sie bei genauerer Kenntniss derselben eine grosse Einschränkung erleiden wird, wie ja auch die ungeheuren Dimensionen, die man früher manchen Stämmen der Eingebornen von Südamerica, namentlich den Patagoniern zuschrieb, von ihrer Riesenhaftigkeit auf eine zwar immer noch bedeutende, aber doch mässige Grösse zusammengeschrumpft sind. Darf man den letzteren Punkt als vollständig erledigt betrachten durch d'Orbigny's sorgfältige Untersuchung, so kann dagegen sein Urtheil über die Sprachen keine unbedingte Autorität in Anspruch nehmen. Er hat sie für den grössten Theil von Südamerica, den er bereiste, auf 39 reduciren zu dürfen geglaubt, denn nur so viele verschiedene Indianerstämme in drei grosse Zweige vertheilt glaubte er nach Ausschluss der Hunderte von gleichbedeutenden Namen, die meist in ganz zufälliger Weise gebildet wirklich unterschiedene Völker gar nicht bezeichneten, annehmen zu dürfen. Dagegen sticht es freilich stark ab, wenn Rivero und Tschudi neuerdings nach genauen Untersuchungen behaupten, dass Südamerica 280 bis 340 Sprachen besitze, von denen wenigstens vier Fünftheile radical voneinander verschieden seien.

Jene merkwürdige und America eigenthümliche Erscheinung einer grossen Menge von Sprachen, die in ihren Wörtern durchaus verschieden sind, obwohl häufig auf einen nur kleinen Raum zusammengedrängt, konnte natürlich zunächst nur dazu anleiten, die Verwandtschaft der Völker, denen sie angehörten, für eine sehr entfernte zu halten, bis man in neuerer Zeit durch genaueres Studium theils in vielen für wesentlich verschieden gehaltenen Sprachen dieselben Wurzelwörter auffand, theils bestimmte Gründe entdeckte, aus welchen es sich erklärt, dass gerade in diesen Sprachen trotz ihrer inneren Verwandtschaft so grosse lexicalische Verschiedenheiten sich zeigen. Da manche dieser Gründe zugleich geeignet sind, einigermaassen eine Vorstellung von der Eigenthümlichkeit der nach du Ponceau sog. polysynthetischen oder einverleibenden Sprachen zu geben, so wollen wir die hauptsächlichsten derselben (nach Prichard und Latham) hier mittheilen.

Die americanischen Sprachen unterscheiden sich von allen übrigen am Wesentlichsten dadurch, dass sie neue zusammengesetzte Wörter aus einer Anzahl von Fragmenten einfacher Wörter bilden, und diese Zusammensetzungen, die den Sinn eines ganzen Satzes haben, werden von ihnen selbst wieder wie einzelne Wörter behandelt. „Wenn ein Delaware-Weib", sagt du Ponceau, „mit einem kleinen Hund oder einer Katze spielt, sagt sie oft zu dem Thiere: kuligatschis d. h. „gieb mir deine hübsche kleine Pfote." Das Wort ist so zusammengesetzt: k ist Pronomen der zweiten Person, Abkürzung von ki, „du" oder „dein"; uli ist ein Theil des Wortes wulit, hübsch, schön; gat, ein Theil des Wortes wichgat, Bein, Pfote; schis ist Deminutivendung. Heckewelder giebt in seiner Correspondenz mit du Ponceau noch andere Beispiele zur Erläuterung: die Lenni Lenape (Delawares) drücken durch ein Wort und noch dazu kein sehr langes den Satz aus: „komm mit dem Kahn und setze uns über den Fluss." Das Wort ist nadholineen.

Die erste Silbe nad ist abgeleitet von naten, holen; die zweite hol steht für amochol, Boot oder Kahn; ineen ist Verbalendung und bedeutet „uns", wie in millineen, gieb uns. Die einfachen Vorstellungen, welche durch diese Bruchstücke von Wörtern ausgedrückt werden, sind „holen — im Kahn — uns", aber die gewöhnliche Bedeutung ist „komm mit dem Kahn und setze uns über den Fluss." Das so gebildete Zeitwort wird durch alle modi und tempora durchconjugirt, die in der Delaware-Sprache sehr zahlreich und verwickelt sind. So ist nadholawall 3. pers. singular. indicat. praes. pass.: „er wird über den Fluss mit dem Kahne geholt." Schwerlich wird man dem Gedanken Prichard's Raum geben dürfen, die Art der Abkürzung und Zusammenschiebung der Wörter für eine solche zu halten, die zum grossen Theil in die Willkür des Sprechenden gestellt sey, weil sonst jede Möglichkeit des Verständnisses und alle Brauchbarkeit einer solchen Sprache aufhören würde; mag man auch sonst ihm darin beistimmen, dass jenes Einverleibungssystem selbst und die oft so grosse Länge der Wörter ein wesentlicher Umstand ist, der die Menge und Verschiedenheit der americanischen Sprachen als minder wunderbar erscheinen lässt. Von noch grösserer Bedeutung scheint indessen in dieser Rücksicht die Eigenthümlichkeit derselben zu sein, dass von ihnen selbst die gewöhnlichsten Dinge (wie Sonne, Mond, Tag, Nacht u. s. f.) oft nicht durch eigne einfache Benennungen, sondern durch zusammengesetzte oder solche Wörter bezeichnet werden, welche eine auffallende Eigenschaft, Thätigkeit oder Aehnlichkeit derselben mit anderen bekannten Gegenständen ausdrücken. Was man aber auffallend findet, womit und wie man etwas mit einem Anderen vergleicht, ist in hohem Grade subjectiv und zufällig, so dass, wenn diess der leitende Gesichtspunkt für die sprachliche Bezeichnung wird, natürlicher Weise die Namengebung in den meisten Fällen eine weit verschiedene sein wird.

Die americanischen Sprachen besitzen immer nur sehr wenige abstracte Wörter, also z. B. keinen Ausdruck für „Baum" oder selbst für „Eichbaum", sondern nur mehrere verschiedene Wörter für die verschiedenen Arten von Eichbäumen; keinen Ausdruck für „fischen", sondern nur mehrere für die besonderen Arten des Fischens; ebenso nur besondere Wörter für dasselbe Thier je nach Alter, Geschlecht und Gestalt, kein allgemeines; und in Südamerica giebt es sogar Sprachen, in denen viele Wörter ausschliesslich den Männern, andere den Weibern zugehören. Dass solche specielle

Bezeichnungen selbst in nahe verwandten Sprachen miteinander nicht übereinstimmen, kann uns kaum wundern, obwohl man von allgemeinen Ausdrücken, wenn es solche gäbe, eine Uebereinstimmung erwarten würde. Dass selbst die Zahlwörter in ihnen von einander ganz abweichen, erklärt sich aus demselben Grunde, denn während z. B. „zwei" von einem Volke durch den Ausdruck von einem „Paar Hände" bezeichnet wird, hat ein anderes ihn hergenommen von einem „Paar Füsse oder Schuhe" u. dergl. Eine so abstracte Vorstellung wie das Zeitwort „sein" ausdrückt, fehlt aber in den meisten dieser Sprachen gänzlich.

Casusendungen kommen selten vor oder fehlen völlig. Der Genitiv des Besitzes und Accusativ des Objectes wird durch beigefügtes possessives oder persönliches Pronomen ausgedrückt, so dass „(des) Vaters" lautet: „Vater sein" (pater suus); „ich schlage das Pferd" lautet: „ich schlage ihn Pferd." Statt eines Zeichens für den Plural wird ein Wort, das „Anzahl" oder „Menge" bedeutet, hinzugesetzt: statt „die Väter" sagt man: „Vater viele." Geschlecht und Vergleichungsgrade bleiben unbezeichnet.

Lebendige Wesen und leblose haben verschiedene Pluralzeichen, in einigen Sprachen gilt dasselbe auch für vernünftige und unvernünftige Geschöpfe. Gewisse Wörter, die gewöhnlich in Verbindung mit einem Pronomen vorkommen (wie „Hand, Vater, Sohn" und dergl., denn wir sprechen in der Regel nur von meiner, deiner, seiner Hand u. s. f.), kommen für sich allein gar nicht in der Sprache vor, und das betreffende Pronomen wird dann seinem Substantiv selbst einverleibt. Ebenso wird das Pronomen, welches das zu einem Zeitwort gehörige Object bezeichnet, dem Zeitwort einverleibt, so dass also z. B. der Satz „amant illas" in ein Wort zusammengezogen wird. Sehr allgemein ist der Gebrauch zweier verschiedener Wörter für „wir", je nachdem nämlich die angeredete Person darin ein oder davon ausgeschlossen gedacht wird, so dass das eine dieser Wörter bedeutet „ich + du," das andere „ich + sie".*)

Man sieht aus diesen Beispielen leicht, dass einerseits die Fähigkeit zur Abstraction bei den Völkern, die diese Sprache reden, nur in sehr mangelhafter Weise ausgebildet ist, und dass anderseits solche Sprachen sowohl durch ihre Neigung zur Zusammenziehung mehrerer Wörter, die gesonderte Vorstellungen bezeichnen,

---

*) Doch wird der Gebrauch solcher Doppelformen von Prichard (V. p. 250 not.) auch als charakteristisch für die Polynesischen Sprachen bezeichnet, und kommt auch noch in andern Sprachen vor (ebendas. p. 278).

in ein einziges, als auch durch ihre unvollkommene und mehrdeutige Bezeichnung der Verhältnisse der Einzelvorstellungen untereinander, welche wir durch grammatische Formen auszudrücken pflegen, der Deutlichkeit und Bestimmtheit der Gedanken nicht die erforderliche Unterstützung gewähren. Denn die Deutlichkeit des Denkens hängt wesentlich davon ab, dass die Worteinheit von der Sprache stets festgehalten und „die Abscheidung von Gegenstand und Verhältniss", wie W. v. Humboldt einmal sagt, dem Denken durch sie erleichtert wird, was nur dann gehörig geschieht, wenn „die logischen Verhältnisse den grammatischen genau entsprechen."

Lassen sich von der vergleichenden Sprachforschung für die Zukunft noch wichtige Aufschlüsse über die natürliche Gruppirung der Indianervölker nach ihrer Stammverwandtschaft erwarten, während gegenwärtig eine solche (wie z. B. Latham von seiner eigenen bereitwillig anerkannt) nur in provisorischer Weise sich geben lässt, so ist dagegen die Aussicht, auf anderem Wege bedeutende Aufschlüsse in dieser Rücksicht zu gewinnen, eine weit geringere. Dass sehr umfangreiche Wanderungen der Indianerstämme stattgefunden haben, darauf weisen schon die Reste alter Bauwerke hin, die sich in nicht unbedeutender Anzahl in Nordamerica befinden. Es sind Wälle, Dämme, Erdhügel verschiedener zum Theil sonderbarer Formen — die bedeutendsten in den Thälern des Mississippi und Ohio — welche den gegenwärtigen Bewohnern fremd und nicht einmal ihrer Bedeutung nach bekannt, gleichwohl, da sie meist nur aus Erde bestehen, auf keine wesentlich höhere Culturstufe ihrer Erbauer hinzuweisen scheinen, als die der jetzigen Indianer des Landes.

Bei der ausserordentlichen Veränderlichkeit und daraus hervorgehenden gänzlichen Unzuverlässigkeit aller Traditionen der Indianer wird sich aus ihren eigenen Ansichten von ihrer Abstammung nichts einigermaassen Sicheres folgern lassen. Wenn z. B., wie M'Kenney erzählt, die Wyandots sich für die Onkel, die Delawares sich für die Grossväter aller Stämme und zugleich für die Neffen jener halten, oder wenn die Schawanons allein unter allen Stämmen nicht aus der Erde heraufgestiegen (Eingeborne), sondern aus einem fremden Lande eingewandert zu sein glauben, so wird man daraus bei der nachweislich sehr grossen Zufälligkeit der Entstehung solcher Sagen, namentlich bei den Indianern, kaum irgend einen Schluss auf ihre Abstammung sich erlauben dürfen.

Indessen sind solche alte Traditionen (abgesehen von den Sprachen) doch in den meisten Fällen die einzigen Anhaltspunkte für unsere Kenntniss der Beziehungen der Indianervölker untereinander und ihrer Wanderungen in alter Zeit, und haupsächlich dadurch ist es gerechtfertigt, dass man auf jene Andeutungen einen höheren Werth legt, als sie vermöge ihrer Beweiskraft allein in Anspruch nehmen können. Aus diesem Grunde führen wir hier noch an, dass der Rede eines Ottaway-Häuptlings zufolge (Drake V, 141), der freilich erst zu Anfang des 18. Jahrhunderts lebte, die Chippeways, Ottaways und Pottowatomies ursprünglich ein Volk und unter sich bluts- und sprachwandt waren. Auf eine nahe Verwandtschaft dieser Völker untereinander dürfen wir namentlich auch daraus schliessen, dass in früherer Zeit alle wichtigen Beschlüsse von ihnen an einem gemeinschaftlichen Feuer gefasst wurden, doch löste sich später diese innige Verbindung mehr und mehr wieder auf. Dagegen scheinen die Sauks- und Fuchsindianer das entgegengesetzte Beispiel zweier ursprünglich verschiedener Indianervölker darzubieten, die später allmählich zu einem einzigen verschmolzen sind.

Seit der Ankunft und allmählichen Ausbreitung der Weissen in America wurden bekanntlich die Indianer allmählich immer weiter von Osten nach Westen gedrängt. Ein Häuptling der Sauks- und Fuchsindianer, der mit andern als Gesandter nach Washington kam, erzählte im Jahre 1837 nach ihrer Volkstradition, dass sie früher an der Seeküste gelebt hätten, da wo die Weissen zuerst hingekommen seien (Drake V, 180); aber man wird mit diesen Völkerzügen diejenigen nicht verwechseln dürfen, welche der älteren Zeit angehören und höchst wahrscheinlich die entgegengesetzte Richtung hatten. Auf ausgedehnte Wanderungen von Westen nach Osten deuten mehrere Umstände, obwohl man nicht übersehen darf, dass manche derselben für sich allein ebensowohl auf einen Völkerzug in entgegengesetzter Richtung mit gleichem Rechte würden gedeutet werden können. Wenn nämlich der Name, welchen die Algonkins führten (Vapanachki), „Männer des Ostens" bedeutet, und wenn die zu den Athabasken gehörigen Chippeways sich selbst Saw-ensawdinnech, Männer des Sonnenaufgangs nannten, so kann man darin ebenso ausgedrückt finden, dass sie aus Osten kamen, als dass sie stets der Sonne entgegenzogen, und auf den ersten Blick dürfte man leicht sogar eher geneigt sein, das Erstere als das Letztere anzunehmen. Der Zweifel hierüber wird indessen gehoben durch die bei den Delawares, einem Stamme der Algonkins, allgemein verbreitete Sage, dass sie von Westen kommend nach langer Wanderung mit den Irokesen am Mississippi zusammentrafen, welche ebenfalls — diess ist wenigstens ihr eigener Glaube — ihren Weg von Westen nach Osten genommen hatten. Nimmt man hinzu, dass alle den Delawaren stammverwandten Völker diese selbst als ihre Grossväter auerkannten und dass das grosse Ansehen, welches jene genossen, ebenfalls für ihr hohes Alter zu sprechen scheint — viele Ortsnamen, die der Delawaren-Sprache angehören, sind allgemein geworden und haben sich erhalten vor anderen, so z. B. die Namen Massachussets, Connecticut, Alleghanny, Muskingum, Savannah, Mississippi u. a. —, so wird man den Zug der Völker als von Westen nach Osten gerichtet sich denken müssen und darauf auch den für sich freilich nichts entscheidenden Umstand deuten, dass, wie Prichard sagt, unter stammverwandten Völkern immer die westlicher wohnenden von den östlicheren als ihre älteren Brüder bezeichnet wurden.

Ausgedehnte Wanderungen der Indianerstämme in früherer Zeit vorauszusetzen nöthigt uns, selbst abgesehen von den Zügen derselben, die in späterer Zeit in nicht unerheblicher Anzahl historisch festgestellt sind, ihre ganze Lebensweise. Es giebt nämlich unter ihnen keine Hirtenvölker; die eingeborenen Americaner treiben keine Viehzucht und haben keine Hausthiere —, denn selbst die Pferde, deren sie sich bedienen, werden nicht von ihnen gezüchtet, sondern nur wild eingefangen, wie man sie gerade braucht. Bei weitem die meisten sind Jägervölker, eine geringere Anzahl nährt sich vom Landbau, der jedoch in sehr unvollkommner Weise betrieben wird, oder von den wildwachsenden Feldfrüchten (wilder Reis, Hirse u. dergl.), die nicht angebaut, sondern nur gesammelt werden nach Bedürfniss.

Eine solche Lebensweise ist ohne Wanderungen nicht denkbar. Der Jäger muss dem Wilde nachziehen, es in der Ferne aufsuchen, wenn es sich nicht von selbst darbietet, und so finden wir denn auch viele Indianerstämme ohne feste Wohnsitze. Der grössere Theil der Sioux z. B. bricht seine Hütten ab, nimmt sie mit fort und sucht einen andern Wohnplatz, den er vielleicht bald ebenfalls wieder verlässt, wenn das Bedürfniss es erheischt.

Landbau, selbst nur unvollkommen betrieben, fesselt an die Scholle, aber auch in diesem Falle liessen es gewiss die häufigen Kriege der Stämme unter einander oft nicht zu einem dauernden Besitze desselben Landes kommen. Dass durch solche Kriege schon vor der Ankunft der Weissen in America bisweilen grosse Völker bis zu kleinen Trümmern zusammengeschmolzen sind, leidet keinen

Zweifel, und es scheint die Verschiebung der Wohnsitze nicht die einzige Folge derselben gewesen zu sein, welche gegenwärtig die Untersuchung über die ursprünglichen Verhältnisse der Indianerstämme zu einander so sehr erschwert, sondern es fand auch öfter eine Incorporation des geschwächten und überwältigten Volkes in das mächtigere statt, welches dessen Gebiet von jetzt an in Besitz nahm. So ist z. B. von den Creeks bekannt, dass sie zu wiederholten Malen kleinere Reste fremder Stämme in sich aufnahmen, so dass diese letzteren dadurch selbst dem Namen nach von dieser Zeit an verschwanden.

In noch weit grossartigerem Maassstabe ging diese Verdrängung und Verminderung der ursprünglichen Einwohner Nordamerica's natürlich nach der Ankunft der Weissen vor sich. Die Indianer gingen nicht allein schnell und bereitwillig auf den Verkauf grosser Länderstrecken ein (Beispiele bei Drake III, 14 ff. u. sonst), sondern sie wurden auch durch Kriege, die im höchsten Grade aufreibend für sie waren, nach Westen vorgeschoben. Namentlich betrieb noch neuerdings im J. 1840 Jackson als Präsendent der Vereinigten Staaten die Entfernung aller halbcivilisirten Indianerstämme im Innern und an den Grenzen derselben mit dem härtesten Eifer und ohne irgend eine Wahl der Mittel. Grosse und mächtige Völker wie die Schawanons, Delawares, Pottowatomies, Seminolen, Kaskaskias, Irokesen u. a. gingen auf diese Weise ganz zu Grunde, oder wurden dem Untergange so nahe gebracht, dass an eine Fortexistenz derselben als Völker nicht mehr zu denken ist; andere wurden zersprengt oder auf fremde Stämme geworfen, mit denen sie dann einen Vertilgungskrieg zu führen hatten. Das Schicksal gänzlicher Vernichtung traf unter andern auch die merkwürdigen Natchez, die abweichend von andern Indianern die Sonne anbeteten und ein ewiges Feuer im Tempel der Sonne durch Priester unterhalten liessen. Die höchste und absolute Macht hatte bei ihnen ein Fürst, den sie „die grosse Sonne" nannten und bei dessen Tode sie Menschenopfer veranstalteten. Seine Familie stand als Aristokratie dem Volke gegenüber und seine Kinder hiessen „Sonnen". Die künstliche Abplattung der Köpfe und die Einrichtung, dass die Kinder in den Stand und Rang eintraten, dem die Mutter durch ihre Geburt angehörte, so dass die höchste Gewalt stets vom Onkel auf den Neffen überging, hatten sie mit manchen andern Indianervölkern gemein. Sie wohnten in der Nähe der ihnen gleichnamigen Stadt und werden gewöhnlich als eingewandert aus Mexico betrachtet.

Ihr Sonnendienst und ihre Scheidung der Stände erinnern an das alte Reich der Incas.

Trugen die Kriege mit den Weissen viel dazu bei, eine starke Abnahme der Indianerbevölkerung herbeizuführen, so wirkte der friedliche Verkehr mit jenen in gleicher Weise, wenn auch durch andere Mittel. Wenn es gegründet ist, dass eine Indianerin gewöhnlich zwei oder drei, selten vier bis fünf Kinder hat*) — die Ehen werden sehr früh (mit 10—13 Jahren) schon geschlossen und die Kinder gewöhnlich zwei und nicht selten drei oder sogar vier Jahre lang an der Brust genährt —, so würde man selbst unter sonst günstigen Verhältnissen entweder überhaupt keine oder nur eine geringe Zunahme der Bevölkerung erwarten können. Im Verkehr mit den Weissen war es häufig schon der Verkauf ihres Landes, der die Indianer dem Verderben entgegenführte, denn der Besitz einer Summe Geldes verleitete sie zu Faulheit und Verschwendung; — denn der Indianer, meist nur gewohnt für seinen täglichen Lebensunterhalt zu sorgen und unbesorgt um die Zukunft, pflegt alle Genussmittel, besonders aber die reizendsten und selteneren, um so schneller und vollständiger zu verbrauchen, je leichter sie ihm zu Gebote stehen.

Bei diesem gewöhnlichen und vollständigen Mangel an Selbstbeherrschung, war es kein Wunder, dass der Branntwein, den die speculativen Pelzhändler ihnen zuführten, und der lange Zeit der bedeutendste Handelsartikel in ihrem Verkehr mit den Weissen war, so gewaltige Verwüstungen unter ihnen anrichtete. Betrunken zu sein galt unter ihnen nicht als Schande, und erst in späterer Zeit, da die schädlichen Folgen in grossem Umfange zu Tage gekommen waren, konnten einzelne Häuptlinge (wie z. B. bei den Kickapoos, Creeks, Cherokees u. a. geschah) mit Erfolg versuchen, das Trinken wieder auszurotten. Die Weissen, deren Ueberlegenheit sie so oft empfinden, aber auch bewundern und als überirdische Macht anstaunen mussten, waren es ja, welche ihnen das Gift brachten und nicht bloss bereitwillig verkauften, sondern auch zum Kaufe aus eigennützigen Absichten aller Art verführten. Der Trunk war nicht das einzige Laster, das sie in ihrem Verkehr mit den Europäern

---

*) d'Orbigny hat für Südamerica diess bestimmt nachgewiesen, zugleich aber auch gezeigt, dass bei der durchschnittlich etwa dreimal so grossen Zahl der Ehen als bei uns und der nie vorkommenden Unfruchtbarkeit (abgesehen von verheerenden Krankheiten) dennoch die Zunahme der Bevölkerung durchschnittlich über noch einmal so stark sein würde, als bei uns.

lernten, und dessen traurige Folgen sich in einem rasch fortschreitenden und immer tieferen Sinken der Volkzahl wie der physischen und moralischen Kraft zeigten, aber es war dasjenige, welches bei weitem die grössten Verheerungen unter ihnen anrichtete.

Zahlreichere Opfer als selbst Kriege und Branntwein, haben nur Krankheiten und namentlich die Blattern von einzelnen Indianervölkern gefordert, die sie ebenfalls von den Weissen erhielten, so sicher es übrigens auch ist, dass schon vor und während des ersten Zusammentreffens beider die Indianerbevölkerung massenweise von pestartigen Krankheiten hingerafft wurde. Die Blattern aber allein haben im Laufe einiger Monate oder selbst Wochen grosse Stämme von mehreren Tausenden auf eben so viele Hunderte reducirt und kleinere Völkerschaften, die früher ausgebreitet und mächtig waren, sind durch sie in kurzer Zeit vollständig aufgerieben worden, so dass (wie uns erzählt wird) bisweilen die Kräfte der Ueberlebenden nicht hinreichten die Todten zu begraben. Die Blattern scheinen um das J. 1630 zuerst mächtig aufgetreten zu seyn, und die Indianer glaubten vielfach, dass die Weissen das Gift auf Flaschen gezogen hätten, die sie öffneten um es gegen sie loszulassen. Auch in Südamerika richteten die Blattern grosse Verheerungen an, z. B. unter den **Puelchen**, wogegen die **Chiquitos** durch gezwungene Minenarbeiten stark reducirt wurde.

Das Schicksal des fast gänzlichen Aussterbens an den Blattern traf unter andern im J. 1837 die **Mandans**, einen der eigenthümlichsten, talentvollsten und interessantesten Indianerstämme, welcher schon geschwächt und nur noch 2000 Köpfe zählend in zwei Dörfern am oberen Missouri wohnte. Viele von ihnen besassen (nach Catlin's Bericht) regelmässige Züge, manche eine fast weisse Hautfarbe, graue und blaue Augen waren bei ihnen nicht selten, und das Haar zeigte alle sonst vorkommenden Farben ausser roth[*], selbst silbergraues Haar soll in allen Lebensaltern bei völlig gesunden Menschen unter ihnen vorgekommen seyn, wogegen die übrigen Indianer bei kupferrother Haut schwarze Augen und schwarzes Haar zu besitzen pflegen. Von friedlichem Charakter führten sie fast ausschliesslich Vertheidigungskriege. Ihre runden Hütten waren grösser als die der meisten übrigen Stämme, 40—60 Fuss im Durchmesser,

---

[*] So erzählt auch Mackenzie von einem Athabaskenstamme im Felsengebirge, der graue Augen mit einer röthlichen Färbung und dunkelbraunes Haar besass.

oben mit Erde gedeckt und standen sehr nahe zusammen. In der Verfertigung ihres rothen irdenen Geschirres und blauer Glasperlen zeigten sie, wie in anderen Dingen ähnlicher Art, eine höhere Geschicklichkeit als andere Indianer und zeichneten sich namentlich auch durch Reinlichkeit aus. Sie badeten alle Morgen und hatten selbst Dampfbäder, theils als Heilmittel, theils als Luxus. Ihre Todten trockneten sie auf eigenthümlichen Gerüsten zu Mumien ein.

Eine Schätzung der Zahl der Indianer von Nordamerica kann natürlicher Weise nur eine sehr ungefähre sein. Man hat behauptet, dass sie seit der Ankunft der Weissen von 16 bis auf 2 Millionen herabgesunken sei. Erscheint die erstere Angabe als eine sehr beliebige, so hat die zweite dagegen etwas grössere Wahrscheinlichkeit für sich, wenn man bedenkt, dass nach den sorgfältigen Ermittelungen d'Orbigny's die Anzahl der Indianer des grössten Theiles von Südamerica, den er bereiste, nicht mehr betrug als 1,685127, und dass selbst die grössten Stämme der Indianer Nordamerica's nach neueren Untersuchungen eine verhältnissmässig nur sehr geringe Kopfzahl besitzen. Die der nördlichen Algonkins beträgt nach Prichard nur etwa 35—40000, die aller übrigen Algonkins zusammen genommen nicht über 25000; den südlichen Indianerstämmen (Cherokees, Chocktaws, Chickasaws, Creeks) entsprach nach früheren officiellen Angaben des Kriegsdepartements der Vereinigten Staaten die Zahl 67000, den eigentlichen Sioux 20000, Winibegs 4600, Osagen 6500, Schwarzfüsse 3000 — Zahlen, welche jene Angabe von 2 Millionen als die äusserste Grenze des Möglichen, als wahrscheinlich noch viel zu hoch erscheinen lassen.

Die Kopfzahl der Rothhäute in den Vereinigten Staaten und zwar in den Districten westlich vom Mississippi, vom Ohio und vom Erie-See ist nach den letzten officiellen Angaben (d. h. nach dem Washington Indian Office vom Jahre 1864) folgende:

Michigan:	Chippeways (auch Ojibway) und Ottoways	6,653
	Chippeways und Pottowatomies	297
Indiana:	Miami	384
Wisconsin:	Chippeways	4,940
	Menomonies (oder Menominies)	1,724
	Oneidas und Mansis	646
Minnesota:	Chippeways	4,028

Nebraska:	Jowas	291
	Otoes	470
	Omahas	953
	Panis (oder Pahnies, auch Pawnies)	3,414
	Ponkas	864
	Sauk- und Fuchs-Indianer	96
Kansas:	Mansis	90
	Delawaren	1,071
	Kansas und Kas	741
	Kaskaskias, Peorias, Wîs u. s. w.	384
	Kikapus (Kickapoo)	340
	Pottowatomies	2,328
	Sauk- und Fuchs-Indianer	1,280
	Schânis (Schawnees)	830
	Wyandotts (Weiandots)	435
Obere Thäler des Missouri:	Arrikaris	1,080
	Assiniboinen	3,280
	Schwarzfuss-Indianer	2,080
	Blut-Indianer	2,400
	Gebrannte (Brulées)	1,120
	Krähen-Indianer	3,900
	Dickbauch-Indianer	1,000
	Minneeongoux	1,280
	Ohne-Bogen	1,600
	Sioux	8,686
	Doppel-Kessel (Deux-Chaudières)	960
	Unkopapas	2,680
	Winnebagos (Winibegs)	2,256
	Janktonesen	3,840
Indianisches Gebiet:	Chirokesen (Cherokee)	17,530
	Chikasas (Chickasaw)	4,787
	Choktas (Choktaw)	16,000
	Criks (Creek)	25,000
	Osagen	4,098
	Quapâs (Quappa)	314
	Senekas und Schanis	159
	Seminolen	2,500
Obere Thäler der Platte:	Arapahoes	720
	Cheyennes (Schyennes)	1,800
	Sioux	6,000

Obere Thäler des Arkansas:	Arapahoes	3,000
	Komantchen	1,800
	Cheyennes	1,600
	Kioways	1,800
	Mandanen	120
Utah:	Utah's, Pah-Utahs, Schoschonen	12,000
Neu-Mexico:	Apachen	7,300
	Utah's, Muhuatchen	566
	Navajos und Moquis	15,000
	Pimos, Mescaleros	400
	Pueblos	10,000
	Utahs	2,500
Californien:	Verschiedene Stämme	33,590
Oregon:		13,000
Washington:		14,000

Fügt man dieser Gesammtzahl von ungefähr 264000 Indianern die 3092 Indianer des Staates New-York bei und die verschiedenen Stämme, welche in Neu-England, Georgien, Tennessee, Mississippi und Nord-Carolina wohnen, so findet man, dass die Ureinwohner aller Staaten der Union sich auf etwa 275,000 belaufen. Im Jahre 1860 wurde die indianische Bevölkerung auf 294,431 Seelen geschätzt. Sonach haben im Zeitraum von drei Jahren die blutigen Grenzkriege, welche Minnesota, Kansas, Oregon und das indianische Gebiet verheerten, mehr als 20,000 Rothhäuten den Tod gebracht. Im Jahre 1841 hatten die amtlichen Erhebungen zu einer Gesammtziffer von 342,058 Köpfen geführt, obgleich damals das Ländergebiet der Vereinigten Staaten noch nicht den bedeutenden Zuwachs durch die mexikanischen Abtretungen erlangt hatte.

Das Vorstehende wird genügen um die ungeheuern Schwierigkeiten ersichtlich zu machen, denen jeder Versuch einer Gruppirung der Indianervölker nach ihrer Stammverwandtschaft unterworfen ist: die Masse der Sprachen, die bis jetzt nur erst theilweise bekannt geworden sind, bietet ein ungeheures Material dar, welches bewältigt werden muss; auf der andern Seite aber sind die Wanderungen der Stämme so mannigfaltig und zum Theil unerforschlich, und die Untersuchung findet namentlich in Rücksicht der gegenwärtig verschwundenen Völker nur so wenige Anhaltspunkte, dass selbst wesentliche Punkte hier wohl für immer werden unerledigt bleiben müssen. Um dem Leser wenigstens zu Hülfe zu kommen und die Namen der später zu erwähnenden Stämme nicht ganz als kahle

Namen stehen zu lassen, geben wir hier nach Latham, einem der zuverlässigsten Forscher der neueren Zeit, eine kurze Uebersicht derjenigen, von welchen wir im Folgenden zu reden haben werden.

Südlich von den Eskimos und ebenso wie diese sich in der ganzen Breite Nordamerika's von Osten nach Westen erstreckend, wohnt der grosse Stamm der Athabasken, dessen bekanntester und historisch wichtigster Theil, die Chippeways — von der Hudsonsbay bis zum Athabaska-See sich ausdehnend — oft seinen Namen auf den ganzen Stamm übertragen hat, zumal da die Chippeways die ersten Athabasken waren, welche die Europöer kennen lernten. Nur ein kleiner Theil wohnt bedeutend südlicher mit den Tschinuks an der Mündung des Columbia und an der Seeküste, während der weit grössere nördliche die Biber-, Hasen- oder Sklaven-, Hundsrippen-Indianer u. a. am Churchill, Friedens-, Fisch- und M'Kenzie-Fluss, an den Athabaska-, Sklaven- und Bären-Seen umfasst.

Im Südosten stossen die Athabasken mit einem zweiten Stamme zusammen, der sich westlich vom Felsengebirge bis nach Neu-Fundland und von Labrador bis nach Carolina erstreckt. Diess sind die Algonkins. Zu ihnen gehören die Crees oder Knistenos am Flussystem des Albany, die Ojibways im Süden und Westen des Oberen Sees, die Ottaways am gleichnamigen Fluss, im Norden von Michigan und auf den Inseln des Oberen Sees, die Penobscots in Maine und nördlich von diesen die Micmacs; ferner die jetzt verschwundenen Völker der Pequots und Mohikaner in Connecticut, der Narragansets in Rhode Island und der Massachussets in dem Staate desselben Namens, welche in den Kriegen des 17. Jahrhunderts eine wichtige Rolle spielten, nebst den ebenfalls fast ganz aufgeriebenen kriegerischen Delawares. Im Süden und Südwesten des Oberen Sees folgen alsdann zwischen Mississippi und Missouri die Saukies- und Fuchsindianer (oder Ottogamies), die jetzt zu einem Volke verschmolzen und denen die Kickapoos im Süden von Illinois nahe verwandt sind; ferner im Süden vom Michigan-See die Pottowatomies und in Kentucky südlich vom Ohio die Schawanons. Isolirt von den übrigen Algonkins endlich die Schyennes am oberen Lauf des Yellow-stone- und des Platte-Flusses, und die Schwarzfüsse vom oberen Lauf des Südarmes des Saskatschewan bis in das Felsengebirge.

Ganz oder fast ganz von den Algonkins eingeschlossen und durch sie in einen nördlichen und südlichen Theil von einander getrennt, lebten die Irokesen, die zwar an Zahl weit geringer, aber an Tapferkeit ihnen überlegen meistens glückliche Kriege gegen sie führten. Zu den nördlichen Irokesen am Huron-, Ontario- und Erie-See und zwischen ihnen gehören ausser den sog. „**fünf Völkern**" (Mohawks, Oneidas, Onondagoes, Senecas und Cayugas) die **Huronen (Wyandots)** nebst mehreren anderen Völkern, die vor der Ankunft der Weissen mit den Wyandots an ihrer Spitze und mit den Algonkins verbündet den „fünf Völkern" feindlich gegenüberstanden. Unter den südlichen Irokesen in Nord-Carolina werden nur die **Tuscaroras** in der Geschichte häufiger erwähnt.

Den dritten grossen Stamm bilden die **Sioux**, welche sich vom Mississippi bis zum Felsengebirge und vom Winibeg-See bis zum Arkansas im Süden erstrecken, so dass der grösste Theil des Missourithales als ihr Mittelpunkt und Hauptsitz zu betrachten ist. Nächst den eigentlichen Sioux oder **Dahcotahs** sind zu ihnen zu rechnen die **Winibegs** am gleichnamigen See, südlich von diesen die **Assiniboins** und **Mandans**, zwischen dem oberen Lauf des Missouri und dem Yellow-stone-Fluss die **Krähen-Indianer** (Crows), endlich im Süden des bezeichneten Gebietes die **Osagen**.

Die historisch wichtigsten und interessantesten Stämme sind nächst den Algonkins und Irokesen: diejenigen, welche dem Südosten der Vereinigten Staaten angehören: die **Cherokees** im Thale des Tennessee und die **Chocktaws**, denen Latham das weite Gebiet von Süd-Carolina bis an den Meerbusen von Mexico nach Florida hin und bis zum unteren Laufe des Mississippi südlich von Tennessee anweist, indem er die **Muskogees** oder **Creeks** (Deich-Indianer) mit den **Seminolen** und die **Chickasaws** ihnen unterordnet.

Diese Uebersicht macht nicht von fern darauf Anspruch eine vollständige zu sein, selbst nur innerhalb des Ländergebietes, über welches sie sich erstreckt, sondern bezweckt nur eine vorläufige hauptsächlich geographische Bekanntschaft mit denjenigen Indianervölkern, auf die wir im Folgenden als die historisch und ethnographisch hervorragendsten Bezug nehmen werden. Wir müssen jedoch, um falsche Vorstellungen über die gegenwärtige Vertheilung der Indianerbevölkerung Nordamerca's auszuschliessen, sogleich hier bemerken, dass namentlich seit 1840 viele der erwähnten Stämme an die Westgrenze der Staaten von Missouri und Arkansas fortzuziehen und dort sich mit verhältnissmässig sehr kleinen Gebieten zu begnügen genöthigt worden sind. Zu diesen gehören (wenn wir ihre jetzigen Wohnsitze von Norden nach Süden durchlaufen) zunächst die **Kickapoos**, dann die sonst so furchtbaren **Delawares**, ferner südlich vom

Kansas-Fluss die wenigen noch übrigen Kaskaskias und Pianke-
schaws, Oneidas, Tuskaroras und Senecas, die Schawa-
nous u. a.; endlich im Norden, Westen und Süden von Fort Gibson am
Arkansas und den grossen südwestlichen Zuflüssen desselben die Cherokees, Creeks, Seminolen, Choktaws und Chickasaws.

Es wird nach dem, was wir vorhin über die tiefen Erschütte-
rungen bemerkt haben, von denen viele Indianervölker seit der
Ankunft der Weissen und in Folge derselben getroffen worden sind,
keiner weiteren Auseinandersetzung darüber bedürfen, dass der ursprüngliche Indianercharakter keineswegs bei allen Stämmen in
gleichmässiger Reinheit sich forterhalten, sondern bei vielen sehr
wichtige Veränderungen erfahren hat, die sich im Allgemeinen nach der
Kraft, Menge und Dauer der Einflüsse messen lassen werden, die von
Seiten der Weissen auf sie eingewirkt haben. Wollen wir ein Charakterbild des Indianers entwerfen, so wird es deshalb nicht gleichgültig sein, woher wir es nehmen. Die Anekdoten, die uns von dem
Benehmen, der schlecht verhehlten Verwunderung, den sonderbaren
Aeusserungen der Indianerstämme erzählt werden, welche man in
späterer Zeit in den Vereinigten Staaten bisweilen herumführen liess,
um ihnen zu imponiren und für immer jeden Gedanken an Widerstand ihnen zu benehmen, sind natürlich meist eben so ungeeignet,
uns ein richtiges Bild von dem ursprünglichen Wesen des Indianers
zu gewähren, als einzelne in der Gefangenschaft verkommene und in
Europa der Schaulust preisgegebene Exemplare von Thieren oder
Menschen fremder Welttheile uns über Fähigkeiten und Lebensweise
derselben im Naturzustande belehren können.

Während die östlichen Indianer, sagt Mrs. Eastman, die in Berührung mit den Weissen leben, alle ursprüngliche Würde in Haltung und Charakter verloren haben, sind die Sioux noch ungebeugt,
zeigen noch den wilden Stolz in ihren schwarzen durchdringenden
Augen, die ruhige immer sich gleichbleibende Indifferenz im Betragen,
wie den vorsichtig und langsam schleichenden Schritt*). Wollen wir
also den geistigen und sittlichen Zustand des Indianers richtig würdigen, so werden wir vor Allem die Stämme, welche bis jetzt nur
geringe Einwirkungen von Seiten der Weissen erfahren haben und

---

*) Ebenso wird uns von den Indianern in Südamerica, die in den Missionen
leben, erzählt, dass sie keine Spur der energischen Festigkeit und des unge-
beugten Stolzes mehr zeigen, der das Wesen des ursprünglichen Indianers charakterisirt.

von denen sich annehmen lässt, dass sie wenigstens der Hauptsache nach ihre ursprünglichen Eigenschaften noch besitzen, von denen unterscheiden müssen, bei welchen diess nicht der Fall ist.

Nur die Indianer von reiner Ursprünglichkeit in Leben und Sitten sind der Gegenstand unsrer Darstellung, und wir werden uns bemühen mit Ausschluss aller Romantik sie in derjenigen Naturwahrheit zu schildern, welche sich nach den vorliegenden verbürgten Nachrichten erreichen lässt.

Die hauptsächlichsten Schwierigkeiten eines solchen Unternehmens liegen zunächst darin, dass gerade diejenigen Stämme, welche ihrem ursprünglichen Charakter am treuesten geblieben sind, begreiflicher Weise zugleich diejenigen sind, von welchen wir nur minder vollständige Kenntniss haben. Sie besitzen meist ausgedehntere Länderstrecken und leben mehr in der Nähe des Felsengebirges, viele von ihnen sind weit stärker an Kopfzahl, als die stärker veränderten Indianervölker, die früher im Gebiete der Vereinigten Staaten lebend, jetzt fast alle an deren Grenzen zurückgedrängt sind. Im Osten des Felsengebirges sind es, wenn wir von Norden gegen Süden fortgehen, zuerst die Schwarzfüsse und Krähen-Indianer, dann die Sioux oder Dahcotahs, die sich am weitesten nach Osten erstrecken und eben deshalb uns am genauesten bekannt sind; dann südlich vom oberen Laufe des Arkansas die Pawnies-Picts, welche (nach Catlin) den Pawnies am Platteflusse nicht stammverwandt, in Tracht und Sprache unähnlich und feindlich sind, endlich einige wenig bekannte Stämme der Paducas, deren bedeutendste die Schoschonies zu beiden Seiten des Felsengebirges und die Cumanchen (Camanchen) zu sein scheinen, welche die hauptsächliche Indianerbevölkerung von Texas bilden. Zu diesen nach Catlin's Bericht angegebenen Stämmen des Innern von Nordamerica sind nach Gallatin ausserdem noch zu rechnen die wenig bekannten Indianer, welche an den Wasserfällen und Stromschnellen des Saskatschewan wohnen (Fall- and Rapid-Indians, Gros Ventres der Franzosen), und zu denen als ein südlich gewanderter Zweig die Arrapahoes am Plattefluss und Arkansas gehören.

Aus den spärlichen Nachrichten allein, die wir über solche noch ziemlich unberührt gebliebenem Stämme besitzen, würde sich indessen ein einigermaassen befriedigendes Bild des Indianercharakters nicht entnehmen lassen, wenn uns nicht zur Ergänzung desselben ein anderer Umstand zu Hülfe käme, nämlich der, dass namentlich die älteren Berichte über die Niederlassungen der Europäer in Nordamerica und über deren Schicksale, diese letzteren in Berührung mit den noch unveränderten Eingebornen zeigen, und dass selbst die spätere Geschichte der Kriege mit ihnen, wenn mit Vorsicht benutzt, mit einiger Sicherheit wenigstens in vielen Fällen auf den ursprünglichen Indianercharakter zurückzuschliessen erlaubt. Insbebesondere wird man bei einem solchen Versuche die treffende Bemerkung Latham's vor Augen behalten müssen, „dass hauptsächlich die Irokesen und Algonkins die Charaktere des nordamericanischen Indianers, welche sich in den ältesten Berichten finden, in typischer Form darstellen und die zwei Familien sind, auf welche die gewöhnlichen Vorstellungen von der Physiognomie, den Sitten und geistigen und moralischen Fähigkeiten der sog. rothen Rasse sich vorzüglich gründen." Es wird uns diess daran erinnern müssen, dass auch unter den Indianern von unzweifelhafter Ursprünglichkeit sich Unterschiede finden, die von so tief eingreifender Bedeutung sind, dass es nicht genügt, ein bloss typisches allgemeines Bild von ihnen zu entwerfen.

Der eben erwähnte Umstand erklärt zum Theil schon die so verschiedenen Berichte und die weit auseinandergehenden Urtheile, die wir bei den einzelnen Schriftstellern über die geistige Capacität und die Gemüthseigenschaften der Indianer finden; indessen haben sie der Hauptsache nach andere Gründe, nämlich in der Individualität und den Interessen der Berichterstatter selbst. Während der eine den Indianer als durchaus hülfreich, gastlich und gutmüthig schildert, wo der Weisse mit seiner Civilisation und seinen Lastern nicht hinkam, ihn als harmlos, lustig und geschwätzig darstellt, fern von Betrug und Hinterlist, Diebstahl oder Bosheit gegen den zutraulich sich nahenden Fremden, kurz als frisches kräftiges Naturkind, gut aus Instinct, mit dessen Wäldern und Wilde zugleich sein unbezähmbarer Unabhängigkeitssinn schwinde, aber auch sein auf Einfachheit gegründetes Lebensglück gebrochen werde, ohne darum der Civilisation sich zu nähern, nicht zwar als Mangel an Begabung, sondern in Folge der schmählichen Behandlung durch die Weissen und des niederdrückenden Gefühles der Erfolglosigkeit jedes Wetteifers mit diesen, — während der eine in dieser Weise fast ein Bild der goldnen Zeit entwirft, bald das Mitleid bald sittliche Entrüstung herausfordernd, zeichnen Andere den Indianer als stumm und dumm, als faul über alles Maass, so lange er keinen Hunger hat, als räuberisch und grausam bis zur Unersättlichkeit, so dass seine gänzliche Unfähigkeit zur Civilisation ausser Zweifel stehe durch sein

Unvermögen zum Denken wie zum planmässigen Handeln und durch die Unwandelbarkeit seiner wilden Lebensweise und seiner Verliebe für ein rohes Jägerleben. In beiden Angaben ist Wahres, wenn man von der parteiisch übertriebenen Verallgemeinerung absieht, die in ihnen liegt, und man hat kaum nöthig ihren Widerspruch gegeneinander dadurch zu lösen, dass man sie auf verschiedene Indianervölker bezieht; denn Menschen, deren Vorstellungen grösstentheils so unzusammenhängend sind, dass ihr Handeln in vielen Fällen nur von den Einfällen des Augenblicks oder von den sonderbarsten kleinen Zufälligkeiten bestimmt wird, werden oft unerklärliche Widersprüche in ihren Charakteren zu vereinigen scheinen.

Was aber ganz hauptsächlich den Mangel an Ueberstimmung erklärt und trotz der vielen und zum Theil sorgfältigen Berichte, die wir besitzen, eine richtige Würdigung des ursprünglichen Indianercharakters gleichwohl in nicht unerheblicher Weise erschwert, ist der Umstand, dass die Berichterstatter ihre Interessen und vorgefassten Meinungen, ihre Zu- und Abneigungen mit auf die Reise nehmen; denn der gute Wille zur Aufrichtigkeit und Unparteilichkeit vermag nur wenig oder nichts gegen die Beschränkung des Blickes, die der einmal gewählte Standpunkt des Beobachters, wenn er einseitig ist, nothwendig mit sich bringt. Wer z. B. wie Catlin als Maler und Sammler sich unter die Indianer begiebt, das Herz voll von dem Unglück aller Art, das die Weissen über sie gebracht haben, und im voraus überzeugt von der ursprünglichen Güte des reinen Naturmenschen, wie von der tiefen Entsittlichung der civilisirten Gesellschaft, der glaubt nur gerecht zu sein, wenn er die tapfern Indianer durchgängig wie homerische Helden schildert, und stimmt wohl selbst in das homerische Gelächter ein, welches sie darüber aufschlagen, dass von den Weissen Einer lange Zeit eingesperrt werden kann, „weil er kein Geld hat um zu bezahlen!" Wer dagegen die Uebel und die Wohlthaten der Civilisation richtiger abzuwägen weiss, wird ein andres Bild entwerfen. Treffend und treu es auszuführen, wird ihm jedoch nur dann gelingen, wenn er mit richtigem Takte die naturwüchsige Kraft von sittlicher Stärke selbst am rohen, und die gleissende Formengewandtheit von edlem Geschmack auch am civilisirten Menschen, scharf und sicher zu unterscheiden weiss, wenn er das Charakteristische im äusseren wie im inneren Leben der Menschen für sich allein und in seinem Zusammenhange mit den Naturbedingungen, die es beherrschen, herauszufinden, aufzufassen und überall im rechten Maasse hervortreten zu lassen versteht, wenn er namentlich ohne vorgefasste Meinung über die Eigenthümlichkeiten der Rassen und ihre Begabung, ohne das exclusive Interesse eines Christenthums, das die Heiden als solche schon für Unmenschen erklärt, ohne politisches Parteiinteresse irgend welcher Art, in Folge dessen der Stärkere die Ausbreitung der Civilisation und ihre Macht, als solche so gern zu einem absoluten Rechte stempelt, die Lösung der Aufgabe unternimmt.

Den vorstehenden Erwägungen zufolge erscheint es zweckmässig, zuerst die Einflüsse näher zu betrachten, welche die Berührung mit den Weissen auf das ursprüngliche Wesen des Indianers ausgeübt haben. Die Geschichte der frühesten Niederlassungen, welche in Nordamerica gegründet worden sind, bietet uns die nächste Gelegenheit den noch unveränderten Indianercharakter kennen zu lernen, und die Geschichte der späteren Kriege wird theils zu dieser Kenntniss selbst einen weiteren Beitrag liefern, theils die verschiedenartigen Umbildungen uns zeigen können, welche mit ihnen vorgegangen sind; aber dieses Historische wird überall von uns nur so weit herbeigezogen werden, als es für unsern Hauptzweck selbst als richtig erscheint. Wir werden deshalb nur das Verhalten der Indianer gegen die ersten Ansiedler, sowie dieser gegen jene, und die Ansichten berühren, welche diese sogleich anfangs sich über die Indianer bildeten, dann aber aus der Geschichte der Kriege nur dasjenige herausheben, was besonders geeignet scheint, die Fähigkeiten des Geistes und Herzens zu charakterisiren, die wir zwar nicht am Indianer von reiner Ursprünglichkeit finden, die aber durch eigenthümliche Schicksale und Lebensverhältnisse aus dieser entwickelt noch deutlich genug auf sie zurückweisen. Hierbei werden wir uns natürlicher Weise nur an die interessantesten, ausgezeichnetsten Persönlichkeiten halten können, und diese Betrachtung wird uns von selbst auf die Erörterung der Frage hinführen, wie die Begabung des Indianers überhaupt zu beurtheilen sei, ob man ihn einer höheren Entwickelung zur Civilitsation für fähig oder unfähig zu halten habe. Erst nachdem wir einen Blick auf die ersten Niederlassungen, auf die Kriege der Irokesen und der südlichen Stämme gegen die Weissen und auf die Civilisationsfähigkeit der Indianer überhaupt geworfen haben, werden wir dazu fortschreiten ihre socialen Verhältnisse, dann ihre sittlich-religiösen Vorstellungen und Eigenschaften im Einzelnen zu betrachten.

Historische Schicksale der Indianer.

Die ältesten bleibenden Niederlassungen der Engländer in Nordamerica wurden von ihnen an zwei weit voneinander entlegenen Punkten gegründet, in Virginien und Massachussets.

Schon im Jahre 1584 hatten Amidas und Barlow in Virginien festen Fuss zu fassen versucht. Auf seinen Wanderungen traf der erstere in Begleitung von sieben Andern auf der Insel Roanoke mit der Familie des Häuptlings Granganimo zusammen, der schon öfter arglos und zutraulich die Engländer auf ihrem Schiffe mit seinen Leuten besucht und bei dem Tauschhandel, auf den sie mit ihm eingetreten waren, sich stets als ein Mann von Wort gegen sie bewiesen hatte. Von seiner Familie wurden die Engländer in seiner Abwesenheit auf's Freundlichste aufgenommen, man bewirthete sie reichlich, kam allen ihren Bedürfnissen zuvor und sorgte in der aufrichtigsten Weise dafür, jedes Misstrauen zu entfernen, das bei den Engländern hätte irgend aufsteigen können.

Anders freilich gestalteten sich die Verhältnisse zu den Indianern, als die neu gelandeten Eindringlinge, auf die Entdeckung edler Metalle begierig, die Eingebornen und oft ihre Häuptlinge selbst zwangen ihnen als Führer zu dienen. So verfuhr Richard Grenneville, der den Diebstahl einer silbernen Schale durch die Verbrennung eines Indianerdorfes ahndete und auf die Nachricht, dass sich viele Hunderte von Indianern zu einem Feste versammelten, misstrauisch in ihre Absichten über sie herfiel, einige von ihnen umbrachte und die übrigen in die Wälder zerstreute. Die von Grenneville auf der Insel Roanoke zurückgelassene Colonie sollte im Jahre 1587 von White wieder aufgesucht werden. Auf die Nachricht, dass sie von feindlichen Indianern angegriffen und zerstreut worden sei, beschloss man sich zu rächen. Zu diesem Zwecke wurde Capitän Stafford ausgeschickt, welcher selbst folgende Erzählung gab: „Wir kamen zu dem Dorfe der Indianer, wo wir sie an ihrem Feuer sitzen sahen, und griffen sie an. Die Elenden flohen erschrocken in das Rohrdickicht, wo einer todtgeschossen wurde, und wir glaubten nun vollständig gerächt zu sein; aber wir irrten, denn es waren uns freundliche Indianer, die gekommen waren ihre Feldfrüchte einzuärnten. So getäuscht bemächtigten wir uns des Getreides, das wir reif fanden, liessen das übrige stehen und nahmen Menatonon (den obersten

Häuptling) nebst seiner Familie mit uns fort" — er musste als Führer dienen.

So wirthschafteten die Engländer unter den Indianern bei ihrer ersten Ankunft in Virginien: man wird sich daher nicht wundern, dass die festen Niederlassungen, die sie zu gründen versuchten, sich nicht sogleich halten und zur Blüthe gelangen konnten. Nach manchen missglückten Unternehmungen dieser Art wurde erst im J. 1607 die Klugheit und beispiellose Ausdauer des Capitän John Smith mit günstigem Erfolge gekrönt.

Vergebens suchte er zuerst ein freundliches Verhältniss zwischen der neuen Colonie Jamestown am Jamesfluss und den Indianern herzustellen. Auf Tauschhandel wollten diese nicht eingehen, sondern benutzten die Noth und den Mangel an Nahrungsmitteln, an welchem die Colonisten litten, nur in feindlicher Weise. Capitän Smith entschloss sich daher endlich zum Angriff auf sie, trieb sie in die Wälder zurück, und es gelang ihm durch den Ueberfall eines Dorfes, von ihnen zu erhandeln, was man in Jamestown bedurfte. Bald darauf jedoch fiel er auf einer ähnlichen Expedition ins Innere des Landes den Indianern in die Hände. Schon auf dem Rückzuge zu seinem Kahne begriffen und fortwährend kühn und glücklich sich gegen sie vertheidigend, hauptsächlich mit Hülfe eines Indianers, den er mit den Strumpfbändern an seinen Arm festgebunden hatte und dessen Schild die Pfeile der Feinde auffing, blieb er im Schlamme stecken; doch auch jetzt wagten sich seine Verfolger nicht sogleich an ihn heran, die ihm zunächst Stehenden zitterten an allen Gliedern vor Furcht.

Als sie ihn gegriffen hatten, da er seine Waffen weggeworfen, führten sie ihn an den Platz, wo seine Leute eben getödtet worden waren, ihn selbst jedoch behandelten sie freundlich, rieben ihm die erstarrten Glieder und wärmten ihn am Feuer. Vor den Häuptling geführt wusste er dessen Gunst dadurch zu gewinnen, dass er ihn mit einem kleinen Compass beschenkte, der allgemeines Erstaunen erregte.

Täglich in Lebensgefahr und seinen Tod jeden Augenblick erwartend, wurde Capitän Smith von den Indianern im Lande umhergeführt. Sie liessen ihn sehen, gaben grosse Feste und versorgten ihn so reichlich mit den besten Speisen, dass er glauben musste, er solle gemästet und dann geschlachtet werden. Die Indianer beschlossen, Jamestown zu überfallen, und verlangten dazu seinen Beistand. Er verweigerte diesen, wusste sie aber gleichwohl dadurch sich geneigt zu erhalten, dass er einen Brief nach Jamestown schrieb, in Folge dessen die Seinigen, von seiner Lage und ihrer Gefahr unterrichtet, den Indianern einige ihnen werthvolle Gegenstände überschickten. Bewundert wegen dieser Fähigkeit zu seinen Freunden in so grosser Entfernung reden zu können und wegen der vielen anderen Wunder, die er vor den Indianern that, wurde er endlich auch vor den obersten Häuptling Powhatan gebracht. Hier wurde ein grosses feierliches Gericht über ihn gehalten und sein Tod beschlossen. Man brachte grosse Steine, schleifte ihn zu diesen hin, und hatte schon seinen Kopf auf sie niedergelegt um ihn zu zerschmettern, als Pocahontas, die Tochter Powhatan's, damals erst 12—13 Jahre alt, hervortrat und durch ihre flehenden Bitten bei ihrem Vater sein Leben rettete.

Von dieser Zeit an galt Capitän Smith ihnen als Freund und wurde durch ein geräuschvolles Fest förmlich unter sie aufgenommen als einer der Ihrigen. Powhatan schickte ihn in Begleitung von zwölf Anderen nach Jamestown, um ihm zwei Flinten und einen Schleifstein zu holen, wofür er eine Strecke Landes erhalten sollte. Auf diese Weise wurde nicht nur der Frieden zwischen den Colonisten und Indianern hergestellt, sondern auch ein Handelsverkehr eröffnet, der jenen die nöthigen Lebensmittel zuführte. Diess änderte sich jedoch nach der Ankunft von Capitän Newport aus England, der unklug genug die Eitelkeit Powhatan's in so hohem Grade erregte, dass dieser erklärte, es sei unter seiner königlichen Würde, Handel zu treiben wie die Engländer, sie sollten ihm ihre Waaren vorlegen, er werde davon nehmen was ihm gefiele, und dafür geben, was ihm gut scheine. Es kam aufs Neue zu Reibungen und Feindseligkeiten, und einige Holländer, die für Powhatan ein Haus bauten, riethen ihm, die Engländer mit List aus dem Wege zu räumen. Eine friedliche Verhandlung mit Smith über Lieferung von Lebensmitteln sollte dazu benutzt werden, um sich seiner Person zunächst zu versichern; dieser jedoch bemerkte während der Verhandlung sehr wohl, worauf es Powhatan abgesehen hatte, und war seinerseits im Begriff, sich desselben zu bemächtigen, als dieser ihn überlistend plötzlich entfloh. Da entschloss sich Powhatan zu einem Ueberfall; aber noch einmal rettete Pocahontas das Leben Smiths und seiner Leute. Sie kam allein in einer stürmischen Nacht durch die Wälder und benachrichtigte Smith von dem Plane ihres Vaters. Für diese aufopfernde Liebe bot er ihr allen Schmuck, der eine Indianerin beglücken konnte. Sie wiess die Geschenke zurück, erinnerte ihn mit Thränen im Auge an ihren Vater, der sie tödten würde, wenn er Verdacht schöpfe, und kehrte in die Wälder zurück, wie sie gekommen war.

Bald darauf, im J. 1609, kamen einige von Powhatan's Leuten durch eine Explosion um, da sie mit Pulver nicht umzugehen wussten und einer von ihnen, der sich klüger als die anderen dünkte, es ihnen lehren wollte. Diess verbreitete einen so allgemeinen Schrecken unter den Indianern, dass sie alle um Frieden baten und sich den Engländern unterwarfen.

Später kehrte Capitän Smith nach England zurück. Man sagte den Indianern, er sei todt. Powhatan, der diesem Gerüchte nicht glaubte, schickte einen seiner Räthe nach England und trug ihm auf, Smith aufzusuchen, den Zustand des Landes und die Zahl seiner Bevölkerung zu erforschen und sich von Smith, wenn er ihn fände, den Gott der Engländer und den König und die Königin zeigen zu lassen. Bei seiner Ankunft in England machte der Abgesandte zuerst auf einem langen Stock jedesmal eine Kerbe, wenn er einem Menschen begegnete. Bald reichte er damit nicht mehr aus und soll bei seiner Rückkehr auf die Frage nach der Zahl der Einwohner von England die Antwort gegeben haben: Zähle die Sterne am Himmel, die Blätter an den Bäumen und den Sand am Meere — denn so gross ist die Zahl des Volkes von England.

Smith's Nachfolger, Lord de la War, verfuhr weit grausamer gegen die Indianer als jener. Da Powhatan sich wieder übermüthig zeigte, beschloss er, ihn zu unbedingter Unterwerfung zu bringen. Da er einen gefangenen Indianer in Händen hatte, liess er diesem die rechte Hand abhauen und schickte ihn dann zu Powhatan mit der Nachricht, dass es allen seinen Unterthanen so gehen solle, wenn er sich nicht sogleich und vollständig unterwerfe, und dass alles Getreide im Lande (es war kurz vor der Aernte) sogleich vernichtet werden würde. Diess erbitterte natürlich Powhatan, und die Feindschaft begann aufs Neue.

Bald nachdem Smith die Colonie verlassen hatte, gerieth Alles in Verwirrung, alle Disciplin hörte auf, man dachte nicht mehr an die Zukunft und genoss nur die Gegenwart. Durch die Angriffe der Indianer und durch Hunger sank sie im Laufe von 6 Monaten von 500 bis auf 60 Menschen, die anfangs noch mit Kräutern und Wurzeln, dann bei zunehmender Noth nur mit Pferdehäuten ihr Leben zu fristen vermochten. Man grub die Leiche eines Indianers aus, um sie zu verzehren, ja einer der Colonisten schlug seine Frau todt und salzte sie ein, um von dem Fleische zu leben.

Pocahontas kam während dieser ganzen Zeit nicht mehr nach Jamestown; im Jahre 1611 aber geriet sie durch Verrath anderer Indianer in die Gefangenschaft von Capitän Argal, der sie zu benutzen suchte, um einen vortheilhaften Frieden mit Powhatan zu schliessen, welcher jedoch erst dann zu Stande kam, als 1613 ein junger Engländer, John Rolfe, mit Pocahontas sich verheirathete. Von jetzt an war Powhatan ein aufrichtiger Freund der Engländer bis zu seinem Tode. Seine Tochter, zum Christenthum übergetreten, ging mit ihrem Gatten nach England, wo sie Capitän Smith wiedersah, der ihr nicht die warme Dankbarkeit bewahrt zu haben scheint, welche sie mit ihrer aufopfernden Hingebung so sehr verdient hatte. Im Begriff in ihr Vaterland wieder zurückzukehren, erkrankte sie und starb in Gravesend im J. 1617.

Nemattanow, ein indianischer Held der sich durch seine Tapferkeit in den Gefechten gegen die Engländer den Ruhm der Unverwundbarkeit erworben hatte, da er sich ungestraft immer der grössten Gefahr aussetzte, wurde von den Seinigen für ein höheres übermenschliches Wesen gehalten. Eines Tages kam er (im Jahre 1622) zu einem Engländer Namens Morgan, bei dem er viele Gegenstände sah, die für den Handel mit den Indianern bestimmt ihre Begierde reizen sollten. Da er kein Geld haben mochte die Sachen zu kaufen, sagte er ihm, er solle damit nach Pamunkey kommen, wenn er sie vortheilhaft absetzen wolle. Morgan ohne Misstrauen folgte seinem Rathe und kehrte nie zurück. Nemattanow's Unstern wollte, dass er nach einiger Zeit den Wohnort Morgan's aufs Neue besuchte mit der Mütze des Ermordeten auf dem Kopfe. Man ergriff ihn, um ihn vor Gericht zu führen, und da er Widerstand leistete, schoss man ihn nieder. Tödtlich verwundet und in sein Schicksal ruhig ergeben bat er mit grossem Ernste nur noch um zwei Vergünstigungen, die eine, dass man seinen Landsleuten nie sage, dass er durch eine Kugel getödtet worden sei, die andere, dass er unter den Engländern begraben würde, damit man nie erführe, dass er auch sterblich gewesen sei, wie andere Menschen.

Der Hass der Indianer gegen die Engländer war in dieser Zeit bereits ganz allgemein und vollkommen festgewurzelt. Opekankanoug, nach Einigen ein Bruder des Powhatan und nach dessen Tode bei weitem der angesehenste der Indianerhäuptlinge, die den englischen Colonisten in Virginien gegenüberstanden, war zwar eifersüchtig auf den

Ruhm Nemattanow's und daher erfreut über das Schicksal gewesen, das diesen getroffen hatte, wusste aber den Tod desselben durch die Engländer listig zu benutzen um den Hass der Indianer gegen sie zu stacheln. Durch seine Verstellung wusste er jene vollständig zu täuschen Während die Verschwörung reifte, die allen Engländern den Untergang bringen sollte, lebte man im tiefsten Frieden mit ihnen und leistete ihnen jeden Freundschaftsdienst auf das Bereitwilligste. Noch am Morgen des 22. März 1622 kamen die Indianer unbewaffnet zu den Engländern, handelten und frühstückten mit ihnen. Diese liehen ihnen ihre Boote und mancherlei Geräthe, die sich plötzlich in Waffen gegen sie verwandelten. Zur bestimmten Stunde fielen die Indianer aus ihren Verstecken über sie her und mordeten Männer, Weiber und Kinder ohne Unterschied, 347 an der Zahl, ungefähr in einer Stunde. Von 80 Pflanzungen bleiben nur 6 verschont, die durch die rechtzeitige Anzeige eines christlichen Indianers gerettet wurden.

Die Engländer sammelten ihre Kräfte und dachten auf Rache, die sie wo möglich in noch verrätherischerer und grausamerer Weise ausführten als selbst die Indianer. Sie lockten diese unter dem Scheine mit ihnen Frieden machen zu wollen herbei, versprachen ihnen Vergebung für das Geschehene und persönliche Sicherheit, griffen sie unvermuthet an und metzelten nieder so viele in ihre Hände fielen.

Opekankanough entkam und wusste 22 Jahre später alle Indianer, die auf einem Raume von 600 Meilen wohnten, gegen die Engländer zu vereinigen um sie zu Grunde zu richten. Er selbst, ein Greis von fast 100 Jahren, konnte nicht mehr gehen, aber wollte doch bei der Ausführung des Planes gegenwärtig sein. In zwei Tagen sollen 500 (nach anderen Angaben 300) Weisse gefallen sein, bis William Berkeley an der Spitze einer bewaffneten Macht dem Fortschritt des Mordens ein Ziel setzte, die Indianer schlug und Opekankanough gefangen nahm. Dieser von den Anstrengungen des Tages ermattet, vermochte die Augen nicht mehr aufzuschlagen. Von einem Soldaten tödtlich verwundet hörte er den Lärm der neugierig ihn umdrängenden Menge und befahl einem Diener ihm die Augenlider zu öffnen. Erzürnt und verächtlich die Umstehenden anblickend, erhob er sich noch einmal vom Boden und befahl den Gouverneur zu ihm zu rufen, zu dem er sprach: Hätte mein Glück gewollt, dass William Berkeley mein Gefangener geworden wäre, so würde ich ihn nicht so gemein der Menge zur Schau gestellt haben.

Die bittere Feindschaft, welche die Indianer zu jenen Verschwörungen veranlasste, hatte ihren hauptsächlichen Grund darin, dass ihnen von den Engländern allmählich immer grössere Länderstrecken abgenommen und sie aus ihrem ursprünglichen Besitze vertrieben wurden. Freilich geschah diess grossentheils dadurch, dass die Indianer ihre Ländereien freiwillig verkauften, aber wie diese Käufe von Seiten der Indianer oft höchst leichtsinnig eingegangen wurden und sie bald in bittere Noth brachten, die ihnen keine anderen als die gewaltsamsten Mittel zu ihrer Selbsterhaltung mehr übrig liessen, so wurden sie von Seiten der Weissen, die ihre Ueberlegenheit auf das Schändlichste benutzten, oft in einer solchen Weise betrieben, dass sie dem schmählichsten Betruge gleich kamen, für den jene sich dann auf jede Weise zu rächen suchten.

So war es in Virginien, so war es in Massachussets, so war es überall, wo die Weissen als Ansiedler oder Kaufleute mit den Indianern verkehrten. Sehr häufig machten sie diese erst vollständig betrunken und schlossen dann ihre Verträge mit ihnen ab. Feindschaft und Kriege waren die natürliche Folge davon.

In Massachussets wurde die erste dauernde Niederlassung durch die unter Jacob I. ausgewanderten Puritaner gegründet im Jahre 1620. Sie nannten sie Plymouth. Ihre früheste Geschichte ist minder romantisch interessant, als die der ersten festen Colonie in Virginien, aber auch hier im Norden sehen wir die Ankömmlinge, welche die Maiblumen von England gebracht hatten, anfangs nur durch die Gutmüthigkeit der Indianer und namentlich eines ihrer Häuptlinge, Massasoit's, sich halten. Mehr durch seine höhere Einsicht als durch Kriegsthaten im Besitze seiner ausgedehnten und unbestrittenen Macht gesichert — ein seltener Fall bei Indianerfürsten — zeigte Massasoit sich gegen die Engländer stets friedlich, obgleich der vielfache Edelmuth, den er ihnen bewies, und die thätige Hülfe, die er ihnen namentlich in dem harten Winter von 1622 leistete, da sie durch Hunger aufgerieben zu werden fürchten mussten, nicht immer mit gleicher Treue von ihrer Seite vergolten wurde. Der Vertrag, den die Engländer mit Massasoit schlossen (1621), hatte einen fast vierzigjährigen Frieden zur Folge, ohne welchen es ihnen schwerlich gelungen sein würde, sich in dem Lande zu halten. Die grosse und dauernde Dankbarkeit dieses hochbegabten und allgemein verehrten Indianerfürsten gegen die Engländer schrieb sich wohl vorzüglich davon her, dass ihn ein englischer Arzt in einer Krankheit mit glücklichem Erfolge behandelt habe. Von dieser Zeit an benachrichtigte er die Engländer häufig über die Nachstellungen, die ihnen von andern Indianern bereitet wurden, rieth ihnen, was sie zu thun hätten, um diesen zu entgehen, oder vereitelte selbst die gefährlichen Pläne, denen sie unterliegen sollten.

Bisweilen freilich gebot die Selbsterhaltung den Engländern, den Unternehmungen der Indianer zuvorzukommen, von denen sie stets als Eindringlinge und als ihre natürlichen Feinde angesehen wurden. Als sie aber schon festen Fuss im Lande hatten, war es ihr gewöhnliches Verfahren, dass sie die Häuptlinge durch Einschüchterung zu Verträgen nöthigten, mit ihnen Schutz- und Trutzbündnisse abschlossen, sich die Auslieferung ihrer Feinde von ihnen versprechen liessen und ihrerseits dasselbe versprachen, ohne fast jemals einem Vertrage weiter durch die That nachzukommen, als es ihr Nutzen gerade mit sich brachte; daher es denn die Häuptlinge ihrerseits als vollkommen gerechtfertigt betrachten mussten, wenn sie sich den eingegangenen Verpflichtungen zu entziehen und sich aus den ihnen gemachten Beschuldigungen auf alle Weise herauszulügen suchten.

Wenn die Engländer Feindseligkeiten von den Indianern fürchteten, verkauften sie ihnen keine Flinten und keinen Schiessbedarf mehr, wodurch sie diese freilich oft in grosse Noth brachten, sich selbst aber sicherten. Wenn sie es durch ihre Gewaltthätigkeiten so weit gebracht hatten, dass sie einen Angriff fürchten mussten, fingen sie Unterhandlungen an, so z. B. im J. 1676 mit dem Stamm der Penobscots, von welchem sie mehrere Hunderte eingefangen und in die Sklaverei verkauft hatten. Bei diesen Unterhandlungen sprachen sich diese Indianer unter Anderm in folgender Weise aus: „Wir sind im vorigen Jahre durch die Kennebecks von unsern Feldern vertrieben worden, und viele von uns sind deshalb Hungers gestorben. Wir hatten kein Pulver und Blei, um Wild zu schiessen und es zu hindern. Wenn ihr Engländer unsere Freunde wäret, wie ihr vorgebt, würdet ihr uns nicht haben verhungern lassen, wie ihr gethan habt." Diese Vorwürfe waren nur zu begründet, die Engländer hatten nichts darauf zu erwidern. In dieselbe Verlegenheit wurden sie bei einer ähnlichen Gelegenheit durch die Rede eines andern Häuptlings versetzt. „Es ist nicht Sitte bei uns," sprach dieser, „Gesandte, die zu uns kommen, um über Frieden zu unterhandeln, festzuhalten, wie bisweilen die Mohawks thun, ja wie bisweilen die Engländer gethan haben, die 14 von unsern Leuten gefangen genommen haben, die zu euch kamen, um einen Vertrag zu schliessen. Das ist nicht Alles. Ein andres Mal habt ihr die Auslieferung unserer Gewehre verlangt und uns aufgefordert, dann zu euch zu kommen, oder ihr wolltet uns um's Leben bringen. Diess war der Grund, weshalb wir mit grossen Verlusten unsere feste Stellung und unsere Felder verlassen mussten." Daher kam es denn, dass bei einem Vertrage die Indianer von den Engländern forderten, dass sie bei ihrem Gotte aufs Feierlichste die Uebereinstimmung ihrer wahren Absichten mit ihren Aussagen beschwören sollten. Nur unter dieser Bedingung gingen die Indianer auf den Vertrag ein.

Die Weissen erbitterten die Indianer namentlich auch dadurch, dass sie nicht einmal ihre Gräber schonten, im Kampfe aber verfuhren sie mit ganz ähnlicher Grausamkeit, wie die Wilden selbst: so insbesondere bei der Ausrottung der Pequots im Jahre 1637; in einzelnen Fällen kam es wenigstens vor, dass gefangene Indianer von ihnen auf das Empörendste gemartert oder lebendig verbrannt, oder als Sklaven verkauft wurden, viele gerichtlich, und es scheint diess sogar noch eine der gelinderen Strafen gewesen zu sein.

Die Verfeindung der Indianerstämme untereinander wurde von den Weissen oft mit Eifer betrieben. Dahin gehört namentlich, dass man die Hinrichtung des mächtigen und gefährlichen Häuptlings Nanuntenoo durch Indianer von drei verschiedenen Stämmen vollziehen liess, die dadurch wirklich bei allen übrigen ein Gegenstand des Hasses und des Abscheues wurden. Das Widerlichste aber bei diesem Allen war die selbst den Wilden fremde Gotteslästerung, mit welcher die Puritaner (und selbst ihre Geschichtsschreiber thun diess) ihre Lob- und Dankgebete zum Himmel schicken, wenn ein Haufen Indianer schuldig oder unschuldig in der elendesten Weise zu Grunde gegangen ist. Jedes Unglück, das über sie kommt, jeder Greuel, den die Christen an ihnen verüben, ist eine That Gottes, jedes Misslingen eines Betruges oder einer Verrätherei gegen sie ist ein Zeichen der göttlichen Ungnade, die von den frommen Leuten dann durch Singen und Beten besänftigt werden soll.

Hat sich ein Häuptling nach der Ansicht der Engländer eines Vertragsbruches gegen sie schuldig gemacht, so fordern sie ihn vor ihre Gerichte zur Verantwortung, um über ihn selbst zu entscheiden. Stellt er sich nicht, so wird er als Feind behandelt. Der Fall, dass ein Engländer sich auf eine Beschuldigung von Seiten eines Indianers einem Gerichte von Eingeborenen gestellt hätte, ist natürlich niemals vorgekommen Mächtige Häuptlinge, die von den Weissen selbst theils gefürchtet wurden, theils immer leicht wieder zu ihren Verbündeten sich machen liessen, wenn sie auch zeitweise einmal sich verrätherisch zeigten, wurden aus Eigennutz stets geschützt und durften daher ungestraft sich jeden Uebermuth und jede Niederträchtigkeit gegen andere Indianerstämme und deren Häuptlinge erlauben, selbst gegen die Bundesgenossen der Engländer, die dann keiner Klage zugänglich waren oder sich doch leicht durch ihren Schützling beschwichtigen liessen.

Diess gilt namentlich in Rücksicht auf den ränkevollen schlauen Uncas, in dessen Hände sie seinen Feind Miantunnomoh lieferten, obgleich sie über diesen kein Recht hatten. Einige Züge aus der Geschichte des letzteren können dazu dienen, theils den Charakter desselben, theils das gewöhnliche Verfahren der Engländer kennen zu lernen.

Die eben genannten Häuptlinge schlossen nach langem Kampfe im Jahre 1638 Frieden miteinander und setzten fest, dass, im Falle weiterer Streitigkeiten, die Engländer Schiedsrichter sein sollten. Zwei Jahre später ging das Gerücht, Miantunnomoh sinne auf Verderben gegen die Engländer. Diese schickten daher Abgesandte an ihn, die er mit voller Achtung behandelte, nur wollte er nicht durch einen Pequot als Dolmetscher mit ihnen reden, weil er mit den Pequots gerade im Kriege war, versprach jedoch nach Boston zu kommen, um sich zu verantworten, wenn man ihm erlauben wolle, Williams mitzubringen. Dies gestattete man ihm nicht, aber er kam gleichwohl.

In Boston von Bewaffneten umringt, musste er nachgeben, da der Gouverneur keinen andern als einen Pequot zum Dolmetscher nehmen zu wollen erklärte. Hierzu kam, dass man ihm jede Ehrenbezeigung versagte, ihn nicht wie früher mit am Tische essen liess, bis er sein Unrecht eingestände, was er denn nun auch that. Zur Beschämung der Engländer sagte er ihnen bei dieser Gelegenheit: Wenn eure Leute zu uns kommen, erlauben wir ihnen ihre Sitte beizubehalten, und ich erwarte, dass man mir dieselbe Freiheit zugestebt, wenn ich zu euch komme.

Im Jahre 1642 schöpfte Connecticut Verdacht gegen Miantunnomoh, da man seinen glücklichen Erfolg im Kriege gegen Uncas, der eben loszubrechen drohte, vorauszusehen glaubte. Massachussets hielt diesen Verdacht zwar nicht für begründet, schickte jedoch in Folge der Aufforderung von Connecticut Abgesandte an Miantunnomoh, denen dieser befriedigende Antworten gab und selbst nach Boston zu kommen versprach.

In Boston vor Gericht gestellt, verlangte er die Gegenwart seiner Räthe bei den Verhandlungen, damit sie, wie er sagte, ihm zu Hause seine Reden bezeugen könnten. Alle Antworten gab er mit grosser Besonnenheit und offenem Freimuth, und zeigte sich eben so fein und scharfsichtig, als voll Gefühl für Recht und Billigkeit. Er fragte nach seinen Anklägern und betonte nachdrücklich, dass, wenn sie ihre Beschuldigungen nicht begründen könnten, sie dieselbe Strafe erhalten müssten, wie er, wenn sie es könnten; aber der Gerichtshof antwortete, er kenne die Ankläger nicht und schenke der Beschuldigung deshalb keinen Glauben. „Wenn ihr diess nicht gethan habt", fuhr er fort, „weshalb habt ihr dann die Indianer entwaffnet?" und führte mehrere Gründe an, weshalb der Gerichtshof die Beschuldigung für falsch, für ein von Uncas ausgegangenes Gerücht hätte halten sollen. Er erbot sich, Uncas in's Gesicht seine eigene Verrätherei gegen die Engländer zu beweisen, wogegen er selbst sich jederzeit vor den Engländern stellen wolle, obwohl man es ihm widerrathen habe, weil die Engländer ihm nach dem Leben strebten; doch er fürchte nichts, er sei unschuldig. Empört darüber, dass man auf die Bestrafung der falschen Ankläger nicht eingehen wollte, stellte er den Schaden vor, der für ihn und seine Leute aus der Anklage erwachse, da diese zu Hause bleiben müssten und nicht auf die Jagd gehen könnten, bis er zurückgekehrt sei und den Engländern Genüge geleistet habe. Es half nichts, er musste sich sogar die Demüthigung gefallen lassen, dass für die Indianer während des ganzen Prozesses ein besonderer Tisch hingestellt wurde, doch verweigerte er selbst irgend etwas zu essen, bis ihm vom Tische des Gouverneurs etwas geschickt wurde.

Bald darauf (1643) brach der Krieg aus zwischen Uncas und Miantunnomoh, welcher in die Gefangenschaft des ersteren gerathen, von diesem auf sein Verlangen den Engländern zum Gericht überliefert wurde. Die englischen Richter überlegten, „was in diesem Falle das Sicherste und Beste sei, und waren alle der Ansicht, dass es nicht rathsam sei, ihn in Freiheit zu setzen, dass man aber auch keinen hinreichenden Grund habe, ihn zum Tode zu verurtheilen." Nachdem sie jedoch sich durch noch „fünf der verständigsten Aeltesten" verstärkt hatten, „waren sie alle einstimmig dafür, dass er zum Tode verurtheilt werden sollte." Dies wurde zum Beschluss erhoben und zugleich bestimmt, dass die Sache geheim gehalten und Uncas privatim mitgetheilt werden sollte, mit dem Befehl, ihn in seinem Gebiete hinzurichten, doch ohne Folter.

Ob Miantunnomoh wirklich den Plan hatte, die Engländer durch eine Verschwörung zu Grunde zu richten oder nicht, ist unausgemacht. Seine Feinde stellten die Sache in diesem Lichte dar und legten ihm dabei folgende Rede in den Mund, die wir als Beispiel indianischer Beredtsamkeit mittheilen:

„Brüder, wir müssen Eins sein, wie die Engländer es sind, oder wir werden bald alle zu Grunde gehen. Ihr wisst, unsere Väter hatten Ueberfluss an Hirschen und Häuten, und unsere Ebenen waren voll Hirsche und Truthühner, und unsere Buchten und Flüsse waren voll Fische. Aber, Brüder, seitdem die Engländer sich unseres Landes bemächtigt haben, haben sie das Gras mit Sensen abgemäht und die Bäume mit Aexten umgehauen. Ihre Kühe und Pferde fressen das Gras auf und ihre Schweine verderben unsere Muschelbänke, und zuletzt werden wir selbst verhungern. Deshalb steht euch nicht selbst im Lichte, ich bitte euch, entschliesst euch mit uns, wie Männer zu handeln. Alle Stämme im Osten und Westen haben sich mit uns verbündet, und wir sind alle entschlossen, sie zu überfallen an einem bestimmten Tage, und deshalb bin ich heimlich zu euch gekommen, weil ihr die Indianer überreden könnt, zu thun was ihr wollt. Brüder, ich will meine Krieger zu euch stossen lassen, und wenn ihr nach 40 Tagen von jetzt an drei Feuer seht in einer hellen Nacht, dann thut wie wir und überfallt sie den folgenden Tag und tödtet Männer, Weiber und Kinder, aber keine Kühe; diese müssen wir schlachten, wie wir sie gerade brauchen, bis die Hirsche wiederkommen."

Dass Miantunnomoh in der That verrätherische Pläne gegen die Engländer schmiedete, hat man aus innern Gründen zu bezweifeln keine Ursache, denn das Gefühl des Naturmenschen für Recht und Billigkeit, so tief und fest es auch sein mag, lässt sich nicht durch Formen leiten und findet sich in seinem Gewissen nicht durch Formen gebunden. Die Indianer, tausendfach von den Eindringlingen übervortheilt, bedrängt, misshandelt und in die äusserste Noth gebracht, wenn auch öfters ohne alle Verletzung des formellen Rechtes, hielten an der natürlichen Regel fest: dem Freunde Wahrheit, dem Feinde Falschheit und List, und das Verstecken der Feindschaft hinter freundliche Formen konnte sie daher nur dazu anleiten, ihre Schlauheit noch weiter zu treiben und das, was ihnen als Falschheit erscheinen musste, mit noch feiner berechneter List zu bekämpfen.

Ganz allgemein gilt dem Indianer Rache für erlittenes Unrecht als gerechte Vergeltung. Sie wird oft mehrere Generationen hindurch aufgeschoben, wenn die Umstände dazu nöthigen, aber aufgegeben wird sie nicht. Schon diess für sich allein erklärt es, dass die Indianer, überdiess durch ihren Verkehr mit den Weissen in List und Betrug aller Art sehr viel weiter fortgeschritten, ihre feindselige Gesinnung gegen diese niemals aufgaben und namentlich späterhin gar keinen Frieden und keinen Vertrag mehr mit ihnen eingingen, ohne den Hintergedanken, ihn zu brechen, sobald es vortheilhaft wäre.

Daher waren denn alle Indianer sehr bald als durchaus lügnerisch und treulos bei den Engländern verschrieen, und es ging diess so weit, dass z. B. vor dem Beginn des Krieges gegen Philipp (Metacomet oder Pometacom), den zweiten Sohn des Massasoit, im Jahre 1675, kaum irgend jemand den Aussagen und Versicherungen glaubte, die mehrere freundlich gesinnte Indianer über die feindlichen Absichten Philipp's machten. Und doch bemerkt ein völlig glaubwürdiger Geschichtsschreiber, dass man vor dem Kriege keinem bekehrten Indianer Falschheit und Verrath gegen die Engländer mit Recht vorwerfen konnte. Die aufopfernde Treue der zum Christenthum bekehrten Indianer wurde vielmehr von jenen oft nur mit Misstrauen oder auf noch schlimmere Weise belohnt, denn theils waren die Engländer des unzähligen Unrechtes sich wohl bewusst, dessen sie sich gegen die Eingeborenen schuldig gemacht hatten, theils kannten sie die eiserne Beharrlichkeit ihrer Rache, hatten sie oft in Erfahrung gebracht, und nannten diess Treulosigkeit und Niederträchtigkeit der Indianer.

Im Jahre 1703 waren diese letzteren freilich bereits darin sehr weit: die Engländer von den Franzosen bedrängt, wollten sich des Friedens mit den Indianern versichern, beriefen sie zu einer grossen Versammlung aus allen Gegenden zusammen, und liessen ihnen durch Gesandte ihre brüderlich wohlwollende Gesinnung und ihre Bereitwilligkeit vorstellen, allen Streit durch gütlichen Vergleich zu schlichten. Der eine der Häuptlinge antwortete darauf: „Wir danken dir, lieber Bruder, dass du aus so weiter Ferne zu uns gekommen bist, um mit uns zu reden. Es ist eine grosse Gunst. Die Wolken fliegen und verdunkeln sich, aber wir singen noch mit Liebe die Gesänge des Friedens. Glaube meinen Worten. So weit die Sonne von der Erde entfernt ist, so weit sind unsere Gedanken vom Kriege oder der kleinsten Feindseligkeit gegen euch entfernt." Ein anderer sprach: „Obgleich mehrere Missionäre von den Franzosen zu uns gekommen sind, um uns zum Friedensbruch gegen euch zu bewegen, so haben doch ihre Worte keinen Eindruck auf uns gemacht. Wir stehen so fest wie die Berge und wollen es bleiben, so lange als Sonne und Mond dauern." Trotz dieser starken Versicherungen stand innerhalb sechs Wochen das ganze Land auf, kein Haus blieb verschont, keine Garnison unangegriffen.

Die Indianer sahen die Weissen jetzt als ihre ewigen und nothwendigen Feinde an, mit denen sie immer nur zum Scheine Frieden schlossen, und die mit Falschheit überall zu behandeln ihr Kriegsrecht war; und in dieser Falschheit hatten sie von den Weissen selbst nicht wenig gelernt.

Eine unrichtige Vorstellung würde man sich freilich von diesen Naturmenschen machen, die wir Wilde zu nennen pflegen, wollte man ihnen allgemeine Aufrichtigkeit und Ehrlichkeit als ursprünglichen Charakterzug zuschreiben und ihre spätere Verderbtheit nur aus ihrer Berührung mit den Weissen ableiten; dass sie aber durch diese im hohen Grade verschlechtert worden sind, kann ebensowenig in Zweifel gezogen werden.

Das Beispiel des Squanto (Tisquantum), der freilich zu Schiffe vorher (im Jahre 1605 mit Capitän Weymouth) in England gewesen war, mit den Weissen also vielfach verkehrt hatte und manches Ueble von ihnen wohl gelernt haben mochte, würde allein hinreichen, die erstere Ansicht zu widerlegen; denn er war ein so schlauer und abgefeimter Intriguant, als man kaum unter einem Naturvolke immer erwarten sollte. Den ersten Ansiedlern in Massachussets leistete er die grössten Dienste, ohne seine Hülfe würden sie höchst wahrscheinlich zu Grunde gegangen sein, aber Alles, was er that, geschah wesentlich aus Eigennutz und Ehrgeiz, er wollte Massasoit, den aufrichtigen Freund der Engländer, den er beneidete, stürzen, um selbst an dessen Stelle zu treten; die Engländer aber, die ihn an jenen ausliefern sollten, da sein Verrath an den Tag kam, schützten und hielten ihn, weil er zu nützlich war.

Dass die Indianer aber in der That durch das Beispiel und den Einfluss der civilisirten Menschen sittlich gesunken sind, geht im Allgemeinen schon daraus hervor, dass fortgesetzte ungerechte und willkürliche Behandlung immer und nothwendig diese Folge hat. Was die Indianer insbesondere betrifft, so ergiebt sich diess daraus, dass die frühesten Berichte über sie ihren Charakter in ungleich günstigerem Lichte zeigen als die späteren.

Columbus selbst hat in seinem officiellen Berichte heilig versichert, dass es „kein besseres Volk in der Welt gebe als die Indianer, kein sanfteres, zutraulicheres, freundlicher entgegenkommendes. Sie lieben ihren Nächsten wie sich selbst," setzte er hinzu, „und sprechen immer lächelnd." Alle Schilderungen von Indianervölkern, die mit den Europäern noch in keine oder nur sehr seltene Berührung gekommen sind, bezeichnen freundliche Gutmüthigkeit und Gastlichkeit, ehrliche Zuverlässigkeit und Friedensliebe als die gewöhnlichen, ursprünglichen Charakterzüge derselben, und fast alle Berichte über die ersten Besuche und Niederlassungen der Weissen in Nordamerica, und nicht minder die Erzählungen von der Aufnahme, welche die Spanier und Portugiesen zuerst in Südamerica fanden, bestätigen es direct oder indirect. Es sind kaum vereinzelte Fälle zu nennen, wenn uns erzählt wird, dass ein Weisser, der in Gefangenschaft bei den Indianern oder sonst in Gefahr geräth, von gutmüthigen Indianern, besonders von Frauen, in Freiheit gesetzt und gerettet wird, und Pocahontas selbst, die hiervon ein so grossartiges Beispiel gegeben hat, äusserte sich bei ihrem Aufenthalte in England gegen Capitän Smith ausdrücklich dahin, dass seine Landsleute dem Lügen sehr ergeben seien — es war ihr diess auffällig und ungewöhnlich. Wie schnell und vollständig das Zutrauen und die gute Meinung der Indianer von einem Fremden, der sich friedlich und etwa mit einigen Geschenken ihnen nähert, fast immer und unfehlbar gewonnen zu werden pflegt, ist bekannt und unbestritten, und leider war es gerade dieses rasche arglose Vertrauen, das, von den civilisirten Menschen so oft zu ihrem Nachtheil ausgebeutet, die Ueberlegenheit der letzteren über sie sicherte.

Obgleich aus einer späteren Zeit, lässt folgende Rede des Indianers John Neptune, im Jahre 1816 vor dem Gerichte zu Castine (Maine) gehalten zur Vertheidigung von Peol Susup, der einen Engländer, mit dem er Streit bekam, in der Betrunkenheit erstochen hatte, die natürlichen, ursprünglichen Züge des Indianercharakters doch deutlich hervortraten:

„Ihr wisst, euer Volk fügt meinen Indianern sehr vieles Unrecht zu. Sie misshandeln sie sehr viel, ja sie ermorden sie; dann gehen sie ungestraft aus, Niemand rührt sie an. Das macht mir das Herz brennen. Gut, sagen da meine Indianer, wir wollen eure niederträchtigen und bösen Leute umbringen. Nein, sage ich ihnen, thut das ja nicht, wir sind Brüder. Vor einiger Zeit hat ein sehr schlechter Mensch in der Gegend von Boston einen Indianer todtgeschossen. Euer Volk sagte, gewiss er sollte sterben, aber es wurde nicht so. In dem grossen Gefängniss isst er und lebt bis auf den heutigen Tag. Gewiss stirbt er nie, weil er einen Indianer umgebracht hat. Meine Brüder sagen, gut, lasst diesen blutigen Mann leben, aber Peol Susup auch. So wünschen wir. Hoffnung erfüllt die Herzen von uns Allen — Frieden ist gut. Diese meine Indianer lieben den Frieden. Sie lächeln unter seinem Schatten. Die weissen Männer und die rothen Männer müssen immer Freunde sein. Der grosse Geist ist unser Vater. — Ich spreche wie ich denke."

Das traurigste Schicksal unter allen Indianerstämmen hat diejenigen betroffen, welche im südöstlichen Theile des jetzigen Gebietes der Vereinigten Staaten wohnten, zwischen Savannah, Ohio und Mississippi südlich bis nach Florida hinunter, nämlich die Creeks mit den ihnen stammverwandten Seminolen, die Choktaws und Chickasaws, die Cherokees. Ihre erste nähere Berührung mit den Europäern fällt schon in das Jahr 1539: die Spanier unter Ferdinand de Soto, der früher an Pizarro's sog. Eroberung von Peru theilgenommen hatte, verwüsteten ihre Dörfer und Städte in Florida. Dagegen fanden die Engländer unter Sir Alexander Cumming im Jahre 1730 nicht allein sogleich bei ihrer Ankunft bei den Cherokees und unter General Oglethorpe im J. 1732 bei den Indianern in Georgia eine durchaus friedliche und freundschaftliche Aufnahme, sondern es gelang ihnen auch, diese friedlichen Verhältnisse ohne Anstoss längere Zeit hindurch zu erhalten, bis im Jahre 1743 zu ihnen und den Franzosen, die bereits festen Fuss gefasst hatten, noch die Spanier kamen, so dass sich jetzt die Indianer, namentlich die Cherokees, von drei Seiten eingeschlossen und bedrängt sahen.

Hier im Süden wurden die Kriege mit noch grösserer Erbitterung und Hartnäckigkeit geführt als im Norden. Die Geschichte erzählt von häufigen grossen Schlächtereien, von den empörendsten Grausamkeiten, von den wüthendsten Ausbrüchen der Leidenschaften; aber die Weissen blieben in Allem hinter den Indianern nicht zurück, und die Siege, welche sie errangen, dienten immer nur dazu, die Wuth und den Rachedurst der letzteren zu steigern und unter ihnen völlig allgemein zu machen, so lange ihre Kraft noch nicht ganz gebrochen war.

Was diese Kriege veranlasste, das waren hier so wenig als im Norden Unredlichkeiten oder Grausamkeiten der Indianer gegen die Weissen, welche ausser zur Vergeltung überhaupt nicht leicht vorgekommen zu sein scheinen, sondern Bedrückungen und Uebervortheilungen dieser durch jene in jeder erdenklichen Weise. Bald schloss man Verträge mit einzelnen Häuptlingen mit Länderabtretungen und Auswanderung, die man dann für das ganze Volk für verbindlich erklärte und mit Waffengewalt durchsetzte, bald erschlich man Verträge von wesentlich anderem Inhalt als die Indianer selbst zu unterschreiben geglaubt hatten, und liess alle ihre Klagen über Betrug, Diebstahl und Räubereien, die die Weissen an ihnen verübten, unbeachtet. Den Indianern von Florida, die sich zur Auswanderung bereit erklärten, wies man Sümpfe und wüste Sandstrecken als neuen Wohnplatz an, wo sie durchaus nicht leben konnten, auch nicht auf die kümmerlichste Weise.

Die früheren Präsidenten der Vereinigten Staaten, namentlich Washington, Adams und Jefferson, hatten die Indianer billig behandelt, ihr Eigenthumsrecht an Grund und Boden anerkannt und sie nicht zu Abtretungen gezwungen, sondern als Grundsatz aufgestellt und festgehalten, dass nur durch Kauf ihr Land in andere Hände übergehen könne. Daher gestalteten sich unter ihrer Leitung die Verhältnisse zu den Indianern wieder friedlicher und ein Theil derselben machte nicht unerhebliche Anstrengungen, sich durch Ackerbau und Gewerbe allmählig zu civilisiren: im Jahre 1808 schickten die Cherokees Gesandte an Jefferson, um ihm zu sagen, wie sehr sie wünschten Ackerbau zu treiben, feste Gesetze und eine feste Regierung einzurichten, und liessen sie ihn zugleich bitten, ihr Land durch eine Linie in zwei Theile zu theilen, weil nicht alle von ihnen sich entschliessen könnten, vom Jägerleben abzulassen.

Eine richtige Einsicht in ihren eigenen wahren Nutzen und ein ernstes Bestreben zum Fortschritt zeigt sich z. B. bei den Creeks darin, dass sie in der Blüthezeit ihrer Macht (um 1786) alle Einführung geistiger Getränke verboten. Die Rede, welche Onughkallydawey-grangulakopak (um 1748 lebend) zu diesem Zwecke hielt, ist allgemein bekannt und viel verbreitet worden. Er stellt darin seinen Landsleuten aufs Deutlichste vor, dass sie als Volk zu Grunde gehen würden und müssten, wenn sie dem

Branntwein nicht entsagten. M'Gillivray (geb. 1739), der aus der Ehe eines Weissen mit einer Creek-Indianerin abstammte, richtete Schulen bei seinem Volke ein, das nach dieser Zeit Städte zu bauen und unter festen Gesetzen wie die Weissen zu leben anfing.

Zeigten sich zwar die Choktaws und Chickasaws (obwohl unter jenen, wie bei den Creeks und Seminolen der Feldbau wenigstens zum Theil Eingang fand) wild und kriegerisch, so machten dagegen die Cherokees, wohl die begabtesten unter den südlichen Stämmen, nicht unerhebliche Fortschritte in der Civilisation. Am oberen Laufe des Savannah ansässig, wohnten sie hauptsächlich als Ackerbauer, zum Theil auch mit Baumwollen- und Wollenmanufaktur beschäftigt, in blühenden Dörfern, machten Butter und Käse, hatten Strassen und Wirthshäuser. Es wurde dort, wie man erzählt, im Laufe von acht Jahren „die Wildniss zu einem Garten umgeschaffen." Im Jahre 1820 reorganisirten sie sich, führten geschriebene Gesetze, die durch Gerichtshöfe geschützt wurden, und eine Repräsentativverfassung ein. Sie bildeten religiöse und Mässigkeitsvereine, schafften die sonst bei den Indianern allgemeine Polygamie ab und richteten Schulen ein, deren Leistungen und Resultate von einigen Berichterstattern für durchaus befriedigend erklärt werden. Ihre Volkszahl erhob sich vom Jahre 1819 bis zum Jahre 1825 von 10,000 auf 13,500 mit 200 Weissen und 1300 Sklaven. Sequoyah (George Gunss, eigentlich Gist), der Sohn eines Weissen und einer Mutter von gemischter Abstammung, zeichnete sich unter den Cherokees besonders aus. Kriegerischen Beschäftigungen von Jugend auf abgeneigt und den Friedenskünsten zugewendet, trieb er zuerst Feldbau und versuchte sich dann ohne alle fremde Anleitung in der Fabrication von Silberschmuck, wie ihn seine Landsleute zu tragen pflegten. Sein erfinderischer Sinn leitete ihn weiter auf das Zeichnen, in welchem er es ebenfalls zu einer weit höheren Vollkommenheit brachte, als sich sonst jemals bei den Indianern findet. Dem Trunke eine Zeit lang ergeben, riss er sich gleichwohl mit glücklicher Energie von diesem Laster wieder los und versuchte sich nun (immer ohne die geringste Belehrung durch Andere) in Schmiedearbeit. Endlich brachte ihn ein Gespräch, in welchem die Kunst der Weissen bewundert wurde, durch Papier mit Andern in der Ferne zu reden, auf den Gedanken, eine ähnliche Erfindung zu versuchen. Zwar hatte er einmal ein englisches Buch gesehen, aber er verstand kein Englisch. Zuerst erfand er sich Zeichen für Gedanken, bald aber liess er davon ab und setzte 68 Zeichen für Silben an deren Stelle, und so gelang es ihm endlich (1821) das flüchtige Wort zu fesseln.

Solche unzweifelhaft glückliche Anfänge einer neuen Civilisation verdienten sorgsame Untersuchung und Pflege. Sie wurden niedergetreten und zerstört, zerstört hauptsächlich durch die kräftige Mitwirkung eines Mannes von eisernem Willen, der überall, wo er mit den Indianern in Berührung kam, zu ihrem Fluche wurde — durch General Jackson. In seinen Augen hatten Indianer keine Rechte, waren rothe Menschen keine Menschen. Sie sollten sich unterwerfen, sie sollten sich knechten lassen, sie sollten endlich alle über den Mississippi gehen, wohin er sie haben wollte, oder von der Erde vertilgt werden, mit List und Verrath, mit offener Gewalt, es galt ihm gleich.

Der Staat Georgia erklärte im Jahre 1829, dass die Cherokees sich ihren Gesetzen zu unterwerfen hätten, die keinem Indianer gerichtliches Zeugniss abzulegen oder gegen einen Weissen zu klagen erlaubten. Die Cherokees wandten sich deshalb mit einer Beschwerde an den höchsten Gerichtshof der Vereinigten Staaten: die Entscheidung der Sache fiel günstig für sie aus, aber Georgia kümmerte sich darum wenig, erlaubte sich jede mögliche Bedrückung und wusste durch Bestechungen einen Theil des Landes an sich zu bringen, obgleich die Gesetze der Cherokees jeden Länderverkauf an Weisse mit dem Tode bestraften. Goldminen, welche die Cherokees in ihrem Lande entdeckt hatten, liess Georgia in Beschlag nehmen und unterdrückte mit Gewalt die bei ihnen erscheinende Zeitung, um ihre Klagen nicht laut werden zu lassen. In Folge weiterer Bestechungen ging ein kleiner Theil der Cherokees im J. 1835 einen Vertrag ein, das Land zu verlassen, den Vertrag von New-Echota, gegen den 15,000 unter 18,000 sogleich offenen Einspruch erhoben — aber vergebens, er wurde in Washington für gültig erklärt. Jackson, „der grosse Vater," wie die Indianer den Präsidenten zu nennen pflegen, liess ihnen 5 Millionen Dollars für ihr Land bieten und sie einschüchtern. Schliesslich schickte man 2000 Mann Soldaten gegen sie, sie zogen ruhig ab über den Mississippi (1838).

Auf ihre Klage über die Ungerechtigkeiten und Bedrückungen, die sich Georgia erlaubte, liess Jackson den Cherokees erwiedern, dass er als Präsident gegen den Willen jenes einzelnen Staates nichts für sie thun könne, dass er als liebender Vater für sie als seine Kinder fühle, aber ihnen rathe, sich in ihr Schicksal zu fügen, ihr Land zu verlassen und nach Westen zu ziehen. Ein Häuptling hielt in der Versammlung, welcher diese Botschaft mitgetheilt wurde, folgende Rede:

„Brüder! Wir haben die Rede unseres grossen Vaters gehört, sie ist voll Güte für uns. Er sagt, er liebe seine rothen Kinder. Brüder! Als der weisse Mann zuerst an diese Küsten kam, gaben die Muskogees ihm Land und machten ihm ein Feuer sich zu erwärmen, und als die Bleichgesichter vom Süden (die Spanier) ihn angriffen, zogen ihre jungen Männer den Tomahawk und schützten sein Haupt vor dem Skalpirmesser. Aber als der weisse Mann sich gewärmt hatte am Feuer des Indianers und sich gesättigt an seinem Maispudding, da wurde er sehr gross, er reichte bis über die Berggipfel hinweg und seine Füsse bedeckten die Ebenen und die Thäler. Seine Hände streckte er aus bis zum Meere im Osten und im Westen. Da wurde er unser grosser Vater. Er liebte seine rothen Kinder, aber sprach zu ihnen: „Ihr müsst ein wenig aus dem Wege gehen, damit ich nicht von ungefähr auf euch trete." Mit dem einen Fusse stiess er den rothen Mann über den Oconee und mit dem andern trat er die Gräber seiner Väter nieder. Aber unser grosser Vater liebte doch seine rothen Kinder und änderte bald seine Sprache gegen sie. Er sprach viel, aber der Sinn von Allem war nur. „Geht ein wenig aus dem Wege, ihr seid mir zu nahe." Ich habe viele Reden von unserm grossen Vater gehört, und alle begannen und endigten ebenso. Brüder! als er früher einmal zu uns sprach, sagte er: „Geht ein wenig aus dem Wege, geht über den Oconee und den Ocmulgee, dort ist ein schönes Land." Er sagte auch: „es soll euer sein für immer." Jetzt sagt er: „Das Land, in dem ihr lebt, ist nicht euer, geht über den Mississippi, dort ist gute Jagd, dort sollt ihr bleiben, so lange Gras wächst und Wasser läuft." Brüder! wird nicht unser grosser Vater auch dahin kommen? Er liebt ja seine rothen Kinder, und seine Zunge ist ohne Falsch."

Ein würdiges Gegenstück zur Behandlung der Cherokees liefert der Krieg mit den Seminolen, die (wie einer ihrer Häuptlinge einmal aussprach) ihr Land nicht aufgeben wollten, weil es ihr eigen sei und sie eben darum für dessen Besitz kämpfen und in ihm sterben wollten. Neben diesem festen Rechtsgefühle stand bei den Seminolen, wie bei den meisten amerikanischen Indianervölkern, ihre unveränderliche Liebe zur Freiheit, die sich kaum stärker aussprechen kann als in den Worten ihres Häuptlings Micanopy, der nach erbittertem Kampfe zur Auswanderung sich endlich bereit erklärte. Man sagte ihm, dass er nur zwischen Unterwerfung und Tod zu wählen habe, worauf er ausrief: „So tödtet mich nur hier, tödtet mich sogleich!" Demnach konnte der Krieg gegen die Seminolen nur ein Vertilgungskrieg sein. Wo die offene Gewalt nicht zum Zwecke führte, nahmen die Weissen zu List und Verrath ihre Zuflucht, ja sie liessen von Cuba eine Menge von Hunden kommen, die auf Menschen dressirt gegen die Indianer gebraucht wurden.

Giebt man auf der einen Seite zu, dass die Weissen in diesen Kriegen allerdings selbst durch die Art, wie sie geführt werden mussten, nothwendig bis zu einem gewissen Grade verwilderten, so darf man auf der andern auch nicht übersehen, dass das ursprüngliche Wesen des Indianers nicht minder bedeutend dadurch verändert worden, dass seine bessern Eigenschaften zurücktreten und eine allgemeine Demoralisation eintreten musste, die es nicht als erlaubt erscheinen lässt, das Bild des wahren Indianercharakters aus dieser späteren Zeit zu entnehmen, in welcher Verrätherei und Treulosigkeit und unersättlicher Rachedurst die natürlichen Züge eines Indianerhelden sind. In Abwesenheit des kühnen Osceola und gegen seinen Willen hatten mehrere andere Seminolenhäuptlinge eingewilligt, einen Theil ihres Landes abzutreten (1835). Osceola kam, erklärte den geschlossenen Vertrag für ungültig und wurde dafür als widerspänstig von General Thompson gefangen gesetzt. Da zeigte er sich willig und vermochte seine Freunde zu derselben Fügsamkeit; es war Verstellung; in ihm kochte unversöhnlicher Hass, er hatte dem General den Tod geschworen. Bald darauf überfiel er ihn ganz in der Nähe von Fort Camp King in einem fremden Hause und brachte ihn um mit vier Andern.

Man würde gänzlich irren, wollte man aus diesem und ähnlichen Vorgängen, die in dieser spätern Zeit freilich nicht selten sind, einen Schluss auf das ursprüngliche Wesen des Indianers machen. Altes und allgemein anerkanntes Kriegsrecht war es bei den Indianern allerdings, den Feind nicht bloss mit offener Gewalt, sondern auch durch jede mögliche List zu bekämpfen; werden aber Friedensverhandlungen angeboten und lässt man sich von beiden Seiten auf sie ein, so galt Betrug und Verrath, die sich jener nur als Maske bedienen, dem Indianer in früherer Zeit für eben'so schändlich, als irgend dem Weissen und Civilisirten.

Später hat sich diess geändert in den Kriegen der Indianer gegen die Weissen und hauptsächlich durch sie. Als sie durch vielfache Erfahrung belehrt einsehen mussten, dass es sich in diesen Kriegen immer nur darum handelte, sie aus ihrem Lande zu drängen, auf andere Stämme zu werfen, mit denen sie auf Leben und Tod zu kämpfen hatten, und ihnen auf die eine oder andere Weise die unentbehrlichsten Bedingungen der Existenz zu entziehen; als sie einsehen mussten, dass alle Verträge und aller freundliche Verkehr mit den Weissen wegen der Ueberlegenheit der letzteren und des Gebrauches, den sie von ihr machten, doch zuletzt immer nichts weiter war, als ein Krieg unter der Maske des Friedens, und sie ganz mit denselben Gefahren bedrohte wie jener selbst, da konnte auch für sie von einem ehrlichen Kampfe keine Rede mehr sein; es blieb ihnen nichts übrig, als unter allen Umständen, in Frieden wie im Kriege, jedes Mittel zu ergreifen, das ihnen zu Gebote stand.

Erklärt sich schon hieraus das moralische Sinken der Indianer in ihrer Berührung mit den Weissen grossentheils, so darf man ferner die Eigenthümlichkeit ihres Rechtsgefühles dabei nie vergessen, welche ihnen jede That der Rache nicht nur als erlaubt, sondern als löblich und sittlich nothwendig erscheinen lässt, so abscheulich sie auch nach unseren Ansichten sein mag. Verkehrte sittliche Vorstellungen verleiten leicht den, der sie nicht theilt, zu unbilliger Beurtheilung einzelner Menschen und ganzer Völker, die mit aller Energie ihr Handeln nach ihnen einrichten.

Die Rache der Indianer macht keinen Unterschied zwischen Schuldigen und Unschuldigen, sie geht stets in gleicher Weise gegen das ganze Volk, sobald ein Einzelner sie einmal heraufbeschworen hat. So wurden z. B. alle Franzosen in Natchez, 700 an der Zahl, von den Indianern (1729) umgebracht in Folge der Bedrückungen und Ungerechtigkeiten Chopart's. Nur bei geistig und sittlich hochstehenden Männern, und sogar bei diesen sehr selten, findet sich ein Beispiel vom Gegentheil. Ein solches Beispiel gab namentlich Attakullakulla (1760). Als im tiefen Frieden eine Anzahl von Indianern durch Weisse schmählich ermordet worden war (wahrscheinlich nur aus Gewinnsucht und um durch Betrug den von Virginien für Skalps von Feinden ausgesetzten Preis zu gewinnen), sprach er zu den Seinigen: „Nie soll die Axt begraben werden, bis das Blut unserer Landsleute gesühnt ist. Lasst uns aber nicht unsere Treue brechen oder die Gesetze der Gastfreundschaft, lasst uns nicht unsere Hände in das Blut derer tauchen, die jetzt in unserer Gewalt sind. Sie sind zu uns gekommen im Vertrauen auf Freundschaft, um mit Schwüren von Wampum ein dauerndes Bündniss mit uns zu schliessen. Wir wollen sie zu ihren eigenen Niederlassungen zurückführen, sie sicher bis an die Grenze geleiten und dann erst die Streitaxt ergreifen und das ganze Volk zu Grunde richten."

Es ist diess nicht das einzige Beispiel, welches Attakullakulla von der Grösse und Reinheit seiner sittlichen Gesinnung gegeben hat. Trotz der schändlichen Behandlung, welche die Creeks und Choktaws von Seiten der Weissen erfahren, und trotz der Verwüstungen, die diese bei ihnen angerichtet hatten, blieb er doch den Engländern treu und rettete einst seinen Freund Stuart mit Aufopferung seines ganzen Vermögens aus den Händen der Indianer. Und auch dieser Fall ist kein ganz vereinzelter. Ein Häuptling der Cherokees, Silouen (Saloun), deckte seinen Freund, Oberst Byrd, der in die Gefangenschaft der Indianer gerathen und von diesen zum Tode verurtheilt war, mit den Worten: „Dieser Mann ist mein Freund. Sein Leben ist nicht ehr in eurer Hand, als bis ihr das meinige genommen habt." Die Indianer standen ab von ihrem blutigen Vorhaben, sie waren nicht unempfindlich für die Grösse der Gesinnung, die ihnen entgegentrat. Ein minder berühmtes, aber gleich edles Beispiel als das der Pocahontas, gab Milly, die Tochter eines Seminolenhäuptlings, die (im J. 1817) M'Koimmon mit eigener Lebensgefahr errettete.

Die südlichen Indianerstämme von denen wir bisher gesprochen haben, erfuhren unter allen durch ihre Berührung mit den Weissen die bedeutendsten Veränderungen, sowohl in ihrem äusseren als in ihrem innern Leben und sind in jeder Beziehung vom ursprünglichen Indianercharakter am weitesten abgewichen. Die Umbildung, die sie erfuhren, trat aber nicht allein durch die Kriege ein, die sie dem gänzlichen Untergange nahe brachten, sondern ebensosehr durch die Vermischung mit den Weissen, die bei ihnen in viel ausgedehnterem Maasse, als bei andern Stämmen, stattfand.

Sehen wir ab von den jetzt nicht mehr genauer zu ermittelnden Einflüssen, welche schon das Zusammenleben der Indianer mit den Weissen auf jene ausüben mussten, so lassen sich dagegen mächtige Einwirkungen einzelner Mischlinge auf das Indianerleben nachweisen. Wir dürfen nur an das erinnern, was M'Gillivrey und George Gunss, der Erfinder des Cherokeesalphabets, für den Fortschritt ihres Volkes zur Civilisation gethan haben. Beide waren Mischlinge, nur waren freilich die Einflüsse aller Mischlinge nicht von gleich wohlthätiger Art, wie die ihren, aber die hervorragendsten, begabtesten Männer der späteren Zeit waren bei den südlichen Indianern häufig von gemischter Abstammung. Zu diesen gehörten, um nur einige bekanntere zu nennen, William M'Intosch, der in Folge von Bestechung im J. 1823 das Land der Creeks verrätherisch verkaufte; Ridge, der im sog. Vertrag von New Echota dasselbe that mit dem Lande der Cherokees; der durch seine Kühnheit und seinen unversöhnlichen Hass gegen die Weissen berühmte Osceola, der endlich überlistet in der Gefangenschaft starb (1838). Oft ausgezeichnet durch Talent schwangen sich solche Mischlinge zu hohem Ansehen unter den Indianern empor, das sie aber nicht selten auf eine für diese verderbliche Weise benutzten.

Nur selten ist es dagegen vorgekommen, dass Indianer von reinem Blute bei grosser Begabung sich dennoch ganz in das Interesse der Weissen ziehen und gegen das ihres eigenen Volkes gebrauchen liessen. Solche Männer, z. B. der Choktawhäuptling Puschmataha, der sein Volk unterjochen half — vielleicht in gutem Glauben und aus wahrer Verehrung für die höhere Bildung der Weissen —, stehen dann in der Geschichte als Sterne erster Grösse da, denn nur die Weissen schreiben Geschichte. Puschmataha erhielt ein Grabmonument unter den grossen Männern in Washington, wo er 1824 starb. Er hatte 5 Jahre unter den Spaniern gelebt. Vielleicht schrieb sich daher seine Vorliebe für die Weissen, denen er stets freundlich gesinnt war. Diesen merkwürdigen Mann kurz zu charakterisiren, so weit diess nach den auf uns gekommenen Nachrichten möglich ist, kann Folgendes dienen.

Im J. 1824 als einer der Gesandten seines Volkes in Washington, kam er unter Andern mit diesen auch zu Lafayette, der gerade auf seiner Reise durch die Vereinigten Staaten dort anwesend war, um ihn zu begrüssen. Bei dieser Gelegenheit richtete er folgende Rede an ihn: „Fast fünfzigmal ist der Schnee geschmolzen, seit du das Schwert als Gefährte Washington's gezogen hast. Mit ihm hast du gegen America's Feinde gekämpft. Du hast dein Blut mit dem der Feinde gemischt und dich als Krieger bewährt. Nach diesem Kriege bist du in dein Vaterland zurückgekehrt, und jetzt bist du wiedergekommen, um noch einmal ein Land zu sehen, wo du von einem grossen und mächtigen Volke verehrt wirst. Ueberall siehst du die Kinder derer, an deren Seite du in die Schlacht gingst, sich um dich drängend und deine Hand schüttelnd, wie die Hand eines Vaters. Wir haben davon gehört in unsern fernen Dörfern und unser Herz verlangte, dich zu sehen. Wir sind gekommen, haben deine Hand in der unsrigen gehalten und sind zufrieden. Es ist das erste Mal, dass wir dich gesehen haben, es wird wahrscheinlich das letzte Mal sein. Wir haben nichts weiter zu sagen. Die Erde wird uns für immer scheiden."

Der alte Krieger sprach diese Worte mit ergreifender Feierlichkeit im Ton und Ausdruck, wie im Vorgefühl seines nahen Todes. Nach wenigen Tagen war er nicht mehr. Er erkrankte in Washington und starb im fremden Lande. Als er sein Ende herannahen sah, versammelte er seine Gefährten um sich, bat sie, ihn aufzurichten, ihm seine Waffen zu bringen und ihn mit allem Schmuck zu bekleiden, damit sein Tod der eines Mannes sei. Hauptsächlich war er darüber besorgt, dass sein Begräbniss mit allen militärischen Ehren geschehe, und als man ihm diess versprochen hatte, wurde er freudig gestimmt und unterhielt sich ruhig, bis er seinen Geist aufgab ohne einen Seufzer. Zu seinen letzten Worten gehörte namentlich auch die Bitte: „Wenn ich hingegangen bin, lasst die dicken Flinten über mich abfeuern."

Am Tage nach dem Leichenbegängniss sah man einen entschiedenen Ausdruck der Trauer an allen Häuptlingen, hauptsächlich aber war es einer, der tief betrübt schien. Auf die Frage, was ihm fehle, antwortete er nur: „Ich bin traurig." Um den Grund seiner Trauer befragt erwiderte er: „Ich bin traurig, weil i c h es nicht war." Der grosse Leichenzug, das Abfeuern der Kanonen und die sonstigen Begräbnissfeierlichkeiten hatten, wie er sich näher erklärte, einen so gewaltigen Eindruck auf ihn gemacht, dass der Wunsch, sie möchten ihm selbst gegolten haben, ihn ganz und gar beschäftigte.

Kurz vor seinem Tode in der Unterhaltung mit seinen Freunden, sprach Puschmataha zu ihnen die schönen denkwürdigen Worte: „Ich werde sterben, ihr aber zu unsern Brüdern zurückkehren. Den Weg entlang werdet ihr die Blumen sehen und die Vögel singen hören, aber Puschmataha wird sie nicht mehr sehen und sie nicht mehr hören. Wenn ihr in eure Heimath kommt, wird man euch fragen: „„Wo ist Puschmataha?"" und ihr werdet ihnen sagen: „„er ist nicht mehr."" Sie werden die Kunde hören wie das Krachen vom Fall einer mächtigen Eiche in der Stille der Wälder."

Nächst den südlichen Indianerstämmen haben die I r o k e s e n von der Einwanderung und allmählichen Ausbreitung der Europäer das Meiste zu leiden gehabt.

Als I r o k e s e n werden gewöhnlich die verbündeten „fünf Völker" (five nations) bezeichnet, welche dieselbe oder doch nur wenig von einander verschiedene Sprachen reden sollen: die **Senecas**, lange Zeit hindurch der angesehenste Stamm, die **Oneidas, Onondayas, Cayugas** und **Mohawks**, von welchen letzteren jedoch allein vollkommen festzustehen scheint, dass sie **Irokesen** waren. Sie waren in früherer Zeit Wandervölker, die ihre Züge von der Nordseite des Ontariosees aus, wo sie ihre Hauptsitze hatten, bisweilen bis über den Lorenzstrom und den Mississippi hinauserstreckten, später zogen sie auf die Südseite der grossen Seen hinüber und stiessen dort (1712 oder 1717) mit den **Tuskaroras** zusammen, die aus Nordcarolina kommend, zwar eine wesentlich verschiedene Sprache hatten, sich aber gleichwohl mit ihnen vereinigten, so dass ihr Bund von dieser Zeit an der Bund der „sechs Völker" (six nations) hiess. Die **Delawares**, welche nicht zu ihnen gehörten, wurden durch sie besiegt und zurückgedrängt.

Mischung dieser Völker mit den Weissen fand nur in sehr geringem Maasse statt, sie kamen zwar früher in Berührung mit ihnen als die südlichen Stämme, und diese Berührung dauerte längere Zeit hindurch, aber sie war dem kriegerischen und wilden Wesen dieser Völker gemäss bei weitem zum grössten Theil von kriegerischer Art, und die Anfänge der Civilisation, welche den südlichen Stämmen es bis zur Unmöglichkeit erschwerten, ihr Land den Weissen zu überlassen und sich neue Wohnplätze zu suchen, waren bei ihnen von weit geringerem Belange. Nur die geringen Trümmer, welche vom Stamm der Senecas übrig blieben an der Westgrenze des Staates Newyork, scheinen in späterer Zeit eine Schule gehabt und zum Theil mit Feldbau sich beschäftigt zu haben. Gleichwohl galten auch ihre Kriege mit den Weissen fast ausschliesslich dem Besitze des Landes, das nach ihrer Ansicht der grosse Geist ihnen zugewiesen hatte, und das von ihnen nicht verlassen oder verkauft werden konnte, ohne den ganzen Zorn des grossen Geistes selbst und der Geister ihrer Väter herauszufordern. Diese Ländergier der Weissen zu bezeichnen und gleichsam im Tode noch zu stillen, stopften die Indianer nach der Schlacht, welche General St. Clair 1791 gegen sie verlor, den gefallenen Amerikanern den Mund voll Erde, wie die Chilesen dem golddurstigen Gouverneur Valdivia durch Eingiessung glühenden Goldes tödteten (Gage I, 2, 31). Juan de Velasco bei Ternaux (Recueil 232) erzählt dasselbe von der Revolution der Xibaroi am Pante (Nebenfluss des Marannon) vom Jahre 1599.

Dass indessen auch mit diesen nördlichen Völkerschaften friedlich zu verkehren recht wohl möglich war, zeigt das Beispiel William Penns, der im Jahre 1682 zu den kriegerischen Delawares kam und in dem Besitze der Länder, die er von ihnen rechtlich erwarb, nie gestört worden ist. Der Frieden mit ihnen dauerte fort bis nach dem Jahre 1736, in welchem man den „sechs Völkern" Landstrecken abkaufte, die nicht diesen, sondern den Delawares gehörten, und die Indianer auf die mannigfaltigste Weise in Verträgen betrog. Man kaufte ihnen z. B. für einen gewissen Preis so vieles Land ab, als Einer in einem Tage umgehen könnte, statt es aber auszuschreiten, lief man so schnell als möglich, nahm zum Tage noch die Nacht hinzu oder übervortheilte sie auf andere Weise.

In den Kriegen zwischen Engländern und Franzosen bis zur Mitte des 18. Jahrhunderts standen die Irokesen meist auf Seiten der letzteren, die Delawares dagegen hielten zu den Engländern, von denen sie aus eigenem Interesse daher bis gegen das Jahr 1755 hin gut behandelt wurden. Die Indianer waren scharfsichtig genug, um zu bemerken, dass sie in den Kriegen der Weissen unter sich nur benutzt wurden, um, wenn ihre Hülfe entbehrlich wurde, wieder verlassen und ihrem Schicksale preisgegeben zu werden. Capitän Pipe (Pfeife), Häuptling der Delawares, die in den americanischen Befreiungskrieg hineingezogen die Engländer unterstützten, stellte dem englischen Commandanten von Detroit einst in sehr beredter Weise vor, wie dieser ganze Krieg und ihre Theilnahme daran völlig gegen ihr eigenes Interesse sei und er deshalb nichts mehr damit zu thun haben wolle, denn sie hätten nichts dabei zu gewinnen als Feindschaften und setzten sich nur der Gefahr aus, sich früher oder später von ihren weissen Verbündeten aufgeopfert zu sehen. Ein Beispiel von ähnlicher Art ist folgendes.

Nach dem Abschluss des Friedens zwischen den Vereinigten Staaten und England im Jahre 1815 liess ein commandirender Officier die Häuptlinge der Sioux kommen, um ihnen die Nachricht davon mitzutheilen, für ihren tapferen Beistand zu danken und zugleich sie reichlich zu beschenken. Der oberste Häuptling, „die kleine Krähe", erwiderte darauf, dass sie von den Engländern in den Krieg gegen ein Volk hineingezogen worden seien, das sie selbst kaum gekannt und von dem sie nie Unrecht erlitten hätten. „Jetzt haben wir nun," fuhr er fort, „für euch gekämpft, viele Widerwärtigkeiten ertragen, manchen von unseren Leuten verloren und die Rache eines mächtigen Volkes gegen uns erweckt, und da macht ihr Frieden für euch allein und lasst uns zusehen, was wir für Bedingungen für uns erhalten können. Ihr braucht uns ja nicht mehr und bietet uns diese Geschenke an als eine Vergütung dafür dass ihr uns schmählich verlassen habt. Aber nein — wir nehmen sie nicht. Wir verachten sie und euch!" Mit diesen Worten stiess er die Geschenke mit dem Fusse von sich und ging fort — ein Ausbruch von Heftigkeit, der bei dem Indianer, welcher fast unter allen Umständen äusserlich ruhig bleibt, die tiefste, nicht mehr beherrschbare Entrüstung voraussetzt.

Im Befreiungskriege standen die verbündeten „sechs Völker" auf Seiten der Engländer. Nicht allein hatten diese ihnen Land und Branntwein versprochen, sondern ihre treue Gewissenhaftigkeit trieb sie dazu, diese Partei zu ergreifen. Sie sprachen dies selbst aufrichtig aus in einem Schreiben, das sie nach dem Kriege im Jahre 1790 an Washington richteten, um ihn nicht blos um Frieden, sondern auch um Hülfe zu bitten gegen Betrug und schnöde Behandlung, da sie sich selbst schwach und gedrückt fühlten. Natürlich mussten sie sich jetzt willkürliche Grenzen gefallen lassen. „Die Weissen selbst," sagten sie in jenem Schreiben, „haben uns erst dahin gebracht, den König von England als unsern gemeinschaftlichen Oberherrn mit ihnen anzuerkennen, und was sie sagten, ging uns zu Herzen. Wir versprachen Gehorsam gegen den König, und was das Volk der Senecas verspricht, das hält es treu. Da ihr später dem Könige den Gehorsam verweigertet, befahl er uns, seinen Leuten beizustehen und euch wieder zu Verstande zu bringen. Indem wir diesem Befehle Folge leisteten, thaten wir nur, was ihr selbst uns hattet versprechen lassen."

Von so schändlichem Verrath am eigenen Volk und Vaterland wie er bei den südlichen Stämmen vorkam, hören wir nicht bei den nördlichen, selbst in späterer Zeit; denn selbst dass Knokuk, der Häuptling der Fuchsindianer, mit Andern im Vertrag von Prairie du chien 1830 einen grossen Landestheil verkaufte, woraus der Krieg entstand, den der „Schwarzfalke" (Black-hawk), ein anderer Häuptling, gegen die Vereinigten Staaten begann, weil er sich jenem unrechtlichen Verkaufe fremden Gutes nicht fügen wollte, selbst dies ist mit den Verräthereien der Mischlinge im Süden deshalb noch nicht auf eine Linie zu stellen, weil Knokuk selbst über sein Verfahren vom Schwarzfalken zur Rede gestellt, beschämt sein Unrecht eingestand und sich bereit erklärte, Alles zu thun, um jenen Verkauf wieder rückgängig zu machen.

Dagegen zeigt die Geschichte der nördlichen Stämme sogar

noch in später Zeit eine Anzahl von Männern, die an republicanischer Unerschütterlichkeit des Charakters, wie an Liebe zu ihrem Volke und richtiger Einsicht in seine wahre Wohlfahrt den grössten Römern an die Seite gestellt werden dürfen.

Zu ihnen gehört jener „Schwarzfalke" selbst, der vorzüglich aus verletztem Rechtsgefühl den ungleichen Krieg aufnahm, zwar schon anfangs ohne Hoffnung auf glücklichen Erfolg, wie er selbst später eingestand, aber der Krieg musste unternommen werden, weil es keine andere Aussicht gab, dem Unrecht zu wehren, und er selbst vor den Seinigen nicht als ein Feigling dastehen konnte. Beim Präsidenten Jackson als Gefangener eintretend, sprach er zu ihm das stolze Wort: „Ich bin ein Mann und du bist auch einer." Stets wahrhaft in der Rede und ohne einen Zug niedriger Gesinnung verband sich bei ihm mit ungebeugtem Stolze eine aufrichtige Anhänglichkeit gegen Alle, die ihm in seiner Gefangenschaft Gutes erwiesen.

„Rothjacke" (Red-jacket), Sagoyewatha, den man den „letzten der Senecas" genannt hat (gest. 1830) und Tecumseh, von Geburt ein Schawanoe, im Kriege von 1812 Brigadegeneral in der englischen Armee, waren ohne Zweifel die grossartigsten Charaktere, beide den sonst bei den Indianern gewöhnlichen Grausamkeiten feind und sie zu verhindern bestrebt, feind aber auch allen Neuerungen und insbesondere jedem Versuche zur Einführung der Civilisation bei ihrem Volke, vielmehr stets bemüht, dieses wieder zu seiner ursprünglichen Einfachheit zurückzuführen, weil sie wohl erkannten, dass die neuen Bedürfnisse, die den Indianern in ihrer Berührung mit den Weissen erwachsen waren, zu ihrem Verderben werden, sie in hoffnungslose Kriege und endlich in knechtische Abhängigkeit stürzen mussten. Was für gute Früchte hätten sie auch von einer Civilisation erwarten sollen, von der die Indianer, so weit ihre Erinnerung zurückreichte, nur Verderben geerntet, von deren Nachtseite allein sie eine ununterbrochene Reihe der bittersten Erfahrungen zu machen gehabt hatten?

Wie alle hervorragenden ächten Indianerhelden war Tecumseh ein Mann von unbegrenztem Stolz, unerschütterlicher Festigkeit und Ruhe, nie wankender Treue in Wort und That. Verdüstert und erbittert in seinem Herzen durch sein und seines Volkes Schicksal liess ihn die heftige Aufwallung der Leidenschaft seltener zu eigentlicher Beredtsamkeit kommen, als zu einzelnen durch Kühnheit und Kraft imponirenden Worten, deren interessantestes vielleicht das ist, welches er an den Gouverneur Harrison bei einer Unterredung richtete (sie war im Freien), als dieser ihm aus Höflichkeit sagen liess, „sein Vater" biete ihm einen Stuhl an. „Mein Vater?" fuhr der Indianer auf, „die Sonne ist mein Vater und die Erde meine Mutter, an ihrer Brust will ich mich ausruhn!" und setzte sich nach Indianerweise auf den Boden. Dem Trunke ergeben besass er Energie genug, ihm ganz wieder zu entsagen, und verschmähte stets äusseren Schmuck, auf den die Indianer so grossen Werth zu legen pflegen. Die Idee, für welche er lebte, war die Vereinigung aller eingeborenen Americaner, um die weissen Eindringlinge aus dem Lande zu jagen. Zu diesem Zwecke gebrauchte er seinen Bruder, den Propheten, einen weit weniger reinen Charakter als er selbst war, und gewann in der That (1806) anfangs von mancherlei glücklichen Umständen begünstigt eine grosse Zahl von Indianerstämmen für den heiligen Krieg. Hauptsächlich hielt er stets an dem Gedanken fest, dass das Land der Indianer ihr Gesammteigenthum sei und deshalb stückweise von Einzelnen gar nicht verkauft werden könne, ja dass es für den vaterländischen Grund und Boden gar kein Aequivalent geben könne, dass er unschätzbar und also unverkäuflig sei. „Ein Land verkaufen!" rief er aus, „warum nicht die Luft, die Wolken, das weite Meer verkaufen, so gut als die Erde? Hat nicht der grosse Geist sie alle für seine Kinder gemacht?"

Wie Tecumseh's grosse Pläne durch Intriguen untergraben wurden, welche Neid und Eifersucht gesponnen hatten, so hatte auch „Rothjacke" gegen heimlichen und offenen Widerstand im Schoosse seines eigenen Stammes zu kämpfen, und zwar um so mehr, als er nicht durch Geburt, sondern durch seine Talente sich zum Häuptling emporschwang. Zwar siegte seine hinreissende Beredtsamkeit selbst da, wo eine Niederlage für ihn schon unvermeidlich schien. Sein bedeutendster Gegner war „Kornpflanzer" (Corn-plant, Cornplanter) der in der Beredtsamkeit sein Nebenbuhler und durch Kriegsruhm und Heldentugend ihn überstrahlend, nicht den entschiedenen Widerwillen gegen jeden Einfluss der Weissen, ihre Religion und Civilisation überhaupt hegte, wie jener. Rothjacke zeigte sich trotz der Unmöglichkeit seines ganzen Strebens, doch gerade darin als ächter Indianer von weiterem Blick und grösserem Sinn, dass er das Heil seines Volkes nur in einem vollständigen Abschluss desselben gegen jene Mächte sah und diesen Zweck mit der ganzen Kraft seines Charakters verfolgte. Den Vorwurf der Feigheit, den Kornpflanzer ihm einst machte, hat er durch die That vollständig widerlegt. Seine glühende Vaterlandsliebe trat aufs Schönste noch einmal bei seinem Tode hervor.

Mehrere Monate fühlte er den herannahenden Tod voraus. Er ging ihm mit der höchsten Ruhe entgegen, besuchte seine Freunde in ihren Hütten, besprach mit ihnen eindringlich die Geschichte und Lage seines Volkes, das Unrecht, das es erduldet hatte, so weit seine Erinnerung reichte. „Ich stehe im Begriffe, euch zu verlassen, sagte er, und wenn ich fort bin und meine Warnungen nicht mehr gehört oder nicht mehr beachtet werden, dann wird die List und Habsucht des weissen Mannes siegen. Viele Winter habe ich dem Sturme getrotzt, aber ich bin ein alter Baum und kann nicht länger stehen. Meine Blätter sind gefallen, meine Zweige sind morsch geworden, jedes Lüftchen macht mich erzittern. Bald wird mein alter Stamm entwurzelt daliegen und der Fuss des triumphirenden Feindes sich in Sicherheit auf ihn stellen, denn ich lasse Niemand hier zurück, der solche Unbill zu rächen vermöchte. Glaubt nicht, dass ich um mich selbst trauere. Ich gehe zu den Geistern meiner Väter, wohin die Zeit nicht reicht; aber das Herz will mir brechen, wenn ich an mein Volk denke, das bald zerstreut und vergessen sein wird."

Während der „Kornpflanzer" mehr in verständiger Weise der Uebermacht der Weissen und ihrer Civilisation sich zu fügen, sich mit ihnen friedlich zu vertragen und auf diesem Wege die unglückliche Lage seines Volkes und Landes zu verbessern bemüht war, wiess „Rothjacke" so schwankende Grundsätze sich accommodirender Schwäche immer entschieden von sich. Daher sehen wir ihn stets die Einführung des Christenthums bei seinem Volke mit aller Macht bekämpfen, die ihm zu Gebote stand. Mag man in unseren Tagen und von unserem Standpunkte aus hierin einen theoretischen Irrthum erblicken und beklagen, so kann doch nur einseitige Beschränktheit verkennen, dass in diesem Falle, wie in so manchem andern, die Grossartigkeit der Gesinnung und des Charakters gerade in einem solchen Irrthume in das hellste Licht tritt.

Als man ihn eines Tages davon zu überzeugen suchte, wie Unrecht er habe, die Wohlthat des Christenthums von sich und seinem Volke abzuweisen, gab er unter Anderem zur Antwort: „Wenn die Missionäre den Weissen nicht nützlich sind, warum schicken sie sie zu den Indianern? wenn sie aber den Weissen in der That nützlich sind, warum behalten diese sie nicht zu Hause bei sich? Sie sind doch wahrlich schlecht genug, um die Arbeit eines jeden dringend zu bedürfen, der sie bessern könnte... Die Schwarzröcke sagen uns, dass wir arbeiten und das Feld bauen sollen, sie selbst aber thun nichts und würden verhungern müssen, wenn nicht jemand sie fütterte. Sie beten den ganzen Tag nur zum grossen Geiste, davon wächst aber kein Korn und keine Kartoffeln."

Um ein Beispiel seiner von Vielen, unter Andern auch von Lafayette bewunderten Beredtsamkeit zu geben, theilen wir die Antwort mit, welche der Missionär Cram von ihm in einer grossen Indianer-Versammlung erhielt, die er (1805) zusammenberufen hatte, um einen Bekehrungsversuch zu machen. Ihrem wesentlichen Inhalte nach unterliegt die Aechtheit der Rede keinem begründeten Zweifel, da die Beredtsamkeit und hohen Geistesgaben des Mannes bei vielen ähnlichen Gelegenheiten ebenso gewaltig hervorgetreten sind.

„Bruder, höre auf unsere Rede. Es gab eine Zeit, da diese grosse Insel (America) unsern Vätern gehörte. Der grosse Geist hatte sie für sie geschaffen. Er hatte Büffel und Hirsche und andere Thiere ihnen zur Nahrung geschaffen, er hatte Bären und Biber gemacht, deren Häute uns kleiden sollten. Er hatte Mais wachsen lassen und diess Alles uns benutzen gelehrt. Er liebte seine rothen Kinder. Wenn es Streit über die Jagdplätze gab, wurde er meist ohne grosses Blutvergiessen geschlichtet. Aber ein schlimmer Tag kam über uns; eure Väter gingen über das grosse Wasser und setzten sich in diesem Lande fest. Ihre Zahl war klein; sie fanden Freunde und keine Feinde. Sie sagten uns, sie seien vor bösen Menschen geflohen und hierher gekommen, um ihre Religion zu behalten. Sie baten um einen kleinen Wohnsitz, wir hatten Mitleid mit ihnen und duldeten sie, gaben ihnen Korn und Fleisch, und sie gaben uns Gift dafür.

Die weissen Männer hatten jetzt unser Land gefunden und es kamen mehrere ihnen nach; doch wir fürchteten sie nicht, nahmen sie als Freunde auf, sie nannten uns Brüder und wir glaubten ihnen und gaben ihnen ein grösseres Land. Nach und nach wurden ihrer sehr viele, sie wollten noch mehr Land haben, sie verlangten unser ganzes Land. Da gingen uns die Augen auf und wir wurden zornig. Es gab Kriege, Indianer wurden gemiethet, um gegen Indianer zu kämpfen und viele von unsrem Volke gingen zu Grunde. Sie brachten starke Getränke zu uns, diese waren stark und mächtig und brachten Tausende um's Leben.

Bruder, ihr habt jetzt unser ganzes Land, aber ihr habt noch nicht genug, ihr wollt eure Religion uns aufdrängen. Ihr sagt, dass wir verloren sind, wenn wir sie nicht annehmen; woran sollen wir erkennen, dass dies wahr ist? Wir sehen, dass eure Religion in einem Buche geschrieben steht, wir wissen nur, was ihr uns davon sagt. Wie sollen wir wissen, was wahr ist, da wir von den Weissen so oft betrogen worden sind?

Bruder, wir verstehen nichts von diesen Dingen. Ihr sagt, dass eure Religion euern Vätern gegeben worden ist und von diesen auf euch gekommen ist. Wir haben auch eine Religion, die unsern Vätern gegeben wurde und von ihnen uns mitgetheilt. Sie lehrt, uns dankbar zu sein für alles Gute, das wir empfangen, einander zu lieben und einträchtig zu leben. Wir streiten nie über die Religion.

Bruder, der grosse Geist hat uns Alle gemacht, aber er hat einen grossen Unterschied gemacht zwischen seinen weissen und seinen rothen Kindern. Er hat uns eine andere Farbe und andere Sitten gegeben, auch hat er die Künste gegeben. Wir wissen das. Da er aber zwischen uns in andern Dingen einen so grossen Unterschied gemacht hat, so glauben wir, dass er uns auch eine andere Religion gegeben hat, die für uns passt. Der grosse Geist thut Recht, er weiss, was das Beste ist für seine Kinder. Wir sind zufrieden.

Bruder, wir wollen eure Religion nicht ausrotten oder von euch nehmen, aber wir wollen die unsrige behalten." (Ausführlich bei Tatcher II, 291.)

Nach dieser Rede (aus der wir nur das Interessanteste mitgetheilt haben, um nicht durch ihre Länge zu ermüden, da es nur darauf ankam, die Auffassung der Verhältnisse durch begabte Indianer aus späterer Zeit an ihr zu zeigen) reichten die Häuptlinge dem Missionär friedlich die Hand zum Abschied, der sie unwillig zurückstiess und ihnen sagte, dass keine Gemeinschaft sein könne zwischen der Religion Gottes und den Werken des Teufels; worauf jene lächelten und sich still zurückzogen.

Besondere Schwierigkeiten machte es immer den Missionären, den Indianern zu beweisen, dass sie auch Theil hätten an der Schuld an der Kreuzigung Christi, weil diese nicht an eine gemeinschaftliche Abstammung mit den Weissen glauben. Derselbe Häuptling, welcher die obige Rede hielt, gab einem Geistlichen in jener Rücksicht einst die Antwort:

„Bruder, wenn ihr Weissen den Sohn des grossen Geistes

umgebracht habt, so hatten wir Indianer nichts damit zu thun und es geht uns nichts an. Wenn er zu uns gekommen wäre, wir würden ihn nicht getödtet haben, wir hätten ihn gut behandelt. Ihr müsst für dieses Verbrechen allein büssen."

Auch später, im Jahre 1821, beschwerte sich Rothjacke im Namen seines Volkes beim Gouverneur von New-York, nächst den vielen Diebstählen, Räubereien und Bedrückungen aller Art von Seiten ihrer weissen Nachbarn, ganz hauptsächlich über die „Schwarzröcke", die nur Zank und Streit unter die Indianer brächten und immer die Vorboten nationalen Unglücks für sie gewesen seien, denn den Predigern zögen immer mehrere Weisse nach, von denen sie selbst dann beraubt und ausgeplündert würden, und je mehr Prediger sich eingefunden hätten, desto mehr seien sie heruntergekommen und zurückgedrängt worden, desto mehr habe immer ihre eigene Zahl abgenommen.

In demselben Jahre richteten die Senecas eine Frau hin, die ihren Mann durch Hexerei um's Leben gebracht zu haben beschuldigt wurde. Die Gerichte der Vereinigten Staaten nahmen die Sache auf und „die rothe Jacke" vertheidigte sie hauptsächlich damit, dass die Hinrichtung nicht allein nach ihrem eigenen Glauben und Gesetz vollzogen worden sei, sondern dass auch die Christen sehr wenig Ursache hätten, sie über das zu tadeln oder zu verspotten, was sie selbst vor zweihundert Jahren gethan, gelehrt und geglaubt hätten. Bevor er als Zeuge zugelassen wurde, stellte man ihm die Frage, ob er an Gott glaube und an Lohn und Strafe in einem andern Leben, worauf er mit einem durchdringenden Blick auf den Fragesteller und mit dem Ausdruck tiefer Entrüstung antwortete: „Ja! und viel fester als die Weissen, wenn wir nach ihren Handlungen urtheilen sollen."

Fassen wir schliesslich die Einflüsse in's Auge, welche der Verkehr der Weissen auf die zuletzt betrachteten nördlichen Indianerstämme ausübte, so ergiebt sich, dass diese zwar wie bei den südlichen dahin wirkten, ihre Macht zu brechen, sie aus ihrem Lande fort und nach Westen zu drängen, ihre Volkszahl sehr bedeutend zu verringern, dass aber bei ihnen darum nicht wie bei den letzteren eine bedeutendere Umbildung der Lebensweise und der Sitten stattfand, dass Religion und Civilisation der Weissen bei ihnen so gut als gar keine Wurzeln schlagen wollte. Die nördlichen Stämme haben bis jetzt, wie es scheint, nicht Keime einer neuen Bildung, die eine fernere Enwickelung verhiessen, von den Weissen in sich aufgenommen, sondern was sie von ihnen lernten, das lernten sie nur in Folge des ununterbrochenen und immer kampfbereiten Widerstandes, den sie ihnen leisteten: ihr kriegerischer Muth blieb ungebeugt durch den zuletzt immer unglücklichen Ausgang ihrer Kämpfe; die Nothwendigkeit festeren Zusammenhaltens der richtig erkannten Uebermacht gegenüber wurde nur immer deutlicher von ihnen eingesehen; sie eigneten sich eine bessere Art der Kriegführung von ihrem gemeinsamen Feinde an; die grösseren Anstrengungen, welche diese Kriege im Vergleiche mit andern gegen Indianer gerichteten nöthig machten, trugen dazu bei, höhere Heldentugenden, grössere Charakterstärke, bedeutendere Geistesgaben zu entwickeln, als sie vorher auszubilden und zu zeigen Gelegenheit hatten; aber bei dem Allen blieben sie dem ursprünglichen Wesen des Indianers im Ganzen vollkommen treu.

Indessen darf nicht verschwiegen werden, dass in der neueren Zeit eine erfreuliche Thatsache allerdings vorliegt, welche zu beweisen scheint, dass selbst manche der wildesten und ungezügeltsten Indianerstämme des östlichen Theiles von Nordamerica, von deren vielen freilich nur noch unbedeutende Trümmer übrig sind, eine Annäherung an civilisirtes Leben gemacht haben. Diese Thatsache besteht darin, dass sie durch ihre Häuptlinge (Juni 1843) einen Vertrag abschlossen, durch den sie sich verpflichteten, Frieden und Freundschaft untereinander zu halten, ferner keine Rache für Verbrechen Einzelner am ganzen Volke des Verbrechers mehr zu nehmen, sondern die Verbrecher in ihrer Heimath zu bestrafen, für die Verbesserung des Ackerbaues und der Gewerbe zu sorgen, jeden Bürger eines der verbündeten Völker freie Niederlassung unter einem andern zu gestatten, den Genuss geistiger Getränke und den Handel mit ihnen zu unterdrücken, endlich (und diess war wohl der Hauptzweck des Vertrags) keinen Landestheil ohne Zustimmung des ganzen Bundes an die Vereinigten Staaten zu entäussern. Dieser Vertrag wurde in Talequa, im Lande der Cherokees geschlossen, und es nahmen ausser diesen selbst noch 15 Stämme an ihm Theil, nämlich die Creeks, Chickasaws, Delawares, Schawanoes, Piankeshaws, Weas, Osagen, Senecas, Stockbridges, Ottaways, Chippeways, Peorias, Witchitaws, Pottowatomies und Seminolen.

Ein wesentlicher Zug des noch unveränderten Indianercharakters besteht, in Folge der Erfahrungen, welche die Rothen an den Weissen gemacht haben, in einem festen Widerwillen gegen die

Civilisation, der sich durch schöne Reden nicht blenden oder umstimmen lässt und beim stolzen Indianer sich bis auf Anzug und Sprache der Weissen erstreckt. Was mit der Civilisation der letzteren zusammenhängt, ist immer ein Gegenstand seiner Verachtung. Wer daraus irgend etwas zum Nachtheil der Indianer folgern wollte, würde vergessen, dass theils das Selbstgefühl der eigenen Kraft und Tüchtigkeit, theils ihre ganze Lage diess nothwendig mit sich brachte. Von wie richtigem Urtheil vielmehr diese ganze Ansicht bei ihnen zeugt, und mit wie zarter Schonung sie dieselbe sogar den Weissen gegenüber geltend machten, für welche sie etwas Beleidigendes haben musste, wird folgendes Beispiel aus früherer Zeit (1744) lehren.

Bei der Schliessung des Vertrages von Lancaster 1744 zwischen der Regierung von Virginien und der sogenannten „fünf Nationen" (Irokesen) wurde den Indianern angeboten', einige junge Leut nach Virginien in ein College zu schicken, um sie dort erziehen zu lassen. Auf dieses Anerbieten antworteten sie folgendermaassen:

„Wir wissen, dass Ihr die Art von Gelehrsamkeit hochschätzt, die in solchen Colleges erworben wird, und dass die Erziehung unserer jungen Leute Euch grosse Kosten machen würde. Wir sind von Eurer Güte überzeugt und danken Euch von Herzen. Aber Ihr, die Ihr so klug seid, müsst wissen, dass verschiedene Völker verschiedene Vorstellungen haben, und werdet es deshalb nicht übel nehmen, wenn unsere Vorstellungen von dieser Art von Erziehung nicht dieselben sind, wie die Euren. Wir haben darüber einige Erfahrung: einige unserer jungen Leute sind früher in den Colleges der nördlichen Provinzen erzogen worden. Man hat sie in allen Euren Wissenschaften unterrichtet, aber da sie zu uns zurückkamen, waren sie schlechte Läufer, unwissend in Allem, was nöthig ist, um in den Wäldern zu leben, unfähig, Kälte und Hunger zu ertragen, sie verstanden keine Hütte zu erbauen, keinen Hirsch zu fangen, keinen Feind zu tödten, sprachen unsere Sprache schlecht, taugten also weder zu Jägern noch zu Kriegern oder Rathgebern, sie waren vollständige Taugenichtse. Wir sind darum jedoch Euch für Euer Anerbieten nicht weniger verbunden, obwohl wir es nicht annehmen, und um uns dankbar zu zeigen, wollen wir, wenn Ihr uns ein Dutzend Eurer Söhne zur Erziehung schicken wollt, uns ihrer aller mit Sorgfalt annehmen, sie in Allem unterrichten, was wir wissen, und M ä n n e r aus ihnen machen."

In späterer Zeit erkannten natürlich die Indianer die Ueberlegenheit der Weissen an. Ihr Stolz, wenn auch noch ungebrochen, reicht doch nicht mehr hin, sie ihnen zu verbergen, aber ihr tödtlicher Hass gegen die Weissen und ihr völlig unüberwindlicher und ein für alle Mal feststehender Argwohn gegen Alles, was diese ihnen darboten, verbanden sich mit den Gefühlen sittlich-religiöser Pietät gegen jede Annäherung zu einer neuen Bildung. Den letzteren Punkt setzt folgender Vorgang in helles Licht.

Die Regierung von Florida beabsichtigte im Jahre 1825 bei den Seminolen Schulen zu gründen und hatte zu diesem Zwecke eine Summe Geldes ausgesetzt, Neamathla aber, ein einflussreicher Häuptling, widersetzte sich der Sache. Nach mehreren vergeblichen Versuchen die Verwendung des verwilligten Geldes zu jenem Zwecke durchzusetzen, berief der Gouverneur Duval eine Versammlung, in welcher Neamathla folgende Rede an ihn richtete:

„Vater! Es ist nicht mein Wunsch, aus meinen rothen Kindern weisse gemacht zu sehen. Da der grosse Geist den Menschen machte, gab er ihm drei verschiedene Farben. Jeder Farbe wiess er bei der Schöpfung ihre besondere Bestimmung zu und es war nicht seine Absicht, dass sie sich mischen sollten.

Vater! Diess war die Art, auf welche der grosse Geist den Menschen machte. Er stand auf einem hohen Berge, nahm etwas Staub in die Hand, mischte und trocknete ihn, blies darauf und warf ihn vor sich hin — da stand vor ihm ein weisser Mensch.

Der grosse Geist war unzufrieden. Er sah, dass das, was er gemacht hatte, seinem Wunsche nicht entsprach. Der Mensch war weiss! Er sah schwach aus und kränklich. Der grosse Geist sah ihn an und sprach: „Weisser Mensch, ich habe dir das Leben gegeben. Du bist nicht wie ich dich wollte. Ich könnte dich wieder dahin schicken, woher du gekommen bist; aber nein, ich will dich am Leben lassen. Tritt bei Seite!" Der grosse Geist mischte wieder etwas Staub, trocknete ihn und blies darauf — da stand vor ihm ein schwarzer Mensch!

Der grosse Geist war traurig. Er sah, dass der Mensch schwarz war und hässlich. Er liess ihn bei Seite treten, mischte den Staub wieder und blies darauf — da stand vor ihm ein rother Mensch. Der grosse Geist lächelte. Da sahen alle in die Höhe, der Himmel that sich auf und drei Büchsen stiegen langsam aus ihm herab. Als sie am Boden standen, sprach der grosse Geist: „Ich habe euch alle in's Leben gerufen. Der rothe Mensch allein ist mein Liebling, aber ihr sollt alle leben. Jeder von euch muss aber seine Schuldigkeit thun. Diese drei Büchsen enthalten die Werkzeuge, die ihr gebrauchen sollt, um euch euern Lebensunterhalt zu verschaffen." Mit diesen Worten rief er den weissen Menschen zu sich: „Weisser Mensch," sprach er zu ihm, „du bist nicht mein Liebling — aber ich habe dich zuerst gemacht. Oeffne diese Büchsen, sieh zu und wähle dir welche du haben willst. Sie enthalten die Sachen, die ihr euer Leben lang brauchen sollt."

Der weisse Mann öffnete sie, sah hinein und sprach: „Ich will diese." Sie war voll Federn, Tinte und Papier und enthielt Alles, was ihr Weissen gebraucht. Er sah den schwarzen Menschen an und sprach: „Ich habe dich an zweiter Stelle gemacht, aber du kannst nicht die zweite Wahl haben," und zum rothen Menschen gewendet, lächelte er und sprach: „Komm, mein Liebling, und wähle. Der rothe Mensch sah in die beiden noch übrigen Büchsen hinein und sprach: „Ich will diese." Sie war voll von Biberfallen und Bogen und Pfeilen und Allem was die Indianer brauchen. Da sprach der grosse Geist zum Neger: „Du sollst diese haben." Sie war voll Hacken und Aexte und zeigte deutlich, dass der schwarze Mensch bestimmt war, für den weissen und rothen zu arbeiten.

Vater! So machte der grosse Geist den Menschen und auf diese Weise versorgte er ihn mit den Werkzeugen zu seiner Arbeit.[*]) Es ist nicht sein Wille, dass unsere rothen Kinder die Sachen gebrauchen, die in der Büchse waren, welche der weisse Mensch wählte, ebensowenig als der weisse Mensch die Werkzeuge nehmen soll, die der grosse Geist für seine rothen Kinder zum Gebrauch bestimmt hat."

In vielen Fällen der neueren Zeit ist es ohne Zweifel nicht sowohl Selbstüberschätzung und Geistesträgheit, als vielmehr das tiefe Gefühl der eigenen Ohnmacht und schmählichen Unterdrückung, das die Indianer davon zurückhält, ihren Kindern die Vortheile höherer Bildung zuzuwenden, selbst wo ihnen die Mittel dazu geboten sind. So erzählt M'Kenney, dass er einst einen Häuptling (am Oberen See), der einen hübschen Knaben von ungefähr zehn Jahren an der Hand führte, fragte, weshalb er diesen nicht in die Schule nach Mackinaw schicke. „Wozu?" erwiderte der Häuptling. Als nun M'Kenney ihm antwortete, um zu lernen, das Feld zu

---

[*]) Von einer ähnlichen Sage bei den Negern an der Westküste Africa's erzählt Kiessler (Ausland 1852 No. 221) und Mariner (Tonga Island) bei den Tonga-Insulanern.

bauen, auf dem Papier mit Andern zu sprechen, mehr vom grossen Geist und der zukünftigen Welt zu hören, da fiel ihm jener in die Rede und sprach: „Vater, was du sagst, ist gut, aber ich will nicht, dass die Augen meines Knaben dicker gemacht (weiter geöffnet) werden als sie es sind. Ich will, dass sie klein bleiben. Wenn sie ihm aufgehen, was wird er dann sehen? Er wird sehen, wie dick (gross) der weisse Mensch ist und wie klein der rothe. Er wird sehen, wie der Weisse den Rothen mit Füssen getreten, sein Land ihm weggenommen, seinen Biber gestohlen und so Vieles gethan hat, um den Rothen in's Elend zu stürzen. Der Weisse ist stark, der Rothe ist schwach. Ich will nicht, dass mein Knabe diess früher sieht, als er es sehen muss. Er wird das Alles früh genug kennen lernen."

Die ergreifende Wahrheit des tiefen bittern Schmerzes, der in diesen Worten liegt, bedarf keines Commentares. Es ist zu einem fast sprüchwörtlichen Ausdruck bei den Indianer geworden: „Wir gehen raschen Schrittes der sinkenden Sonne entgegen." „Wir sind wie die sinkende Sonne oder wie die herbstlichen Blätter, niedergetreten von mächtigen Reitern." Aus den vielen schlagenden Beispielen des tiefen Gefühles der Ohnmacht, zu der er herabgesunken ist im langen Kampfe gegen die Weissen, der männlichen Selbstbeherrschung, mit welcher er sein hartes Schicksal erträgt, und des natürlichen Widerwillens gegen die Civilisation, welche sein Todfeind ihm darbietet, wählen wir hier nur eines aus, das zugleich die durch ihre Einfachheit und Wahrheit mächtige Beredtsamkeit des Indianers kennen lehrt. Es gehört der neueren Zeit an (1843) und ist die Rede eines Chocktawhäuptlinges (Oberst Lobb, Mischling von Geburt) in Erwiderung auf die des Agenten der Vereinigten Staaten.

„Bruder! Wir haben deine Rede gehört, wie wenn sie von den Lippen unseres Vaters käme, des grossen weissen Häuptlings in Washington, und mein Volk hat mir aufgetragen, zu dir zu sprechen. Der rothe Mann hat keine Bücher und wenn er seine Meinung mittheilen will, wie sein Vater vor ihm, so spricht er sie aus durch seinen eigenen Mund. Er fürchtet die Schrift. Wenn er selbst spricht, weiss er, was er sagt, der grosse Geist hört ihn. Schrift ist die Erfindung der Bleichgesichter, sie gebiert Irrthum und Streit. Der grosse Geist spricht — wir hören ihn im Donner, im brausenden Sturm, in der mächtigen Woge — aber er schreibt niemals.

Bruder! Da du jung warst, waren wir stark, wir kämpften an deiner Seite, jetzt aber ist unser Arm gebrochen. Ihr seid gross, mein Volk ist klein geworden.

Bruder! Meine Stimme ist schwach, du kannst sie kaum hören; sie lässt nicht den Ruf eines Kriegers erschallen, sondern die Klage eines kleinen Kindes; ich habe sie verloren durch das Klagen über das Unglück meines Volkes. Diess sind die Gräber der Geschiedenen, in diesen alten Fichten hörst du das Rauschen ihrer Geister. Ihre Asche ist hier und wir sind zurückgeblieben, um sie zu schützen. Unsere Krieger sind fast alle weit nach Westen gezogen, aber hier sind unsre Todten. Sollen auch wir gehen und ihre Gebeine den Wölfen überlassen?

Bruder! Wir haben zweimal geschlafen, seitdem wir dich reden hörten. Wir haben darüber nachgedacht. Du willst, dass wir unser Land verlassen sollen, und sagst uns, es sei der Wunsch unseres Vaters. Wir möchten sein Missfallen nicht erregen. Wir verehren ihn wie du, sein Kind. Aber der Choktaw denkt immer nach. Wir brauchen Zeit, um zu antworten.

Bruder! Unsere Herzen sind voll. Vor zwölf Wintern haben unsere Häuptlinge unser Land verkauft. Jeder Krieger, den du hier siehst, war gegen den Vertrag. Wenn die Todten hätten mitsprechen können, wäre er nimmer zu Stande gekommen; aber ach! obwohl sie ringsumher standen, konnte man sie nicht sehen, noch hören. Ihre Thränen kamen in den Regentropfen herab und ihre Stimmen im klagenden Winde, aber die Bleichgesichter wussten nichts davon und nahmen unser Land.

Bruder! Wir wollen jetzt nicht klagen. Der Choktaw leidet, aber er weint nimmer. Euer Arm ist stark und wir vermögen nichts gegen ihn: aber das Bleichgesicht betet zum grossen Geist, und so thut der rothe Mann. Der grosse Geist liebt Wahrheit. Da ihr unser Land wegnahmt, verspracht ihr uns ein anderes. Dort steht euer Versprechen im Buche. Zwölfmal sind die Blätter von den Bäumen gefallen, aber wir haben kein Land erhalten. Unsere Häuser sind uns genommen worden. Der Pflug des weissen Mannes gräbt die Gebeine unserer Väter aus der Erde. Wir wagen nicht, unsere Feuer anzuzünden, und doch habt ihr gesagt, wir sollten hier bleiben und ihr wolltet uns Land geben.

Bruder! Ist das Wahrheit? Aber wir glauben jetzt, dass unser grosser Vater unsere Lage kennt, er wird uns hören. Wir sind nun trauernde Waisen in unserm Lande, aber unser Vater wird uns bei der Hand nehmen. Wenn er sein Versprechen erfüllt, wollen wir auf seine Rede antworten. Er meint es gut. Wir wissen es. Aber wir können jetzt nicht darüber nachdenken. Der Kummer hat uns zu Kindern gemacht. Wenn unsere Sache geordnet ist, werden wir wieder Männer sein und mit unserem grossen Vater reden über den Vorschlag, den er uns gemacht hat.

Bruder, du stehst im Dienste (in den Mocassins) eines grossen Häuptlings, du sprichst die Worte eines mächtigen Volkes und deine Rede war lang. Mein Volk ist klein, sein Schatten reicht kaum bis an dein Knie, es ist zerstreut und fortgegangen. Wenn ich rufe, höre ich meine Stimme in der Tiefe der Wälder, aber keine Antwort kommt zurück. Meiner Worte sind deshalb wenige. Ich habe nichts mehr zu sagen, als dich zu bitten, dass du meine Rede dem grossen Häuptlinge der Bleichgesichter mittheilst, dessen Bruder neben dir steht."

Civilisationsfähigkeit des Indianers.

Ob der Indianer zu derselben Höhe der Civilisation mit dem Europäer erhoben werden könne? ob er dieselben oder geringere Fähigkeiten besitze, als dieser? ob seine feste äussere Rasseneigenthümlichkeit auch sein inneres Leben nothwendig zu einem typisch stationären und wenig bildsamen mache? — diess sind Fragen, die der Weisse aus Eigenliebe, als geborener Aristokrat auf schwache Gründe hin sich selbst zu Gunsten zu entscheiden geneigt ist und vermuthlich immer entscheiden wird. Nichts deckt die Schwäche von Gründen besser zu, als ein Gefühl der Selbsterhebung, das uns entsteht, im Falle wir ihnen Glauben schenken. Dass die Masse nie und auch der Denker nur selten sich von diesem Einflusse losmacht, zeigt die Geschichte der religiösen, sittlichen und philosophischen Ansichten von alter Zeit her bis in die neueste, und fast scheint es, als wäre das Absurde und Unbegründete, wenn es zugleich dem Selbstgefühle der Menschen in hohem Grade schmeichelt, am besten geeignet, die weiteste Verbreitung und Bewunderung bei ihnen zu finden. Interessen und Neigungen bestimmen die Ueberzeugungen der Menschen immer weit stärker als Gründe. Diess zeigt sich auch in anderer Rücksicht noch in den Beurtheilungen, die der Indianer erfahren hat.

Ein Herz voll Menschenliebe und voll Unwillen über die schmähliche Behandlung und Entsittlichung der Indianer durch die Weissen hat manchen Schriftsteller zu der Ansicht gebracht, dass der Indianer, **selbst so wie er gegenwärtig ist**, an Begabung dem

Europäer in keiner Beziehung nachstehe, ja sogar dass er, den wir „einen Wilden" zu nennen pflegen, so wie er ist, als Naturmensch, frei von den Lastern und unfähig der raffinirten Bosheit und Verstellung, welche erst die Civilisation gebiert, sich zu einer naiven Sittlichkeit entwickele, die vor den Verirrungen des reflectirenden Denkens geschützt bleibe und eben deshalb bei aller Rauhheit des äusseren Lebens eine glücklichere Lösung der Aufgabe des Menschen im Ganzen genannt werden müsse, als die moderne Verkünstelung des Lebens. Wie unrichtig diese letztere Ansicht im Allgemeinen ist, wird sich aus unsrer Darstellung von selbst ergeben. Es wird sich zeigen, dass namentlich die moralischen Eigenschaften der Menschen überall dieselben sind, dass dieselben Neigungen und Leidenschaften beim rothen wie beim weissen Menschen auftreten, allerdings aber mit dem wesentlichen Unterschiede, dass dieser ihnen ein schönes Kleid anzuziehen weiss und eben dadurch leichter und tiefer bis in's Innerste verdorben wird als jener, bei dem sie unverhüllt ze Tage kommen. „Neid heisst nicht Wetteifer beim Indianer," sagt eine geistreiche Americanerin, „Hass heisst nicht gerechter Unwille und verdiente Verachtung bei ihm, Bosheit nicht Wahrheitseifer. Feindschaft und Rache verfolgt offen ihren wahren Zweck, Andere zu verletzen, und diess geschieht vom Indianer in der Form des Mordes, während sie sich bei uns mit Verleumdung und Intrigue begnügen muss." Dass einfachere Lebensverhältnisse als die unsrigen der Entwickelung reiner, gerader und fester Charaktere weit günstiger sind, unterliegt keinem Zweifel, und wenn man das Glänzende und Künstliche nicht mit dem wahrhaft Werthvollen verwechselt, so kann man sich wohl versucht fühlen, im Ernste zu fragen, ob eine so grosse Verwickelung der Motive und eine solche Vielseitigkeit der Berechnung, wie die moderne Civilisation sie mit sich gebracht hat, in der That weniger Verderben als Gutes schafft.

Eine sehr verschiedene Ansicht, die mit dem, was wir das Vorurtheil der Menschenliebe nennen können, allerdings nichts zu thun hatte, pflegt über die Begabung der Indianer von naturwissenschaftlicher Seite her aufgestellt zu werden. Sie stützt sich auf die kleine und niedrige Stirn und die etwas geringere Capacität des Indianerschädels im Vergleich zum Europäerschädel. Es gehört nur geringe Beobachtungsgabe dazu, um sich davon zu überzeugen, dass die geistigen Fähigkeiten einzelner Individuen nicht nach ihrer Schädelgrösse sich messen lassen, aber vielleicht ist dieses Maass zulässig, wo es sich um die Unterschiede der Rassen und ihrer Eigenthümlichkeiten handelt. Freilich gehört die Physiologie des Gehirnes zu den dunkelsten Stellen dieser Wissenschaft selbst und der Naturwissenschaften überhaupt, und man weiss bis jetzt absolut nichts über die Eigenschaften und Einrichtungen, die ein Gehirn besitzen muss, um der Entwickelung hoher Geisteskräfte günstiger zu sein als ein anderes. Aber die Neigung, wichtige und interessante Fragen zu entscheiden, hilft glücklich hinweg über den Mangel der Gründe und selbst über den Cirkel, in welchem man sich bewegt, wenn man bald aus dem Mangel geistiger Productivität die Abhängigkeit der Begabung von der Grösse des Gehirns, bald aus der glücklicheren Bildung des Schädels und Gehirns die Superiorität der Rasse beweist. Es pflegt dabei die ästhetische Beurtheilung der Kopfform, ihr viel oder wenig versprechender Ausdruck, die Grösse der Gedanken und des Charakters, welche wir in sie hineinzudenken geneigt sind, als das natürlich zu ihr gehörige Innere, einem wirklichen Schlusse aus Erfahrungen bereitwillig untergeschoben zu werden.

Um zu entscheiden, ob der Indianer fähig ist zu gleicher Höhe der Civilisation wie der Europäer sich emporzuarbeiten, würde er Jahrhunderte lang unter Bedingungen leben müssen, die ihn veranlassen, seine alten Lebensgewohnheiten zu verlassen und Anstrengungen in anderer Richtung zu machen als bisher. Schon wegen der geringen Dichtigkeit der Bevölkerung müsste es für ihn an jedem Motive fehlen, das wilde Leben zu verlassen und sich in den Künsten des Friedens zu versuchen. Man wird deshalb daraus, dass er diess bisher nicht gethan, dass er nicht aus eigenem Antrieb selbstständige Anfänge der Civilisation gemacht hat, durchaus keinen Schluss auf geringere Fähigkeiten bei ihm machen dürfen.

Nach d'Orbigny kommen in Südamerica auf die Quadrat-lieue 69 Aymaras, dagegen im Lande der Moxos nur 3, in dem der Chiquitos nur 2, aber nur 1 Patagonier auf 3 Quadrat-lieues, und er bemerkt hierzu weiter, dass der Theil Südamerica's, welcher die dichteste Bevölkerung besitze, zugleich auch die grössten Fortschritte der Eingebornen zur Civilisation, namentlich im Ackerbaue zeige, wogegen diejenigen Gebiete, die von reinen Jägervölkern bewohnt werden, zumal wenn sie trocken und unfruchtbar seien wie Patagonien, mit ihrer sparsamen Bevölkerung hinter Allem zurückblieben was man kannte. Dass die Zahl der Indianerbevölkerung Nordamerica's bei der Ankunft der Weissen 16 Millionen betragen habe, ist höchst wahrscheinlich eine sehr übertriebene Schätzung; nimmt man sie jedoch als richtig an, so ergiebt sich dennoch selbst aus ihr die gänzliche Zerstreuung und Isolirung, in welcher die einzelnen Stämme gelebt haben müssen. Ein Volk ohne Verkehr und ohne Wetteifer mit anderen, ein Volk, das seine natürlichen Bedürfnisse mit verhältnissmässiger Leichtigkeit oder nur mit Ueberwindung altgewohnter und für nothwendig gehaltener Schwierigkeiten aus seiner Naturumgebung unmittelbar entnimmt, dabei sich befriedigt fühlt und glücklich lebt: von einem solchen muss man nicht erwarten, dass es irgendwelche Anstrengungen mache, um sich zu civilisiren. Wer hat, was er braucht, und sich dabei wohl fühlt in jeder Hinsicht, der arbeitet nicht; man civilisirt sich nicht ohne Noth und aus freien Stücken, um etwa einem edlen Zuge des Herzens zu folgen. Ist es denn in unserer modernen Gesellschaft etwa anders? Gehört nicht eine lange Schule der Bildung erst dazu, um an der Arbeit als solcher dem Menschen ein Interesse einzuflössen? Man zähle unter den sogenannten Gebildeten einmal diejenigen zusammen, die für die eigene oder fremde Bildung Anstrengungen machen ohne es nöthig zu haben, und man wird aufhören, wenigstens aus dem Grunde die geistigen Fähigkeiten der Wilden als uns ebenbürtige zu bezweifeln, weil sie es unterlassen, sich ohne Noth anzustrengen.

 Man wird hoffentlich nicht sagen, dass die Indianer, um ihre Begabung zu beweisen, doch wenigstens die Civilisation, welche die Weissen ihnen entgegenbrachten, hätten aufnehmen müssen, wenn auch nur theilweise und fragmentarisch; denn gegen die Gültigkeit dieser Behauptung spricht die ganze Geschichte des Verkehrs zwischen beiden, es spricht Alles gegen sie, was wir im Vorhergehenden von diesem Verkehre kennen gelernt haben. Die höher begabten charakterkräftigen Männer unter den Indianern mussten wohl bald dahin kommen, den Widerstand gegen Alles, was von den Europäern kam und mit deren Civilisation irgend zusammenhing, als das einzige sichere Mittel zu betrachten, ihr eigenes Volk vor gänzlichem Untergang, dem moralischen wie dem physischen, zu retten. Alle Kriege mit den Europäern bedrohten die höchsten Güter des Lebens, die der Indianer kannte, und stellten seine Existenz selbst in Frage. Kann man vernünftiger Weise erwarten, dass der Todfeind vom Todfeinde in seinem innersten Leben sich umbilden lässt, selbst wenn er vollkommen fähig ist zur Civilisation? Gewiss nicht, so lange die Kriege dauern. Sind diese zu Ende und leben Wilde und Civilisirte nicht getrennt von einander, sind jene unterworfen und leben, wenn auch anfangs gezwungen und widerwillig, in vielfachem Verkehr mit diesen und mischen sich mit ihnen, dann wird sich eine Annäherung zur Civilisation allerdings hoffen lassen. Und geschah es nicht so mit den Indianern? Die nach Westen gedrängten oder zersprengten Stämme, die nach ihren Kriegen mit den Weissen nur in geringer oder gar keiner Gemeinschaft mit diesen lebten und ihnen nicht unterworfen wurden, behielten ihre frühere Lebensweise fast ganz bei, wogegen die südlichen Stämme (namentlich die Cherokees und Creeks) der Civilisation rasch entgegenzugehen schienen. Wir haben schon gesehen, in welcher einschmeichelnden Form die Civilisation an den Indianer herantrat, welche Wohlthaten sie ihm spendete, wie sie Alles aufbot, um ihn für sich zu gewinnen, und wir würden demzufolge ein bedeutend ungünstigeres Urtheil über seine Fähigkeiten fällen müssen, wenn er ihr gegenüber ein anderes Verhalten gezeigt hätte, als er wirklich gethan hat.

„Dass die geistigen Fähigkeiten der americanischen Völker geringer seien als die anderer Rassen," sagt Prichard, „und dass sie der Bildung unfähig seien, lässt sich gewiss nicht behaupten, wenn man die wissenschaftlichen Fortschritte der alten Mexicaner betrachtet. In der alten Welt hat man oft gesagt, dass Völker nicht eher einen Trieb zeigen, sich aus der Barbarei herauszuarbeiten und Künste und Wissenschaften auszubilden, als bis ihnen eine Anregung von aussen dazu mitgetheilt wird. Aber die Mexicaner haben, wie es scheint, allein und ohne Hülfe wirklich diesen grossen Fortschritt gemacht. Aus einem wilden Jägervolke, das höchst wahrscheinlicher Weise den rothen Kriegern und Jägern Nordamerica's glich, wurden sie zu einem grossen und reichen, Ackerbau treibenden Volke, trieben schöne Künste, Astronomie, und hatten eine Art von Literatur, die noch im Fortschritt begriffen war zur Zeit der Eroberung des Landes durch die Spanier." Und an einer andern Stelle fährt derselbe Schriftsteller fort: „Viele Jahre nach der Eroberung von Mexico durch die Spanier, ist es Niemandem eingefallen, die Eingeborenen der neuen Welt in Rücksicht ihrer geistigen Fähigkeiten als zurückstehend hinter der übrigen Menschheit oder als wesentlich verschieden von ihr in ihrer geistigen Begabung darzustellen. In früher Zeit finden wir die Namen von Menschen aus der Aztekischen Rasse und einige Abkömmlinge des Königshauses von Montezuma unter den Vicekönigen von Mexico. Mehrere würdige Geistliche trugen Namen, welche edlen Familien von Tenochtitlan und Tescuco angehörten; und was noch mehr beweist, einige der ältesten und gelehrtesten Geschichtschreiber, welche sorgfältig gearbeitete Werke über die Mexicanischen und Peruanischen Alterthümer geschrieben haben, wie Fernando de Alva, Ixtilxochitl und Garcilaso de la Vega, waren Nachkommen der Königsfamilien von Mexico und Peru."

Einzelne Beispiele von hervorragenden Geistesgaben beweisen natürlich wenig oder nichts für die des ganzen Stammes oder der Rasse. Auf der einen Seite wird man aus dem Zurücksinken von Indianern in ihren früheren Zustand, obwohl man sie unter den Weissen hatte erziehen lassen und ihnen sogar eine gelehrte Bildung gegeben hatte, keinen Schluss dieser Art machen dürfen, auf der andern aber auch nicht aus den Fällen, in welchen es gelungen ist, Indianer zu einer bedeutenden Höhe der Bildung dauernd zu erheben.

Das bekannteste Beispiel der ersten Art war das des Indianers Peter Otsaquette, den Lafayette mit nach Frankreich nahm und mit aller Sorgfalt in Paris erziehen liess. Zu den Seinigen nach America zurückgekehrt, zeigte er sich nicht nur unfähig zur geistig-sittlichen Hebung seines Volkes etwas zu thun, wie man von ihm erwartet hatte, sondern gerieth bald in allgemeine Verachtung, da der verwöhnte Mensch gänzlich unvermögend war etwas zu leisten, worauf seine Stammverwandten einen Werth gelegt hätten, oder auch nur an ihrer Lebensweise und ihren Beschäftigungen theilzunehmen. Kann man sich darüber wundern? Kommt es doch sogar vor, und nicht allzu selten, dass Europäer im Schoosse der Civilisation aufgewachsen, in America ihre Sprache und ihre Sitten so gänzlich ablegen und sich in eine halbe oder ganze Verwilderung allmählig so einleben, dass sie von einer Rückkehr in die civilisirte Welt nichts hören mögen; aber man wird daraus gewiss keinen Schluss auf eine Neigung der Weissen machen wollen, zur Rohheit des Naturzustandes wieder zurückzukehren.

Die Versuche mit Einzelnen beweisen nichts, aber sie sind nicht selten geeignet, die schiefe, durch und durch verkehrte Stellung anschaulich zu machen, in welche das Individuum durch sie hineingedrängt wird, und damit eine weitere Reihe von Schwierigkeiten aufzudecken, die der Einführung der Civilisation bei den Indianern entgegenstehen. Lehrreich ist in dieser Rücksicht folgender von M'Kenney erzählter Fall.

Auf die Empfehlung eines Freundes hin nahm M'Kenney einen jungen Choktaw in sein Haus auf und erzog ihn ganz auf gleiche

Weise mit seinem eigenen Sohne, mit dem der junge Macdonald schnell Freundschaft schloss. Der Indianer machte ungewöhnlich rasche Fortschritte, zeigte sich eben so eifrig im Lernen als bescheiden in seinem Betragen und eilte seinen Mitschülern voraus. Um ihm eine seinen Fähigkeiten entsprechende Laufbahn zu eröffnen, sollte er Jurisprudenz studiren. M'Kenney, im Begriff ihm diesen Plan mitzutheilen, sah ihn plötzlich in tiefes Nachdenken verfallen, wie von schwerem Kummer verstört. Er hoffte ihn zu erheben durch die Mittheilung und sprach sein Vorhaben gegen ihn aus; der junge Mann sah ihn aber gerührt an und rief: „Wozu! Wozu! Was kann mir Bildung nützen! Ach Alles ist für mich verloren! Ich bin ein Indianer!" Er hatte von seinem Bruder, der Lieutenant in der Armee der Vereinigten Staaten war, einen Brief erhalten, worin ihm dieser schrieb: „Du kannst nur zwei Dinge thun —, entweder Alles wegwerfen, was der weissen Rasse angehört und Indianer werden, oder aufhören Indianer zu sein und ein Weisser zu werden. Das Erste kannst du thun, das Andere steht nicht in deiner Macht. Der Weisse hasst den Indianer und wird nie dulden, dass dieser sich ihm verbinde oder gleichstelle." M'Kenney wusste seinen Kummer zu beruhigen und vermochte ihn endlich die Universität zu beziehen, so schwer es dem jungen Indianer auch wurde, sich von seinem Wohlthäter zu trennen. Er bewies ihm stets die tiefste kindliche Liebe und Dankbarkeit. Jener Gedanke jedoch, Indianer zu sein und für immer ausgestossen aus der civilisirten Gesellschaft, verfolgte ihn fort und fort. Er kämpfte gegen ihn, aber vergebens; um ihn endlich wenigstens zeitweise zu vergessen, ergab er sich dem Trunke, gerade in der Zeit, da er nach Vollendung seiner Studien zu den schönsten Hoffnungen berechtigte. M'Kenney machte ihm Vorstellungen darüber und erinnerte ihn dabei an seine Jugend. „O schonen Sie meiner!" rief er da aus, „schonen Sie meiner! Gerade dieser Gedanke macht mich so unglücklich. Ich habe die süsse Heimath meiner Jugend verloren und der Schleier, der sich so freundlich zwischen mich und meine Indianerkaste gelagert hatte, ist jetzt zerrissen." Noch einmal versuchte er seinem Verhängniss zu trotzen und liess sich in Jackson als Advocat nieder. Seine Aussichten waren glücklich und, sein Glück zu krönen, warb er um die Hand eines Mädchens, das er liebte. Sein Antrag wurde sogleich und, wie ihm schien, in verächtlicher Weise zurückgewiesen, das Gespenst, gegen das er so oft schon gekämpft hatte, trat auf's Neue mit aller Gewalt vor ihn hin —, er ertränkte sich.

Wenn Morton die Unfähigkeit der Indianer zur Civilisation als über allen Zweifel erhoben ansieht und als Hauptbeweis dafür eine Reihe von Beispielen anführt, dass junge Indianer, die man zu bilden suchte, häufig davonliefen und gewöhnlich auch später eine starke Neigung zeigten, zu der Lebensweise ihrer Stammverwandten zurückzukehren, so liegt die Antwort darauf im Obigen. Wer an Phrenologie*) glaubt, wie Morton, pflegt freilich mit allgemeinen Behauptungen solcher Art rasch bei der Hand zu sein, und es lässt sich bei ihnen, ehe man ihr Urtheil kennt, jedesmal mit voller Bestimmtheit voraussagen, wie ihre Antwort auf solche Fragen ausfallen wird, denn sie haben über manche Gegenstände eine Philosophie fertig vor der Untersuchung der Thatsachen, so sorgfältig und genau sie auch gewohnt sein mögen, das äusserlich Sichtbare erfahrungsmässig zu untersuchen.

Ein begründetes Urtheil über die Fähigkeiten eines Individuums, wie eines Volkes, ist nur möglich aus den wirklichen Leistungen, die sie gemacht haben. Ist es schon schwierig, die letzteren für sich allein richtig zu würdigen, so ist es noch sehr ungleich schwieriger, die Fähigkeiten nach ihnen zu messen, weil diese als höchst veränderlich erscheinen je nach der Gunst oder Ungunst der Umstände, welche auf sie einwirken. Die Völker erheben sich und sinken wieder herab in ihrer Entwickelung, so dass wir ihnen zu verschiedenen Zeiten nicht ein und dasselbe, sondern ein sehr verschiedenes Maass intellectueller und moralischer Kraft zusprechen müssen. Die Befähigung und Begabung desselben Volkes wechselt, und diese Schwankungen geschehen innerhalb so weiter Grenzen, dass man zweifeln muss, ob ein vorurtheilsloser Beobachter die geistigen Fähigkeiten mancher Indianerstämme für geringer als die, der alten Deutschen erklären würde, vorausgesetzt, dass er von der

---

*) Dem so oft wiederholten Satze gegenüber, dass sich die geistige Capacität nach der des Schädels richte, mag es hier genügen, darauf hinzuweisen, dass nach Morton's eigenen Angaben die einzigen Völker America's, welche eine eigene Civilisation besassen, Peruaner und Mexicaner, nur eine Schädelcapacität von 76 und 79 Cubikzollen, die wilden Indianer eine solche von 82 im Mittel besitzen, dass diese ferner bei den Creeks, Irokesen und Eskimos 87 und 88 fast wie beim Europäer, bei den begabten Cherokees dagegen weit weniger beträgt, dass sie sich bei den Hindus auf nur 75, bei der Negorrasse aber auf 78 stellt! (Mortonp. 173 f. 195. 247. 261). Wer glauben will, den kümmern freilich alle solche Kleinigkeiten wenig, er sieht überall nur Thatsachen, die seinen Glauben stützen.

später erblühten deutschen Civilisation nichts wüsste, oder von ihr vollständig absähe. Dabei ist ausserdem zu bedenken, wie äusserst langsam und allmählich alle culturhistorischen Fortschritte gehen und wie alle Unterschiede zwischen Cultur und Rohheit deshalb zuletzt doch bloss auf Gradationen zurückkommen und keine Artunterschiede sind —; und giebt es denn etwa nicht selbst unter der weissen Rasse einzelne Stämme, deren Geistesgaben oder Bildungsstand nicht allzuweit von denen der Indianer absteht oder ein Zurücksinken in den Zustand der letzteren als sehr wohl möglich erscheinen liesse? Das Feld der Möglichkeiten ist unermesslich, und wenn sich auch nicht behaupten lässt, dass es in Deutschland eine undenkbare Sache sei, sich auf demselben in ausschweifender Weise zu ergehen, so verdienen solche Spaziergänge doch nur geringen Dank bei der Wissenschaft. Aber eben deshalb sollte man sich hüten, feste Rassenunterschiede als unüberschreitbare Grenzen zu betrachten, die in der That nur dadurch entstehen, dass man die extremen Fälle als typische ansieht, während man freilich auch anderseits sich gestehen muss, dass die Berechtigung, alle Unterschiede für fliessende zu erklären, eben so wenig erwiesen ist. Der ungeduldigen Neigung, solche Fragen zu entscheiden, wird man vielmehr im Interesse der Wahrheit so lange Stillschweigen gebieten müssen, bis ausgedehntere Erfahrungen über äussere und innere Unbildsamkeit der sogenannten niedern Rassen vorliegen, als wir gegenwärtig besitzen.

Das lange Stehenbleiben der Indianer auf einer sehr niedrigen Stufe der Cultur beweist jedenfalls so lange nur wenig oder nichts gegen ihre Begabung, als sie noch niemals längere Zeit hindurch unter solche Bedingungen versetzt gewesen sind, die einen Fortschritt überhaupt erwarten lassen, und diess ist bis jetzt mit ihnen nicht der Fall gewesen. Ja noch mehr! Wenn viele Jahrhunderte hindurch auf ein Volk, so viel wir wissen, nichts eingewirkt hat, wovon man sich einen umbildenden Einfluss auf ihre Organisation und ihre Lebensweise, auf ihr äusseres und inneres Leben versprechen könnte, so ist wahrscheinlich, dass viel stärkere Mächte und eine viel längere Zeit ununterbrochen fortgesetze Einwirkung derselben erforderlich ist, um überhaupt irgend eine Umbildung desselben zu Stande zu bringen, wenn auch nur eine unbedeutende, als im entgegengesetzten Falle. Denn man wird eine weit zähere Beharrlichkeit der Organisation und ihrer Lebensgewohnheiten, eine viel geringere Accommodation und Nachgiebigkeit gegen verändernde Einflüsse da voraussetzen dürfen, wo dieselben äusseren und inneren

Eigenschaften sich durch eine lange Reihe von Generationen hindurch typisch und unverändert fortgepflanzt haben, als wo diese Reihe nur kurz war. Man würde sich daher selbst dann noch kein ungünstiges Urtheil entscheidender Art über die Begabung der Indianer erlauben dürfen, wenn sie bedeutend längere Zeit als manche andere Völker der Civilisation widerständen und mit grösserer Zähigkeit ihre Eigenthümlichkeiten festhielten.

Wenn gewaltige ungebrochene Naturkraft, der gegenüber der civilisirte Mensch so oft als gebeugter schwankender Schwächling erscheint, das Haupterforderniss und die wesentliche Grundlage ist, auf welcher eine grossartige Entwickelung soll erwachsen können, so lässt sich nur behaupten, dass die Aussicht auf eine solche dem Indianer keineswegs verschlossen ist. Den Neger hält er in Abhängigkeit von sich als Sklaven, wie der Weisse (obwohl er oft ihn menschlicher behandelt), während er selbst mit seinem unbändigen Unabhängigkeitssinne zum Sklaven nicht tauglich ist, denn er zieht jede andere Art des Lebens und oft den Tod diesem Loose vor. Dass die Häuptlinge sehr häufig ein hohes Alter erreichen (80, 100 Jahre und drüber)*), scheint ausser Zweifel zu sein. Ihre Helden hat mit vieler Wahrheit Mrs. Kirkland denen der alten Griechen verglichen. „Der Indianerheld," sagt sie, „ist so tapfer, kühn und grausam wie Ajax oder selbst Achilles, so leidenschaftlich, rachsüchtig, abergläubisch und stolz. Er gehorcht seinem Wahrsager, wenn auch mit Wuth im Herzen und mit zornigen Worten auf den Lippen. Er kämpft bis zum Tode für ein Weib, das er später mit der souveränsten Verachtung behandelt. Er versteht und übt das Kriegsrecht an seinen Gefangenen und befolgt es mit der ritterlichsten Gewissenhaftigkeit. Die Qualen, die er seine Gefangenen erdulden lässt, sind nicht grösser, als die, welche zu den „Triumphen" der Alten gehörten. Sein Skalpiren ist weit anständiger und rascher abgethan, als das dreimalige Schleifen eines todten Feindes an den Fersen um das Lager. Er liebt den Glanz und umgiebt sich mit ihm, so viel er kann; und es ist in dieser Rücksicht kein wesentlicher Unterschied zwischen Gold und dem Roth,

---

*) D'Orbigny macht zwar über die Indianer von Südamerica in dieser Rücksicht niedrigere Angaben, widerlegt aber zugleich aufs vollständigste alle älteren Erzählungen von der grösseren Schwächlichkeit ihrer Constitution im Vergleich mit der der Europäer. Er ist der Ansicht, dass namentlich in Moxos und Chiquitos wohl ein Drittheil der vorzeitigen Todesfälle durch ärztliche Hülfe würde abgewendet werden können.

mit dem er sich bemalt, zwischen Diamanten und Wampum. Er hat grossen Ahnenssolz — ein Gefühl, dessen veredelnde Macht sehr geschätzt wird; und sein Totem hat ganz den Sinn eines Wappens. Im Ertragen von Anstrengung, Hunger, Durst und Gefahr ist der Held des Waldes von Keinem übertroffen, bei kriegerischen Unternehmungen befolgt er ganz den orthodoxen Grundsatz, dass jede List erlaubt ist. Kurz es fehlt ihm nichts als sein Homer, um den Stoff zur Iliade zu verarbeiten; das Leben des Indianers ist voll Poesie."

Physische Eigenthümlichkeiten des Indianers.

Die Rasseneigenthümlichkeiten des eingeborenen Americaners anzugeben, hat beträchtliche Schwierigkeiten, da die Mannigfaltigkeit und Verschiedenheit der äusseren Charaktere, welche die americanischen Indianer besitzen, fast immer in demselben Grade gewachsen ist, in welchem man sie allmählich genauer kennen gelernt hat. Halten wir uns an diejenigen allein, die in dem jetzigen Gebiete der Vereinigten Staaten und an dessen Grenzen lebend uns hier vorzugsweise beschäftigen sollen, so lassen sich folgende äussere Züge als die hauptsächlichsten betrachten, welche ihnen gemeinsam sind.

Der Schädel hat eine eigenthümlich längliche Gestalt von vorn nach hinten mit wenig abgerundetem, fast plattem Hinterkopf bei seitlich breiter und stark zurücklaufender Stirn, die trotz ihrer oft beträchtlichen Grösse gewöhnlich nicht nach oben emporstrebt, sondern nach hinten verläuft, wodurch die mittlere und untere Partie des Gesichtes sich bedeutend hervordrängt. Die Augenhöhlen sind gross, die Augen schwarz, bisweilen grau, von geringerem Ausdruck und auffallend durch ihre Kleinheit, welche letztere Catlin daraus erklärt, dass die Indianer sie ohne Schutz sowohl den Sonnenstrahlen im Freien, als auch dem Rauche im Wigwam auszusetzen pflegen. Die Nase tritt stark hervor und ist gebogen, nur selten zusammengedrückt, selten eine eigentliche Adlernase. Die Backenknochen sind hoch und vorspringend, obwohl nicht so scharf und eckig, wie bei den Mongolen. Das Haar ist lang, grob und schwarz, nicht selten zu einem Büschel am Hinterkopfe zusammengedreht, der alsdann mit mancherlei Schmuck, namentlich mit Federn geziert wird, wogegen es bei andern in natürlichen Windungen über Nacken und Schultern herabfällt. Gewöhnlich lassen es die Indianer in voller Länge wachsen, einige Stämme aber rasiren den Kopf bis auf eine kleine Stelle auf dem Scheitel, wo sie eine kleine Locke so lang als möglich wachsen lassen, die geflochten wird und die Skalplocke heisst.

Ueber den Bart der Indianer haben lange Zeit verschiedene Meinungen obgewaltet. Catlin versichert, dass nur etwa ein Zehntel der Indianerstämme einen Bart haben, und dass er bei den wenigen, welche einen besitzen, nur schwach ist und ausgerissen wird. Merkwürdig ist in dieser Rücksicht folgender Brief, den der berühmte mit den Engländern im americanischen Befreiungskriege verbündete Oberanführer der „sechs Völker", der Häuptling Brant (Thayendanega) vom Stamme der O n o n d a g o s an M'Causland im J. 1783 schrieb (Drake V, 92): „Die Indianer der sechs Völker haben von Natur sämmtlich Bärte wie alle anderen Indianervölker Nordamerica's, die ich gesehen habe. Einige Indianer lassen einen Theil des Bartes am Kinn und auf der Oberlippe stehen, und einige wenige unter den M o h a w k s rasiren sich mit Messern wie die Europäer, aber bei weitem die meisten ziehen ihren Bart mit der Wurzel aus, sobald er sich zeigt, und da sie diess ihr ganzes Leben hindurch fortsetzen, scheint es als hätten sie überhaupt keinen Bart oder nur ein paar einzelne Haare, die sie auszureissen unterlassen hätten. Ich bin jedoch der Meinung, dass, wenn die Indianer sich rasiren wollten, sie so dicke Bärte wie die Europäer bekommen würden, und es giebt einige, die in der That einen sehr schwachen Bart haben" —, was freilich ebensowohl von den Europäern selbst gilt. Lawson erzählt von den Indianern von Nordcarolina, dass sie, wie der Reisende Snelling von den S a u k s und F u c h s i n d i a n e r n berichtet, nur wenige Haare im Gesichte und keine Instrumente zum Ausreissen derselben besitzen. Ueber die südamericanischen Indianer erfahren wir von d'Obrigny, dass ihr Bart kurz ist, ihnen immer erst verhältnissmässig spät wächst und auch dann meist nur am Kinn und Oberlippe sich zeigt; nur die G u a r a y o s (zu den G u a r a n i s gehörig) besitzen ausnahmsweise einen starken und langen Bart, sogar einen Backenbart. Auch die Augenbrauen sind von nur schwachem Wuchse, aber stark gebogen. Als besondere Eigenthümlichkeit hebt er überdiess noch hervor, dass der Bart nie kraus, sondern immer schlicht sei —, ob diess von den Indianern Nordamerica's in gleicher Weise gelte, scheint noch nicht näher untersucht zu sein.

Dass die röthliche Kupferfarbe, die man dem eingeborenen

Nordamericaner zuzuschreiben pflegt, sich nach dem Berichte des glaubwürdigen Reisenden, den wir eben erwähnten, nicht auch in Südamerica findet, haben wir früher schon bemerkt. Erinnert man sich dabei der Veränderung und Entstellung, welche die natürliche Hautfarbe bald durch lange unterlassenes Waschen, bald durch Schmieren mit Bärenfett, durch Bemalen mit Ocker und anderen Farben hauptsächlich im Gesichte erleiden muss, so wird man überhaupt zweifelhaft, ob die gewöhnliche Angabe, die den Indianer als kupferroth bezeichnet, selbst abgesehen von ihrer unrichtigen Allgemeinheit, uns nicht eine übertriebene Vorstellung gewährt, die einmal geläufig geworden, sich erhält. Prichard bemerkt in sehr bestimmter Weise dass, wenn man die Hautfarbe der Americaner mit der Farbe der **Fullahs**, **Fellatahs** und **Kaffern** und mit der einiger Stämme der Indo-Chinesischen Halbinsel vergleiche, nicht mehr als eine specifische und ausschliessliche Eigenthümlichkeit der ersteren erscheine, und die sorgfältig ausgeführten Bilder, welche M'Kenney und Burns in ihrem Buche gegeben haben, zeigen nur in einigen Fällen die Hautfarbe als röthlich-braun, in den meisten Fällen schmutzig gelbbraun bis olivenbraun, niemals eigentlich kupferroth, sondern dieselbe Farbe, welche die Eingeborenen von Südamerica besitzen.

Wahrscheinlich gelten folgende Beobachtungen, die d'Orbigny freilich nur an den letzteren machte, in ähnlicher Weise auch von den Indianern Nordamerica's. Ihre Haut ist sehr zart und atlasartig anzufühlen, ihre Ausdünstung besitzt einen eigenthümlichen Geruch, welcher jedoch minder stark als der des Negers ist. Mit Unrecht hat man ihnen das Erröthen abgesprochen, obwohl es bei ihrem dunklen Teint allerdings minder auffallend ist, als bei den weissen Menschen. Ebenso zeigen sie grossentheils die Charaktere physischer Stärke; manche Stämme sind sogar von athletischem Habitus und ihre Muskelkraft ist (wie auch Catlin bestätigt), abgesehen von besonders ungünstigen äusseren Verhältnissen, wohl schwerlich geringer als die der Weissen, so sehr auch parteiische Berichte der früheren Zeit (namentlich Pauw, Recherches sur les Americains) bemüht sind, sie als ein schwächliches kraftloses Geschlecht darzustellen. Dass die Knochen der Indianer leichter und ihr Schädel dünner sei, als die der Weissen, scheint nicht allgemein richtig zu seyn. Die Charaktere der physischen Kraft sprechen sich insbesondere auch darin aus, dass Kahlköpfe gar nicht und graue Haare nur selten bei ihnen, selbst im höheren Alter, vorzukommen scheinen, dass man nicht leicht schlechte, sondern fast nur abgebissene Zähne in späteren Jahren bei ihnen findet, dass angeborene Difformitäten ihnen fremd sind, ohne dass man diess, wie ältere Schriftsteller gethan haben (Ulloa, Molina, Robertson), aus Kindermord erklären dürfte. Auch darf man hierher rechnen, dass sie keine Anlage zum Fettwerden zeigen, wovon jedoch die Indianer von Moxos eine Ausnahme machen.

„Wie eitel ist die Theorie," sagt Morton, „die dem eingeborenen Americaner eine schwächere Constitution zuschreibt als dem Europäer! Wo findet sich grössere Ausdauer im Ertragen von Anstrengung, Hunger, Durst und Kälte? Tag und Nacht, Sommer und Winter, über Berge und durch Flüsse und Wälder verfolgen sie ihren bestimmten Weg, sei es zur Rache an einem Feinde oder nach Nahrung für ihre Familie zu Hause. Man hat sich zum Beweise für ihre Schwäche darauf berufen, dass sie durch die Minenarbeiten (in Südamerica) rascher zu Grunde gegangen sind als die Europäer und selbst die Neger, aber man muss sich dabei erinnern, dass der Indianer der Sklaverei unfähig ist, dass sein Muth in der Gefangenschaft sank und mit ihm seine physische Kraft, während auf der andern Seite der elastischere Neger sich in sein Schicksal zu finden wusste, ihm nachgab und seine schwere Last deshalb verhältnissmässig mit Leichtigkeit ertrug. Daher kam es, dass ein moralischer Einfluss Tausende von Indianern in Neu-Spanien wegraffte, bis die Rasse der Insulaner ganz ausstarb, während ihre Mit-Sklaven fortlebten und sich vermehrten trotz der Unterdrückung."

Die Statur der Indianer ist theils über, theils unter mittlerer Grösse. Die Geschlechter der Riesen und der Zwerge, die ferne unbekannte Länder bewohnen sollten, sind bei genauerer Untersuchung verschwunden. Catlin ist geneigt, die Osagen für den grössten Menschenstamm Nordamerica's zu halten, und versichert, dass sie fast alle zwischen 6 und 7 engl. Fuss gross seien. Auch die Krähenindianer sollen durchschnittlich eine Grösse von 6 Fuss besitzen. Viele sind von gedrungener Gestalt, breiter Brust, kurzem starkem Nacken, während andere Stämme diese Eigenthümlichkeiten nicht zeigen.

Nicht mindere Verschiedenheiten finden sich in Rücksicht der grösseren oder geringeren Regelmässigkeit des Körperbaues und namentlich der Gesichtsbildung. Von den Sioux z. B. sagt Catlin, dass es vielleicht keinen schöneren Menschenschlag auf dem Continente gebe, auch die Sauks sollen schön und regelmässig gebaut sein, wogegen die Arpahoes am Arkansas als Menschen von viel schmutzigerer Farbe und viel hässlicheren Gesichtszügen geschildert werden, als die Sioux. Unter den Arpahoes zeigt sich kein Gesicht von männlichem, edlem Ausdruck; alle sehen sie gierig, widerwärtig und bösartig aus (Parkman). Zu den hässlichsten scheinen die Indianer von Californien zu gehören, die in Kopfform und Gesicht am meisten den Negern von Guinea, Neu-Guinea und den Neuen Hebriden gleichen (La Peyrouse), von welchen sie sich jedoch durch schlichtes Haar unterscheiden. Einen starken Contrast gegen diese macht die Mehrzahl der Bilder, welche M'Kenney und Burns geliefert haben, so wie der Umstand, dass uns von mehreren Indianerhäuptlingen erzählt wird, die ganz als römische Kunstmodelle hätten gelten können. So sollen z. B. Little-turtle, der Häuptling der Miamis, und Brant so auffallend weiss gewesen sein, dass sie (was überdiess auch von ganzen Stämmen, z. B. den Monquois im Westen des Felsengebirges versichert wird) die Farbe der Spanier hatten, und der schon erwähnte Black-hawk, Pottowatomie von Geburt, soll eine so schöne pyramidale Stirn gehabt haben, dass sie der Stirne Walter Scott's glich (Drake).

Als eine merkwürdige Eigenthümlichkeit der Americaner ist ferner zu erwähnen, dass ihren Sprachen gewöhnlich mehrere Laute ganz fehlen, die wir nach der Analogie der unsrigen erwarten sollten. Mag zwar ein vollkommen genaues Entsprechen der Laute in Sprachen von wesentlich verschiedener Bildung überhaupt nicht leicht vorkommen (daher durch eine gleiche Schreibweise das Charakteristische derselben immer zum Theil verwischt werden muss), so muss es doch befremden, dass die Sprache der Huronen (Lahontan, Mém. de l'Amérique II, 236 f.) nichts den Lippenbuchstaben b f m p Analoges hat, dass der Guichua-Sprache (Peru) die Buchstaben b d f g x und fast allen südamericanischen Sprachen das f fehlt. In den Sprachen der Südseeinsulaner fehlen dagegen ausser auf den Fidschi- und den Schifferinseln die Zischlaute fast gänzlich.

Wird man geneigt sein, hierbei an eine Eigenthümlichkeit der Organisation zu denken, so ist dagegen zweifelhafter, ob die Schärfe der Sinne, durch die sich der Indianer auszeichnet, ebenfalls auf ursprüngliche höhere Begabung der Sinnlichkeit zurückzuführen sei oder nicht; denn sie scheint sich bei allen Völkern in ähnlicher Weise einzustellen in dem Maasse, in welchem ihre Lebensweise sie zur Ausbildung der Sinne hinführt, und man wird nicht in Abrede stellen können, dass insbesondere die Feinheit des Geschmackssinnes beim verwöhnten civilisirten Menschen einen weit höheren Grad erreicht als beim Wilden, der sich Zeit seines Lebens mit wenigen in einfachster Weise zubereiteten Speisen begnügen muss. Dagegen ist der Geruch, wo er viel geübt und wie vom Indianer zur Aufspürung des Wildes und des Feindes benutzt wird, sehr entwickelt, obwohl man es darum noch nicht für unwahrscheinlich halten kann, dass lange, durch viele Generationen hindurch fortgesetzte Uebung auch eine grössere natürliche Anlage nach dieser Seite hin bei dem jungen Geschlechte allmählig begründe. Oberst Church, der sich durch die Kühnheit und rastlose Energie seiner Unternehmungen in den ersten Kriegen der Weissen gegen die Indianer in Neuengland auszeichnete, macht in seiner Geschichte des Krieges gegen König Philipp die Bemerkung, dass ein Indianer in der Verfolgung der Spur einem Schweisshunde nicht viel nachstehe, und in der That wurden gefangene Indianer häufig von den Weissen als Spürhunde gebraucht.

Dass die künstliche Abplattung des Schädels, welche von vielen Indianerstämmen vorgenommen wird, einen ähnlichen Erfolg gehabt und allmählig dahin geführt habe, bei den späteren Generationen eine natürliche Anlage zu solcher Kopfbildung zu erzeugen, lässt sich schwerlich annehmen. Das Verfahren, durch welches die Abplattung bewirkt wird, ist verschieden. Einige legen das Kind in einen hölzernen Trog, an den sie mit Stricken ein Stück Baumrinde befestigen, welches ein darunter liegendes Polster auf die Stirn des Kindes mit allmählig wachsendem Drucke aufpresst, Andere schnüren das Kind auf ein Brett fest, an welchem ein zweites kleineres Brett in einer Angel geht, dessen Ende über die Stirn gelegt nach und nach immer stärker auf sie drückt. Das Kind bleibt ein Jahr oder länger in dieser Lage, bis der Kopf die entsprechende Form angenommen hat, und wird während dieser ganzen Zeit von der Mutter grossentheils, selbst während der Arbeit, auf dem Rücken getragen mittelst eines Riemens, der über ihre Stirn hinweggeht, oder an einen Baum oder anderen festen Gegenstand angelehnt und aufgestellt. Dieser Gebrauch war in früherer Zeit bei den Eingeborenen America's sehr verbreitet, hat sich aber jetzt bei vielen Stämmen verloren, auch war die Abplattung, welche man vornahm, keineswegs bei allen dieselbe und scheint überall nur an den freien Männern und Vornehmen als Auszeichnung ihrer höheren Stellung, nicht an Weibern und Sklaven geschehen zu sein.

Dieses Letztere gilt namentlich von den alten **Aymaras** und **Quichuas** am Titicaca-See. In Nordamerica ist die Sitte künstlicher Abplattung des Vorderkopfes in früherer Zeit von den **Choktaws** und **Chickasaws** im Südosten und von den **Tschinuks** im Nordwesten am unteren Laufe des Columbia bekannt, so wie von vielen anderen, die nördlich von diesem an der Küste wohnen, mit Einschluss der Vancouver-Insel und von Scouler unter dem gemeinsamen Namen der Nootka-Columbier zusammengefasst worden sind. Die weiter im Innern des Landes am Columbia wohnenden **Plattköpfe** (Flatheads, Spokane) sollen ausser dem Vorderkopfe von oben auch den Hinterkopf von unten zusammenpressen, während die **Osagen** (nach Catlin) nur den letzteren abplatten, „um dem Vorderkopfe ein männlicheres, kühneres Aussehen zu geben." Die **Minataries** dagegen, welche zu den Kräheindianern gehören, besitzen zwar so niedrige zurücklaufende Stirnen, dass man auf den ersten Blick zwar versucht ist, die Anwendung ähnlicher künstlicher Mittel bei ihnen vorauszusetzen, doch bestätigt sich diese Vermuthung bei näherer Untersuchung nicht.

Culturhistorische Schilderung.

Die Streitfrage, ob die Rasseneigenthümlichkeiten feste sich vererbende Charaktere seien, im Wesentlichen unabhängig von den äusseren Einflüssen, denen der Organismus ausgesetzt ist, so dass sie Artunterschiede begründen, oder ob sie innerhalb der Grenzen der möglichen Veränderungen liegen, welche durch lange fortgesetzte Einwirkungen der Naturumgebung und der Lebensverhältnisse allmählig herbeigeführt werden können, so dass sich die Einheit des Menschengeschlechtes der Art nach festhalten lässt —, diese Frage liegt ausserhalb unserer Aufgabe, und es würde der Wichtigkeit und Schwierigkeit der Sache wenig angemessen sein, hier im Vorbeigehen eine Entscheidung zu versuchen. Indessen dürfen wir hier erwähnen, dass die gründlichsten Forscher der neueren Zeit sich grösstentheils der Ansicht zugeneigt haben, welche die verschiedenen Menschenrassen nur als Varietäten innerhalb einer und derselben Art betrachtet, die sich insbesondere auch dadurch empfiehlt, dass mit der entgegengesetzten insofern nur wenig oder nichts gewonnen wird, als sie gerade die Schwierigkeiten ungelöst lassen muss, um deren Lösung willen sie doch allein ergriffen zu werden pflegt. Wer nämlich die verschiedenen Rassen für verschiedene Arten erklärt, thut diess wesentlich deshalb, weil er äusseren Einflüssen keine so grosse Macht auf die menschliche Organisation zugestehen zu können glaubt, als zur Production der bedeutenden Unterschiede, die sich wirklich finden, erforderlich sein würde. Bedenkt man jedoch, dass innerhalb derselben Rasse (und nicht einmal in bloss vereinzelten Beispielen) gleich grosse Unterschiede vorkommen, als unter verschiedenen, und dass die Rassen, man mag sie bestimmen, wie man will, immer durch eine ganze Reihe von Uebergangsbildungen unter sich verbunden und in einander übergeleitet werden*), so dass eine feste und scharfe Grenze der als typisch angenommenen Formen in der That nur in der Einbildung besteht: so würde derjenige, welcher die Rassen als verschiedene Arten betrachten wollte, einerseits die Macht der äusseren Einflüsse ziemlich als eben so gross annehmen müssen, als der es nicht thut, und er würde überdiess Arten von sehr schwankenden Charakteren erhalten, d. h. den Artbegriff selbst aufgeben.

Nicht selten hat man in etwas leichtsinniger Weise die sämmtlichen Eigenthümlichkeiten, die das äussere und innere Leben namentlich der halbcivilisirten und wilden Völker darbietet, als so überwiegend abhängig von der Rasseneigenthümlichkeit hingestellt, die man sich dann gern als eine durchaus feste und unveränderliche dachte, dass die Macht der Naturbedingungen, unter denen das betreffende Volk lebte, dabei kaum in Betracht gezogen wurde. Hiermit beging man einen sehr bedeutenden Fehler, weil erst die Civilisation den Menschen in gewissem Grade von seiner Naturumgebung unabhängig zu machen vermag, obwohl selbst diese Unabhängigkeit immer eine sehr beschränkte bleibt, wogegen sich vom Wilden und Halbcivilisirten fast sagen lässt, dass aus ihm überall nur das werde, wozu ihn die Naturbedingungen machen, unter die er gestellt ist. Er ist der Hauptsache nach ganz Product der Natur, der äusseren Umstände und Lebensverhältnisse, die ihn umgeben. Daher wird es zweckmässig sein, diese letzteren und die Art ihrer

---

*) Was die americanische Rasse betrifft, so wollen wir hier nur an den Uebergang erinnern, den der californische Indianer zum Neger und der Eskimo durch mannichfaltige Abstufungen hindurch zu den Völkern der mongolischen Rasse macht, während er sich zugleich an der Südgrenze seines Gebietes dem Indianertypus nähert.

Wirksamkeit in's Auge zu fassen, ehe wir unsere Schilderung der Indianer weiterführen.

Subsistenz- und Genussmittel.

Im Naturzustande arbeitet der Mensch nur für seinen Lebensunterhalt. Ohne Sorge um die Zukunft lebt er ganz in der Gegenwart. Macht auch der Civilisirte keine Anstrengungen ohne bestimmte Zwecke, übernimmt auch er keine Mühe ohne Interesse am Erfolg und ohne Motiv, wenn diese auch häufig auf die Zukunft gerichtet sind, so arbeitet dagegen der Wilde nur, so lange ihn die Noth unmittelbar treibt. Ist Letzteres nicht der Fall, so ruht er aus, ist faul. Wovon er lebt, durch welche Mittel er sich verschafft, was er bedarf, mit wie grossen oder geringen Schwierigkeiten er es erlangt, wie stark seine Körperkraft und seine Erfindungsgabe dabei in Anspruch genommen und in welcher Richtung sie geübt wird, das Alles hängt von der Lage ab, in die er sich durch die Naturumgebung versetzt findet.

Dichte Wälder und Gebirge, die nur unzureichende oder gar keine vegetabilische Nahrung darbieten, nöthigen zum Jägerleben, das vor Allem die Bevölkerung in kleine isolirt von einander lebende Gruppen theilt, weil ein solches die ausschliessliche Beherrschung einer grösseren Länderstrecke durch verhältnissmässig Wenige zur Nothwendigkeit macht, wovon eine weitere Folge ist, dass eine höhere Civilisation sich nicht entwickeln kann. Muth, körperliche Kraft und Gewandtheit, Ausdauer in der Anstrengung, so weit sie nöthig ist, sind die natürlichen Eigenschaften eines Jägervolkes, an die sich ein wild kriegerischer Sinn um so gewöhnlicher anschliesst, als der Jäger oft sich genöthigt sieht, dem Wilde nachzuziehen und den Kampf um die eigene Existenz mit Andern aufzunehmen, deren Gebiet er betreten hat. So sehr dichte Wälder die Veränderung des Wohnsitzes auch erschweren mögen, so ist der Jäger doch nicht selten gezwungen, sie vorzunehmen; aber er wandert dann nur aus Noth, er wird nicht fortgezogen durch ein phantastisches Bedürfniss nach Abwechselung oder durch die Hoffnung, in der unbekannten Ferne noch günstigere Lebensbedingungen zu finden, als ihm eine erträgliche Gegenwart bietet. Eher treibt wohl den Fischer die unbestimmte Erwartung eines leichteren und reicheren Fanges an, dem Laufe des Flusses zu fol-

gen, und mehr noch reizt vielleicht die Seeküste und ein weit
übersehbares ebenes oder welliges Land durch den Anblick selbst
den Wilden, neuen Unternehmungen entgegen in die Ferne zu
ziehen. Doch wird man sich hüten müssen, dem Naturmenschen
irgend eine Art romantischer Motive für seine Wanderungen unter-
zuschieben, er ist sich nicht selbst zur Last und nicht zerfallen
mit dem Leben, sondern fühlt sich vollkommen wohl in ihm, so
lange Schmerz und Mangel ihn nicht heimsuchen; deshalb treibt
ihn kein unbestimmtes Gefühl in die Ferne, sondern er bleibt
immer gern festsitzen im „Lande der Väter", so lange er kann.

Aus demselben Grunde erstreckt sich diese Neigung zur Stabi-
lität bei ihm nicht auf seinen Wohnplatz allein, sondern in glei-
cher Weise auch auf seine Vorstellungen und Ansichten, seine
Kunstfertigkeiten, seine Tracht, seine Sitten und seine ganze
Lebensweise. Sein Nachdenken ist wenig entwickelt, der ganze
Kreis seiner Vorstellungen und Beschäftigungen ist ein fester,
ihm überlieferter. Er verlässt ihn nicht ohne Nöthigung von aussen.
Ueberall ist es so, wo sich die Menschen wohl und befriedigt im
Leben fühlen, wo sie alle Bedürfnisse, die sie haben, seien sie gross
oder gering, geistiger oder leiblicher Art, wirklich zu befriedigen
vermögen. Zähes Festhalten am Alten ist unter solchen Umstän-
den allgemein menschlich nothwendig —; ob mehr Gutes oder mehr
Uebles daraus entspringt, wird schwer zu entscheiden sein.

Nahrung, Kleidung und Wohnung müssen dem Jäger von den
Thieren geliefert werden, die sich ihm darbieten. Die Fertigkeiten,
die er sich aneignet, um sich ihrer zu bemächtigen, richten sich
nothwendig grösstentheils nach der Lebensart dieser Thiere und
bleiben auf einer niederen Stufe der Ausbildung stehen, so lange
ihre Ausübung gerade hinreicht, um die gewöhnlichen Lebens-
bedürfnisse zu befriedigen. Die Werkzeuge, deren er sich dazu
bedient, muss er ebenfalls unmittelbar aus seiner Naturumgebung entnehmen. Holz, Steine, Thierknochen liefern ihm dazu
zunächst das Material, bis etwa die Benutzung von Metallen, wenn
sich ihm solche darbieten, ihn einen Schritt weiterführt. Wie auf
der einen Seite die Thiere als Wohlthäter des Menschen dessen
Existenz erst möglich machen und doch seine ganze Kraft und List
nicht selten vergebens aufgeboten wird, um sie zu bewältigen, so
wird auf der andern Seite sein Leben durch sie vielfach bedroht
und unterliegt nicht selten den Gefahren, mit denen sie es be-
drohen. Er sieht sich daher in einem gewissen Verhältniss der

Abhängigkeit von ihnen, obwohl er oft ihrer Meister wird; denn um leben zu können, bedarf er der Gegenwart des Wildes, aber sein Leben selbst scheint von der Gnade anderer Thiere abzuhängen. Seine religiösen Vorstellungen treten deshalb in eine innige Beziehung zur Thierwelt, die wenigstens zum Theil für ihn zu einem Reiche wunderbarer mythologischer Wesen wird.

Wie die Gegenwart einer einzigen Thierart die ganze Lebensweise des Indianers sehr wesentlich verändern kann, zeigt hauptsächlich der americanische Büffel (Bison), der sich nur in den grossen Prärieen findet. Diese Prärieen selbst, welche sich in Nordamerica vorzugsweise von dem Mississippi bis zum Felsengebirge über ein ungeheures Ländergebiet erstrecken, gewähren im Vergleich mit den grossen Wäldern auf der Ostseite des Mississippi dem Wanderleben eine sehr bedeutende Erleichterung, und hierin eben liegt der hauptsächlichste Grund davon, dass die Indianerstämme, welche im Westen dieses Flusses leben, fast durchgängig herumziehende Jäger ohne allen Ackerbau sind, während im Osten desselben die minder ergiebige Jagd, die oft für sich allein keinen ausreichenden Lebensunterhalt gewährt, den Indianer genöthigt hat, sich zu einem, wenn auch meist sehr unvollkommenen Landbau zu bequemen, der natürlich für ihn das Wandern noch stärker erschweren musste. „Die einzigen Ackerbau treibenden Völker westlich vom Mississippi, sagt Gallatin, sind die Sauks und Fuchsindianer vom Algonkinstamme, nördlich vom Rothen Fluss, die Pawnies und nur drei Völker der Sioux-Familie, die zur südlichen Gruppe gehören, auss erden Mandans und den festsitzenden Minataries. Die sechs westlichen Völker der Dahcotahs, die Assiniboins, Kräheninindianer und alle andern bis jetzt aufgezählten Stämme, mögen sie östlich oder westlich vom Felsengebirge wohnen, haben gar keinen Landbau; die im Osten des Felsengebirges nähren sich hauptsächlich vom Fleische des Büffels."

Der Büffel lebt in grossen Heerden oft von vielen Hunderten beisammen. Seine Jagd gewährt reichliche Nahrung und es bedarf zu ihr weniger List und Geschicklichkeit als Schnelligkeit. Ohne das Pferd würde sie dem Indianer kaum möglich sein oder doch so geringe Ausbeute gewähren, dass er noch anderer Hülfsquellen zu seinem Lebensunterhalt bedürfen würde. Wie spärlich und unzureichend aber diese letzteren in dem Büffellande sind, wird man leicht aus folgender Schilderung Parkman's entnehmen.

„Hat jemand Lust die Prärieen zu besuchen und wählt er dazu

den Weg des Platteflusses (den besten vielleicht, den es giebt), so darf er nicht glauben, das Paradies seiner Phantasie dort zu finden. Ein mühseliger Eingang erwartet ihn, er muss lange Geduld haben, bis er die Schwelle überschreitet und „die grosse americanische Wüste" wirklich betritt, diese dürren Einöden, wo der Büffel und der Indianer wohnt, wo selbst jeder Schatten von Cultur hundert Meilen weit hinter ihm liegt. Das zwischenliegende Land, der grosse und fruchtbare Gürtel, der sich mehrere hundert (engl.) Meilen vor der eigentlichen Grenze hinzieht, wird wohl den gewöhnlichen Vorstellungen, die man von den Präricen hat, ziemlich gut entsprechen, denn von diesem Landstriche haben Touristen und Maler, Dichter und Novellisten, die selten weiter vorgedrungen sind, die Bilder entlehnt, die sie von der ganzen Gegend entworfen haben. Wer ein Malerauge hat, dem wird seine Prüfungszeit nicht ganz interesselos hinfliessen. Die Scenerie, zwar nicht grossartig, ist anmuthig und gefällig. Da giebt es weite Ebenen, die das Auge nicht ermisst, grüne Wellen, dem sanften Wogen des Meeres ähnlich, einen Reichthum von Flüssen, deren Windungen alle mit Baumgruppen bekränzt und von zerstreuten kleinen Wäldern besetzt sind. Aber mag die Begeisterung noch so gross sein, das Feuer des Bewunderers wird sicher gedämpft. Sein Wagen wird im Schlamm stecken bleiben, seine Pferde werden sich losmachen, das Geschirr nicht halten, die Achsen nicht fest genug sein. Ein weiches Bett wird er haben, nämlich oft von schwarzem Schlamm in reichster Fülle. Was die Nahrung betrifft, so muss er sich mit seinen Zwieback- und Salzvorräthen begnügen, denn so seltsam es auch scheinen mag, dieser Landstrich hat sehr wenig Wild. Indem er weiter vordringt, sieht er freilich die mächtigen Geweihe des Elenthiers im Grase an seinem Wege halb verwittert liegen, und noch weiterhin die gebleichten Schädel der Büffel, die einst in dieser jetzt verlassenen Gegend umherschwärmten. Vielleicht reist er volle vierzehn Tage und sieht auch nicht einmal die Fährte eines Rehs, im Frühjahr giebt es nicht einmal einen Präriehahn *).

---

*) Präriehähne sind Fasanen, Prärichühner (Tetrao phasianellus), Haselhühner (Tetrao cupido, Tetrao umbellus nach Nuttall) und andere unsern Haselhühnern ähnliche Vögel; die Prärichunde (Arctomys ludoviciana nach Nuttall), welche hier und da den Boden auf weite Strecken hin mit ihrem unterirdischen Bau untergraben, sind eine Art Murmelthiere und besitzen die Grösse eines Eichhörnchens. (Näheres über die Fauna der Präricen findet man am besten bei Gregg II, 11.)

Doch ihn zu entschädigen für diesen unvorhergesehenen Mangel des Wildes, wird er heimgesucht von Ungeziefer ohne Zahl. Die Wölfe geben ihm Nachts ein Concert und schlüpfen um ihn her bei Tage, gerade etwas Büchsenschussweite, sein Pferd tritt in Dachslöcher, aus jedem Sumpf und jeder Pfütze bellen, schreien und trillern ihm Legionen von Fröschen entgegen, unendlich mannigfaltig in Farbe, Gestalt und Grösse. Schlangen im Ueberfluss gleiten unter dem Fusse seines Pferdes hin und besuchen ihn still in seinem Zelte des Nachts, während das unaufhörliche Summen unzähliger Moskitos den Schlaf von seinem Auge scheucht. Durstig vom langen Ritt in der brennenden Sonne über die grenzenlose Weite der Prärie kommt er endlich zu einem Wasserpfuhl, er steigt ab um zu trinken, und entdeckt eine Gesellschaft junger Kröten, die am Boden seiner Schale spielen. War er den ganzen Morgen der durchdringenden schwülen Sonnenhitze ausgesetzt, so überfällt ihn mit abscheulicher Regelmässigkeit gegen vier Uhr Nachmittags ein Gewitter und durchnässt ihn bis auf die Haut."

Die grossen Prärieen erstrecken sich im Allgemeinen in der Richtung von Westen nach Osten vom Felsengebirge bis zur Grenze von Louisiana, Arkansas, Missouri und bis zum oberen Mississippi, in der Richtung von Norden nach Süden etwa von der Nordgrenze der Vereinigten Staaten bis an die Küste von Texas —, ein grosses Viereck von mehr als 150 deutschen Meilen durchschnittlicher Breite und ungefähr doppelt so grosser Länge. Nur die sogenannten schwarzen Hügel bilden darin einen Ausschnitt, welcher kein Prärieland ist. Von diesem selbst ist fruchtbares Land nur der Küstenstrich von Texas, der Grenzstrich der Prärieen an den vorhin genannten Staaten in einer Breite von 40—50 deutschen Meilen und das Land am obern Mississippi, nebst dem Jowagebiet. Was nach diesem Abzug von jenem Viereck übrig bleibt, ist in seinem östlichen Theile, den eine Linie von der Mündung des St. Petersflusses bis zum untern Lauf des Rio del Norte etwa in der Mitte durchschneiden würde, eine fast ununterbrochene Ebene, auf der sich meist nur einzelne, bisweilen meilenweit zerstreute Bäume finden. Der Boden ist (ausser dicht an den Flüssen) grober Sand und Lehm, in dem es schwer ist, Pfähle einzurammen zur Befestigung der Thiere oder Zelte, trägt jedoch nahrhaftes kurzes, hartes Gras. Der östliche Theil der Prärieen, im Osten der schwarzen Hügel, am Plattefluss und Arkansas, am Felsengebirge und im Osten von Neu-Mexico ist die dürre Fläche, die gewöhnlich die grosse amerikanische Wüste genannt wird. Der Boden ist dunkeler, mit Sand gemischter Kies und nur wenige kleine Strecken, namentlich an den Flussufern, sind mit langem Prärie- oder Büschelgras bedeckt, andere mit wildem Wermuth, aber selbst die wenigen Spuren der Vegetation verringern sich und verschwinden endlich ganz, wenn man sich dem Gebirge nähert. (Nach Farnham, Wanderungen über das Felsengebirge in das Oregon-Gebiet.) Aehnlich schildert Gregg. — Büffeldistricte finden sich auch im Nordwesten von Mexico.

Man bemerkt von selbst, dass in einem solchen Lande der Büffel das einzige Subsistenzmittel für den Indianer ist, dass er deshalb mit ihm wandern und auf fremdes Gebiet ihm folgend zum Krieger werden muss, nicht um Eroberungen zu machen, sondern um sein eigenes Leben zu erhalten.

„Die westlichen Dahcotahs haben keine festen Wohnsitze. Jagend und kämpfend wandern sie unaufhörlich Sommer und Winter hindurch. Einige folgen den Büffelheerden in den öden Prärieen, andere jagen im Gebirge. Der Büffel versorgt sie mit fast allen ihren Lebensbedürfnissen, mit Wohnung, Nahrung, Kleidung und Zunder, mit Sehnen für ihren Bogen, mit Zwirn, Stricken und Zugseilen für ihre Pferde, mit Decken auf ihre Sättel, mit Gefässen für das Waaser, mit Kähnen, Leim und allen Mitteln, um von den Handelsleuten zu kaufen, was sie wünschen. Wenn der Büffel zu Grunde geht, müssen sie ebenfalls verschwinden.

Krieg ist ihr Lebenselement. Gegen die meisten Nachbarstämme nähren sie einen erbitterten tödtlichen Hass, der vom Vater auf den Sohn forterbend durch beständige Angriffe und nie ruhende Rache immer wieder aufs Neue angefacht wird. Diess hauptsächlich ist es, was sie zu kühnem Handeln und kräftiger Anstrengung treibt und vor gänzlicher Stumpfheit des Geistes und völligem Versinken bewahrt. Ohne diesen kräftigen Stachel würden sie den unkriegerischen Stämmen jenseits des Gebirges gleichen, die in den Höhlen und unter den Felsen zerstreut leben und von Wurzeln, Eidechsen und Schlangen sich nähren. Diese letzteren besitzen nur wenig Menschliches ausser der Gestalt; aber der stolze und ehrgeizige Dahcotah-Krieger kann sich bisweilen wahrer Heldentugenden rühmen."

Diese Bemerkung erinnert sogleich daran, wie die Ungunst der äusseren Verhältnisse da, wo sie einen hohen Grad erreicht und wo mächtigere Nachbarn es unmöglich machen, ihr durch Auswanderung zu entfliehen, den Menschen immer einer völligen Verkümmerung preisgiebt, physisch sowohl als moralisch. Ein trauriges Beispiel hiervon geben namentlich die Haseninindianer am Mackenzie, zwischen dem grossen Sklaven- und Bären-See. Ihre Anzahl ist in raschem Abnehmen begriffen und ihr Elend steigt nicht selten so hoch, dass sie aus Noth zu Menschenfressern werden, oder dass ihr eigener Abscheu vor diesem letzten Mittel ihr eigenes Leben zu fristen, sie dazu treibt, am Leben verzweifelnd ihre Familie und sich selbst zu ermorden. Ihre Nachbarn dagegen, wie namentlich die Hundsrippenindianer, besitzen das Renuthier, nähren und kleiden sich besser, sind gesund und prosperiren. In ähnlicher Lage wie jene scheinen sich auch die Takhalis (Tacullies, arriers) in Neucaledonien zu befinden, der westlichste Stamm der Athabasken. Sie leben hauptsächlich vom Lachsfang, essen vorzüglich gern faules Fleisch und werden als äusserst roh, träge und schmutzig geschildert. Ihre Wohnungen sind oft blosse Erdhöhlen, die sie sich graben. Von Keuschheit wissen sie nichts, und die Liebe zu den eigenen Kindern ist ihnen so fremd, dass sie diese nur als eine Last betrachten und die Ermordung derselben noch vor der Geburt bei ihnen häufig vorkommt. So finden sich auch in America tiefgesunkene Indianervölker — gesunken durch einen langen harten Druck der äusseren Lebensverhältnisse —, während ihre Stammverwandten ihnen an Intelligenz und Geschicklichkeit, sittlicher Bildung und Energie weit überlegen sind, ebenso wie die Buschmänner in Africa in einem wüsten steinigen Lande zu leben und von Wurzeln, Heuschrecken, Eidechsen, Schlangen u. dergl. sich zu nähren gezwungen, in jeder Beziehung tiefer stehen, als selbst die ihnen verwandten Hottentotten.

Das dürftigste und elendste Leben führen die Indianervölker, welche ausschliesslich oder auch nur vorzugsweise sich auf Flussfischerei angewiesen finden, wie die vorhin genannten, besonders auch deshalb, weil diese Lebensweise nur wenig dazu beitragen kann, sie zum Kriege tüchtig zu machen und damit alle diejenigen Eigenschaften bei ihnen zu entwickeln, durch die sie sich allmählich auf eine etwas höhere Stufe der Bildung erheben könnten. Günstiger gestalten sich die Verhältnisse, wenn die Fischerei nur als zeitweise Hülfsquelle benutzt zu werden braucht, so lange andere Subsistenzmittel fehlen.

Wie die Fischerei in den Flüssen als bloss zeitweises Auskunftsmittel von manchen Indianervölkern ergriffen wird —, Schifffahrt auf dem Meere ist ihnen gänzlich unbekannt —, so wird von andern auch der Landbau nur nebenbei, namentlich neben der Jagd getrieben und zwar meist mit sehr geringer Sorgfalt. Diese Art von Landbau hat für sie in vielen Fällen nicht einmal die Folge, dass sie ihr Wanderleben aufgeben; sie säen ihren Mais (corn), ärnten ihn ab und ziehen dann wieder weiter, um in einer andern Gegend dasselbe wieder von Neuem zu beginnen. Manche finden sich gar nicht in der Nothwendigkeit, das Land selbst zu bauen, weil sie nur zu sammeln brauchen, was von selbst wächst, wie namentlich der wilde Reis im Nordwesten der grossen Prärieländer, wo er sich in so ungeheuerer Menge findet, dass die Weiber auf Kähnen umherfahrend jedesmal so viel ausklopfen, als sie gerade brauchen. Dass die Indianer nicht selten zu faul sind, um Vorräthe für den Winter zu sammeln — eine Nachlässigkeit, die jedoch keineswegs allgemein bei ihnen ist —, wird man ihnen nicht allzu hoch anrechnen dürfen, denn ganz ebenso pflegen auch unter den civilisirten Völkern die Individuen und die ganzen Klassen der Gesellschaft sich um die Zukunft wenig oder gar nicht zu kümmern, denen zur Arbeit jedes andere Motiv fehlt ausser der Sorge für ihren eigenen Lebensunterhalt; denn die Zukunft liegt in blasser, unbestimmter Ferne, man hofft von ihr gern das Beste oder wenigstens das Erträgliche, verlässt sich gern auf Andere oder auf die Gunst der Umstände,. und die Faulheit ist süss. Leiden und Noth, einmal überwunden, sehen in der Erinnerung nicht mehr so schlimm und peinlich aus als sie waren, oft auch zeigte sich die bange Furcht vor ihnen als unbegründet. Liess sich die Vergangenheit mit ihren Schwierigkeiten und Mühen überwinden, so wird es auch mit der Zukunft gehen; deshalb ist schon eine verhältnissmässig hohe Stufe der Bildung erforderlich, um durch Erfahrung belehrt eine genussreiche Gegenwart zu opfern.

Während viele Indianervölker von unvollkommenem Landbau und daneben hauptsächlich im Winter von der Jagd sich nähren, hat dagegen bei anderen der erstere so sehr die Oberhand gewonnen, dass sie dadurch völlig an das Land ihrer Väter gebunden sind; doch können auch diese der Jagd nicht vollständig entbehren, weil sie keine Hausthiere besitzen. Es ist diess von grosser Wichtigkeit, denn in diesem Umstande liegt der Hauptgrund, weshalb sie genöthigt sind, auf einer niederen Stufe der Cultur stehen zu bleiben. Mit Recht hat man darauf hingewiesen, dass in ganz America nur die Peruaner in früherer Zeit insbesondere durch den

Besitz des Lama und Alpaca, der Kartoffel und Quinoa günstiger gestellt waren als die anderen Stämme, und dass ausser ihnen die neue Welt durchaus kein Volk besass, das ein Hirtenleben führte. Erst durch die Weissen erhielten sie Hausthiere, denn selbst die Pferde, welche die Büffeljäger von Nordamerica besassen, wurden von ihnen nicht zur Zucht benutzt, sondern jedesmal einzeln in der Wildniss eingefangen, so oft und in so grosser Zahl sie ihrer gerade bedurften; und in Südamerica diente das Pferd, als es von den Weissen eingeführt war, nur dazu die Eingeborenen bei ihrem Jägerleben festzuhalten und zu unterstützen. Der Hund aber, den die Indianer noch ausser dem Pferde hatten, konnte für sich allein natürlich keinen so grossen Einfluss auf ihre ganze Lebensweise ausüben, dass sie aus Jägern zu Hirten durch ihn geworden wären.

Ein Volk, das ausschliesslich oder vorzugsweise Ackerbau und Viehzucht treibt, ist in seiner Existenz und seinem Gedeihen weit weniger bedroht als ein wanderndes Jägervolk, sein Leben ist gesicherter und verlangt zu seinem Schutze zwar auch vielfache Arbeit, aber diese Arbeit ist weder von so erschöpfender und aufreibender Art, noch von so unsicherem Erfolge als häufig die des Jägers; sie ist überdies unkriegerisch, still und friedlich, sie setzt ihn zu der umgebenden Thier- und Pflanzenwelt in ein Verhältniss mehr freundlichen Verkehres; er beherrscht die Natur mit grösserer Ruhe und Sicherheit, und sieht sie daher nicht mehr mit dem abergläubisch misstrauischen Blicke an, der den so oft von banger Erwartung und Spannung erfüllten Jäger insbesondere den gefährlichen Thieren gegenüber eigenthümlich und natürlich ist. Der Landbauer und Hirte, durch seine Lebensweise am Wandern gehindert, entfernt sich daher von selbst von den wilden und rauhen Sitten, von der Unbändigkeit und Grausamkeit, dem regellosen kriegerischen Leben des Jägers; äusserer und innerer Frieden wird ihm zum Bedürfniss, und da er aus eigenem Antriebe keine Einfälle auf fremdes Gebiet macht, sondern nur das seinige gegen fremde Angriffe vertheidigt, fallen für ihn von vornherein eine Menge von Veranlassungen hinweg, die ein Wandervolk in unaufhörliche Kriege verwickeln. Als fest ansässiger Bewohner des Landes baut er sich bessere Häuser, richtet sich bequemer ein, schreitet wenn auch nur langsam in den Künsten des Friedens fort, eignet sich einen Kreis von festen Sitten und Gewohnheiten an, die mit einem ungebundenen ruhelosen Leben unverträglich ihn diesem entschieden abgeneigt machen, und wird durch seine Friedensliebe leicht zu dem Bedürfnisse eines gezügelten und maassvoll geordneten gesellschaftlichen Lebens hingeführt, mit dessen Einführung alsdann der erste bedeutende Schritt zur Civilisation geschieht, wenn es gelingt die sociale Ordnung auf die Dauer zu bewahren, und wenn ein glückliches Schicksal eine Reihe allmählig immer grösser werdender Schwierigkeiten und Bedrängnisse durch Natur und Menschen der Gesellschaft in der Art zu überwinden aufgiebt, dass ihre jedesmalige Widerstandskraft ihnen gerade gewachsen ist, dass sie nicht nur nicht unterliegt, sondern aus dem Kampfe neu gestärkt und gestählt hervorgeht.

Aeussere Ausstattung des Lebens.

Die äussere Lebenseinrichtung der Indianer ausführlich zu schildern, liegt unserem Zwecke zu fern, und eine solche Schilderung der Einzelnheiten, wie sie z. B. Catlin gegeben hat, kann überhaupt nur das Interesse der Curiosität für sich in Anspruch nehmen, ausser wo diese äusseren Dinge selbst dazu dienen die Kunstfertigkeiten, Ansichten und Sitten der Menschen zu charakterisiren. Daher beschränken wir uns hier auf einiges Weniges, im Uebrigen auf Catlin verweisend, der hauptsächlich die festlichen Anzüge und Geräthe der Indianer mit Vielem, was sonst noch ihrem äusseren Leben angehört, genau gezeichnet und ausführlich beschrieben hat.

Ihre Häuser oder vielmehr Hütten machen sich die Eingeborenen der Prärie, als deren Typus die Sioux sich betrachten lassen (im Gegensatze sowohl zu den Bewohnern des Waldlandes und denen des Felsengebirges als auch zu denen der Seeküste), von Büffelhäuten. Diese werden zusammengenäht und zur Bildung eines Zeltes an einigen Stangen oder Pfählen befestigt, die mit ihrem oberen Ende zusammengebunden sind. Das Zelt, welches nur so gross ist, um eine ganze Familie aufzunehmen, hat ausser einem grösseren Loche, durch das man hineinkriecht, gewöhnlich oben ein kleineres zum Abzuge des Rauches, wird von manchen Völkern aussen mit roh gezeichneten Figuren verziert (worin sich namentlich die Kräheindianer auszeichnen) und enthält die Lagerstätte, das einfache Kochgeschirr, die Kriegs- und anderen Geräthe des Indianers. Zieht das Dorf aus, so werden die Zelte und ihr Inhalt mitgenommen, was nur mit Hülfe der Pferde, Hunde und Weiber möglich wird, denen alle diese Dinge aufgeladen werden, während der Mann dabei nur seine Waffen zu führen pflegt. Wo der Büffel fehlt, werden die Hütten gewöhnlich aus Baumrinde gebaut. Aus dieser unvollkommenen Bauart im Vergleich mit den Ueberresten alter aus Erde aufgeführter Bauwerke, die sich in dem Lande der Indianer hier und da finden, hat man oft schliessen wollen, dass diese nicht als die Urheber jener Alterthümer betrachtet werden können; doch wird man dabei nicht vergessen dürfen, dass manche Indianervölker jetzt ausgestorben sind, denen sich diess am ersten würde zutrauen lassen, wie z. B. die schon früher erwähnten Mandans, welche als vorzüglich geschickt und als hochbegabt zu allen Künsten des Friedens geschildert werden; dass ferner ein Herabsinken von einer etwas höheren Culturstufe zu einer niederen unter den äusseren Verhältnissen, unter welchen die Indianer leben, an sich ebenso annehmbar ist, als ein allmähliges Aufsteigen von dieser zu jener; dass endlich die Culturstufe, auf welche jene Bauwerke hinweisen, keine höhere ist, als die alte mexicanische, deren rein americanischen Ursprung zu bezweifeln man nur wenig Ursache hat.

Die Wohnungen, welche zusammen ein Dorf bilden, stehen gewöhnlich in einiger Entfernung von einander; manche Indianer bauen sie sehr nahe in einen Haufen zusammen und verpallisadiren das ganze Dorf. Ihre Geräthe fertigen sie aus Holz, Thon und Thierhäuten; mit der Bearbeitung der Metalle scheinen sie durchgängig unbekannt gewesen zu sein. Scharfe Knochenstücke und spitzige oder zugeschärfte Steine waren das härteste Material, das sie zu verwenden wussten zu ihren Pfeilen, Lanzen, Messern, Aexten u. s. w., bis sie von den Weissen zweckmässigere Werkzeuge erhielten, deren Anfertigung nicht leicht von ihnen selbst erlernt wurde, theils weil sie dieselbe lange Zeit als eine übernatürliche Kunst der überlegenen Weissen betrachten mochten, theils weil diese ein unmittelbares Interesse hatten, sie darüber in Unwissenheit zu erhalten. Zu ungeheuren Preisen wurden Messerklingen und Aexte tausendweise den Indianern zugeführt, welche nur noch die Stiele daran zu machen hatten und sie oft in sehr eigenthümlicher Weise ausschmückten. Dadurch wurden ihre Waffen bedeutend furchtbarer, namentlich die für die Eingeborenen Americas so charakteristischen Werkzeuge, der Tomahawk, die Streitaxt und das Skalpirmesser, welches von der Grösse eines gewöhnlichen Schlachtmessers ist. Die schwere Keule und Bogen und Pfeil, deren sie sich im Kriege bedienten, wurden bei den Stämmen, die mit den Weissen in nähere Berührung kamen, durch die Flinte verdrängt, doch wird uns vielfach erzählt, dass die Indianer, selbst wo sie die letzteren besassen, sie fast immer nur mit weit geringerer Wirksamkeit zu gebrauchen verstanden als die Europäer.

Ihre Kähne fertigen sie mit vielem Geschick aus Baumrinde oder, wo Büffel sich finden, aus deren Häuten. Manche Indianervölker zeigen grosse Kunst in der Verfertigung von Irdengeschirr, zu dem namentlich die ihnen so unentbehrliche Pfeife gehört, von Flechtwerk und Webereien der mannigfaltigsten Art. Ihre Kleidung besteht indessen grossentheils nur in zubereiteten Thierfellen, die bisweilen mit rohen Abbildungen ihrer Waffenthaten verziert*), als Mäntel um die Schultern geschlagen, oder zu Beinkleidern, Gamaschen und Mocassins zusammengenäht werden. Richtet sich die Tracht zunächst und im Allgemeinen nach dem Klima, so ist sie im Einzelnen nach den festlichen Gelegenheiten und den abergläubischen Vorstellungen verschieden, zu denen sie in Beziehung steht. Was den Schmuck der Indianer betrifft, so ist er bekanntlich eben so reich und mannigfaltig als phantastisch. Oft bezeichnet er die einzelnen Kriegsthaten und kühnen Unternehmungen des Mannes, während andere Theile desselben nur ein willkürlich gewählter Putz sind. Hörner am Kopfe zu tragen, ist bei einigen Völkern nur dem Tapfersten erlaubt, mag er ein Häuptling sein oder nicht. Hauptsächlich beliebt ist das Bemalen des Körpers und vorzüglich des Gesichtes, mit bunten, meist unregelmässigen Streifen oder Flecken. Wie ihre Kleider und der Leib selbst, so werden auch ihre Pfeifen und Waffen, ihre Wiegen, Köcher, musikalischen Instrumente und anderen Geräthe aufgeputzt. Sie werden mit einzelnen oder zusammengereihten Federn, mit Skalplocken, gefärbtem Pferdehaar oder kleineren Thierbälgen, Schnüren von Wampum und dergleichen behängt und mit sonderbaren Figuren verziert. Vom Tättowiren, welches bei den Südseeinsulanern so allgemein im Gebrauche ist, finden sich bei den Eingeborenen America's nur schwache Spuren, und auch diese, wie es scheint, nur in Südamerica. Es beschränkt sich dasselbe darauf, dass bei Gelegenheit des Festes, durch das die erlangte Reife der Mädchen gefeiert zu werden pflegt, diesen einige wenige Linien in's Gesicht eingegraben werden. Es deutet schon diess auf die untergeordnete Stellung hin, welche die Frau

---

*) Ein merkwürdiges Beispiel dieser Art das einen Mandan-Helden betrifft bei Catlin, Letters and notes etc. 4. ed. London, 1844 I, 145 ff.

bei den Indianervölkern allgemein einnimmt: sie wird nur als reif gezeichnet für den Mann, wogegen selbst Putz und Schmuck aller Art ihr nur in weit beschränkterem Maasse gestattet sind als dem Mann. Merkwürdig in dieser, wie in noch anderer Rücksicht ist es, dass die Kräheindianer, welche ihr Haar so lang als möglich wachsen lassen — es soll bisweilen bis auf die Erde reichen — nur ihren Frauen nicht erlauben, es in natürlicher Länge zu tragen, sondern diess als ausschliessliche Zierde des Mannes betrachten.

Wir erwähnten vorhin der Wampumschnüre, eines sehr verbreiteten Schmuckes der Indianer, der hauptsächlich in Form von Hals- und Armbändern von ihnen getragen wird und zugleich die Stelle des Geldes vertritt. Es sind diess Schnüre von weissen und von farbigen, besonders blauen Perlen, die aus Muscheln verfertigt werden. Diese schleifen sie auf Steinen glatt und rund, und durchbohren sie dann, indem sie die Spitze eines Nagels, der auf einem Stocke befestigt ist, auf die Perle fest aufsetzen und auf ihr hin- und herdrehen. Vier bis fünf dieser Perlen an einandergereiht geben eine kleine Schnur von der Länge eines Zolles, doch giebt es auch noch kleinere. Die farbigen Perlen gelten für werthvoller als die weissen. Man hat mehrfach versucht sie nachzumachen, bald aber es auch wieder aufgegeben, weil eine genaue Nachbildung zu theuer kam, eine minder genaue aber von den Indianern meist sogleich als unächt erkannt und zurückgewiesen wurde.

Feste Mahlzeiten zu bestimmten Tagesstunden haben die Indianer nicht, sie essen so oft sie Lust dazu spüren, und oft so lange, als noch etwas da ist. Catlin behauptet zwar einmal, sie seien meist enthaltsam und keine grossen, besonders keine übermässigen Esser, wenigstens überall, wo sie ausser Berührung mit den Weissen geblieben und nicht durch diese verdorben worden seien; doch erzählt er selbst an einer anderen Stelle von den Minataries, welche zu dem Stamme der Kräheindianer gehören, dass sie das grüne Korn (den Mais) sogleich ganz aufessen, sobald es reif ist, sich meist damit schaden, und überdies sich in Noth dadurch bringen, da sie keine Wintervorräthe aufbewahren; und er bemerkt weiter, dass einige südliche Indianervölker sich sogar wie die Römer der spätern Zeit den Magen durch Brechmittel wieder ausleeren, um dann desto stärker fortessen zu können, so lange der Vorrath reicht. Man wird daraus nur schliessen können, dass auf Catlin's allgemeines Urtheil über Sitten und Charakter der Indianer kein grosser Werth gelegt werden dürfe, obgleich or sieben Jahre (1832 bis 39) unter ihnen lebte und 48 verschiedene Völkerschaften aus eigener Anschauung kennen lernte. Einige essen das Fleisch roh, von den meisten aber wird es gekocht, wenigstens gewöhnlich, oft auch getrocknet. In den Prärieen giebt es zwar an vielen Stellen Salz in Ueberfluss, aber die Indianer machen keinen Gebrauch davon, sondern überlassen es den Büffeln, die es begierig auflecken. Geistige Getränke scheinen die Eingeborenen Nordamerica's vor der Ankunft der Weissen gar nicht gekannt zu haben; daher die grossen Verwüstungen, welche der Branntwein bei ihrem fast gänzlichen Mangel an Selbstbeherrschung in dieser Rücksicht unter ihnen angerichtet hat. Dagegen sind die südamericanischen Indianer nicht erst durch die Europäer mit berauschenden Getränken bekannt geworden.

Familienleben und geselliger Verkehr.

Die Vertheilung der Geschäfte zwischen Mann und Frau ist meist von der Art, dass jener nur als Jäger und Krieger für die Erhaltung und Vertheidigung der Familie sorgt, während alle übrigen Arbeiten und Lasten auf die Frau fallen. Sie dient ihrem Gebieter als unermüdlich arbeitsame Magd in Geduld und voller Unterwürfigkeit, und so sehr sie auch mit Arbeit aller Art überladen sein mag, findet es der Mann doch unter seiner Würde, ihr irgend welche Hülfe zu leisten; er raucht unterdessen seine Pfeife in Ruhe. Zwar ist sie stark und selbst grosser Anstrengungen ohne Nachtheil fähig —, namentlich in Südamerica ist es ganz gewöhnlich, dass die Weiber allein in den Wald gehen, um zu gebären, sich sogleich darauf im Flusse baden und dann sich wieder zur Arbeit wenden, — aber überladen mit Arbeit geht sie einem vorzeitigen Alter und rascher Entkräftung entgegen.

Man hat häufig grossen Nachdruck darauf gelegt, dass der Indianer durch sein wenig mildes und kriegerisch unbändiges Wesen, durch seinen stets gleich grossen Abscheu vor allem Zwang und vor stetiger mühevoller Arbeit der Civilisation für immer unfähig sei, aber man hat dabei, wie es scheint, vergessen, dass ihre Weiber das gerade Gegentheil aller dieser Eigenthümlichkeiten zeigen, welche man daher unmöglich der Rasse als solcher zuschreiben kann: sie sind Folgen der Verhältnisse, sagt Mrs. Eastman.

„Dass das Weib in einem Zustande tiefer Erniedrigung lebt ist eben so allgemein charakteristisch für wilde Völker, wie der tiefere Einfluss, den die Frau in der civilisirten Gesellschaft ausübt, ein deutliches Zeichen allgemeinerer sittlicher Bildung ist. Die Leiden des Sioux-Weibes beginnen mit ihrer Geburt. Schon als Kind ist sie ein Gegenstand der Verachtung im Vergleich mit ihrem Bruder neben ihr, der eines Tages ein grosser Krieger werden wird. Als Mädchen wird sie geachtet, so lange der junge Mann, der sie zum Weibe begehrt, an dem Erfolge seiner Bewerbung zweifelt. Ist sie erst sein Weib, so hört die Theilnahme für ihr Loos auf. Wie bald reissen die Stürme und Kämpfe des Lebens alle warmen und zarten Gefühle mit der Wurzel aus ihrem Herzen. Sie muss die Last der Familie tragen. Will es ihr Mann, so muss sie den ganzen Tag mit einer schweren Last auf dem Rücken fortziehen und Nachts, wenn Halt gemacht wird, muss sie die Speisen bereiten für ihre Familie, bevor sie sich zur Ruhe begeben darf.

Ihre Arbeit wird nie fertig. Sie macht das Sommer- und das Winterhaus. Für jenes schält sie im Frühling die Rinde von den Bäumen, für dieses näht sie die Rehfelle zusammen. Sie gerbt die Häute, aus denen Röcke, Schuhe und Gamaschen für ihre Familie gemacht werden und muss sie abschaben und zubereiten, während noch andere Sorgen auf ihr lasten. Wenn ihr Kind geboren ist, kann sie sich nicht ausruhen und pflegen. Sie muss für ihren Mann das Rudern des Kahns übernehmen, Schmerz und Schwäche müssen vergessen sein. Immer ist sie gastlich. Geh zu ihr in ihr Zelt, sie giebt dir gern, was du brauchst, wenn es nur in ihrer Macht steht, und thut bereitwillig, was sie kann, um es dir bequem zu machen. In ihrem Blick ist wenig Anziehendes. Die Zeit war es nicht, die ihre Stirn gerunzelt und ihre Wangen gefurcht hat. Mangel, Leidenschaft, Sorgen und Thränen haben es gethan. Ihre gebückte Gestalt war einst blühend und anmuthig, aber Arbeit und Entbehrung erhalten die Schönheit schlecht."

In Südamerica ist die Lage der Frau etwas minder hart als in Nordamerica, sie wird dort wenigstens nicht vom Manne misshandelt, was hier häufig ist, und bei den Peruanern übernimmt der Mann sogar einen Theil der Arbeit selbst, die sonst ihr ganz zuzufallen pflegt.

Vor der Verheirathung hat sich allerdings das Mädchen nicht selten einer gewissen Aufmerksamkeit und Dienstbarkeit von Seiten ihrer Bewerber zu erfreuen, und wir haben schon erwähnt, dass sie zur Zeit ihrer Reife der Gegenstand eines Festes ist, das ihr zu Ehren gegeben wird, aber die Ehe ist kein Fest, sondern ein einfacher Kauf, wie ein anderer, und mit derselben ändert sich ihr Verhältniss zum Manne wesentlich und oft auch die Behandlung, die sie von ihm erfährt. „Wie die Frauen ihren Eltern oder ihren gegenwärtigen Herren und Eigenthümern von Andern abgekauft, bisweilen auch gestohlen werden, so sind sie auch auf der andern Seite der Verstossung durch den erzürnten Gebieter ausgesetzt." (Parkman). Es kann daher kaum wundern, dass Mädchen, um nicht wider Willen verheirathet zu werden, sich ums Leben bringen, gewöhnlich durch Erhängen, was bei den Sioux gar nicht selten vorkommt.

Die Frau ist demnach vollständig der Willkür des Mannes preisgegeben, wird von diesem als ein untergeordnetes Wesen betrachtet und als ein Gegenstand behandelt, der höchstens nach seiner Arbeitskraft geschätzt wird. Die Vorzüge, welche nach der Ansicht der Indianer die Art, wie sie selbst zu einer Frau kommen, und deren Stellung vor der bei den Weissen gewöhnlichen habe, sind von einem alten Indianer (um's Jahr 1779), der viele Jahre unter den Weissen in Pennsylvanien und New-Jersey gelebt hatte, auf folgende Weise dargestellt worden: „Weisser Mann den Hof machen", sagte er, — „vielleicht ein ganzes Jahr — mag sein zwei Jahr vor Heirathen — mag sein er sehr gute Frau bekommen — mag sein nicht — mag sein sehr böse! Was thun sehr böse Frau? Schelten so früh als aufwachen Morgens — schelten ganzen Tag, schelten bis schlafen! — Einerlei, er ihn muss behalten. Weisser Mann hat Gesetz verbieten Frau wegwerfen, so böse auch sein — muss ihn behalten immer. Was thut Indianer? Indianer wenn er sehen fleissige Frau, er zu ihm gehen, seine beiden Zeigefinger übereinanderlegen, machen zwei wie einen — dann in's Gesicht sehen die Frau — sehen ihn lachen — das einerlei er jasagen — so er ihn mit nach Hause nehmen — keine Gefahr er böse sein! Nein, nein, Frau wohl wissen, was Indianer thut, wenn er böse sein! Ihn wegwerfen und einen anderen nehmen! Frau gern Fleisch essen — kein Mann, kein Fleisch — Frau Alles thun Mann zu Gefallen, er Alles thun Frau zu Gefallen — glücklich leben!"

Das frühe Altern der Weiber, ihre leichte Erhaltung und Benutzung als dienstbare Arbeitskraft, hauptsächlich aber die häufig eintretende starke Verminderung der Anzahl der Männer durch

Kriege und die daraus sich ergebende Ueberzahl der Weiber haben die Indianer zur Polygamie geführt, die sich jedoch bei vielen Stämmen ausschliesslich auf die Reichen, Vornehmen und Tapferen zu beschränken scheint, denn es gilt für schimpflich, mehrere Frauen zu haben, als der Mann zu ernähren im Stande ist, daher hat der Träge, der schlechte Jäger gewöhnlich nur eine Frau und der Arme ist unvermögend, mehrere zu kaufen. Dasselbe gilt im Allgemeinen für Süd- wie für Nordamerica. Die Quichuas (Peruaner) lebten sogar mit einziger Ausnahme ihrer Aristokratie schon in alter Zeit durchgängig in Monogamie. Gewöhnlich macht die ältere Frau in der Neigung des Mannes einer jüngern Platz und diess wiederholt sich bisweilen mehrere Male. Die jüngste ist dann natürlich die oberste, die Gebieterin der übrigen; doch stehen bei einigen Völkern die älteren Frauen in fortdauerndem Ansehen. Das Zusammenleben mehrerer hat gewöhnlich Zank und Streit ohne Ende zur Folge, daher findet sich bei manchen Indianerstämmen die Einrichtung, dass jede Frau ihre eigene Wohnung für sich hat.

Zärtliche Liebe zu ihren Kindern ist ein hervorstechender Charakterzug der meisten Indianer, und so oft ältere Schriftsteller auch den Kindermord bei ihnen für eine allgemeinere Sitte ausgegeben haben, so sind doch im Gegentheil Beispiele von Aufopferung der Eltern für ihre Kinder bei ihnen keine Seltenheit. Der aus den ersten Kriegen der Engländer bekannte Häuptling der Narragansets Caunonacus verbrannte zur feierlichen Erinnerung an den Tod, eines seiner Söhne sein eigenes grosses Haus mit all seinem Eigenthum darin — ein Verlust von unermesslichem Werthe für ihn. Nur von einzelnen Stämmen, wie z. B. von den Eingeborenen von Chiquitos und Moxos in Südamerica, ist es beglaubigt, dass es sich anders verhält. Die ersteren trennen sich leicht von ihren Kindern und verkaufen sie bisweilen, bei den letzteren ist Kindermord nichts Ungewöhnliches, namentlich werden Zwillinge stets umbracht, weil eine Zwillingsgeburt für eine Thierähnlichkeit gilt. Am rohesten zeigen sich in dieser Hinsicht die Yuracares (Antisana, Südamerica), von denen die Kinder oft getödtet werden, bloss weil sie Mühe machen, und bei denen überhaupt eine so vollständige persönliche Unabhängigkeit und Ungebundenheit als allgemeiner Grundsatz gilt, dass weder der Sohn dem Vater zu gehorchen, noch für seine alten hülflosen Eltern zu sorgen die Pflicht hat. (d'Orbigny.) Letzteres kommt zwar nicht in gleicher Weise bei den Sioux vor, doch ist es auch bei diesen nicht ungewöhnlich, dass alte und schwache Leute — und zwar mit ihrer eigenen Zustimmung, weil es so Sitte ist — ausgesetzt und dem Tode preisgegeben werden, wenn ihr Dorf abgebrochen wird und fortzieht.

„Die Dahcotahs zeigen sich meist theilnehmend und rücksichtsvoll gegen alte Leute, obwohl oft auch Beispiele vom Gegentheile vorkommen. Unter den E-yanktons lebte ein schwacher hinfälliger Greis, der gänzlich unfähig war für sich selbst zu sorgen. Als das Dorf, in dem er wohnte, auf die Jagd auszog, bat er die jungen Leute, ihn mitzuschleppen, da er nicht allein mehr gehen konnte, damit er nicht den Chippeways in die Hände falle oder der Kälte und dem Hunger unterliege. Einige Zeit schienen sie Mitleid mit ihm zu haben und es fanden sich immer Leute, die ihm bereitwillig Beistand leisteten. Endlich aber bekamen es ein paar junge Männer satt, die sich seiner annehmen mussten und sagten ihm, dass sie ihn verlassen würden, er aber darum nicht eines langsamen Todes zu sterben brauchte. Sie gaben ihm eine Flinte und setzten ihn auf die Erde, um nach ihm zu schiessen, indem sie ihn zugleich aufforderten, auch den Versuch zu machen, einen von den jungen Kriegern zu tödten, die auf ihn feuern wollten, damit er mit desto grösserer Ehre ins Land der Geister eingehe. Er wusste, dass Vertheidigung vergeblich war. Nach wenigen Augenblicken war er tödtlich verwundet und nicht länger mehr sich selbst oder Anderen zur Last.

Im Allgemeinen wird den älteren Familiengliedern stets mit grosser Achtung von Seiten der jüngeren begegnet. Der Schwiegersohn darf seinen Schwiegervater immer nur mit diesem Titel, nicht mit seinem Namen anreden, und ebenso umgekehrt." (Mrs. Eastman.)

In der Erziehung zeigen die Indianer stets die grösste Nachsicht gegen ihre Kinder. Nur im äussersten Falle greifen sie zu Strafen, indem sie ihnen etwa einen Napf mit kaltem Wasser über den Kopf giessen, wenn sie nicht früh genug aufstehen. (Keating.) Kinder zu schlagen, wie die Weissen thun, halten sie geradezu für ein Verbrechen, für eine Grausamkeit. Es ist hierin kein Unterschied zwischen Nord- und Südamerica. Natürlich besteht die nächste Folge dieser Erziehungsweise darin, dass die Kinder schon früh im höchsten Grade ungehorsam und zügellos werden, und dass der wilde Unabhängigkeitssinn und der allgemeine Abscheu gegen jeden Zwang, die dem Indianer so charakteristisch sind, schon in der ersten Jugend in seinem Herzen fest wurzelt. Die Kinder ahmen das Leben der Erwachsenen nach und erlernen dadurch spielend die Fertigkeiten, deren sie später bedürfen. M'Kenney fand bei den kleinen Jungen der Chickasaws Blasröhre im Gebrauch, mit denen sie auf eine Entfernung von 20 bis 30 Fuss Vögel, Eichhörnchen, Kaninchen u. dergl. schiessen. Wie man Sorge trägt, die Kinder an alle Greuel des Indianerkrieges zu gewöhnen und ihr Gemüth abzuhärten, mag Folgendes lehren.

„Die Kinder der Sioux werden früh gewöhnt, gleichgültig die Leiden oder den Tod eines Menschen mitanzuschen, den sie hassen. Vor einigen Jahren fiel eine Schlacht ganz in der Nähe von Fort Snelling vor. Am folgenden Tage spielten die Kinder lustig Ball mit dem Kopfe eines Chippeway. Ein Knabe und noch dazu ein kleiner, hatte seinen Kopf und seine Ohren mit Locken behangen. Er hatte einem Chippeway, der in der Schlacht gefallen war, die Haut abgezogen, sie um ein Stock gewunden, bis sie das Ansehn einer Locke annahm und diese dann sich über die Ohren gebunden. Ein anderes Kind hatte einen Streifen davon mit einem Finger über seine Schultern als Schmuck gehängt. Die kleinen Kinder hält man empor, um sie den Skalp eines Feindes sehen zu lassen, anstatt sie mit Spielzeug zu unterhalten, und so lernen sie einen Chippeway so früh hassen, als um Nahrung bitten.

Nach der Schlacht kam die Mutter eines Sioux, der schwer verwundet worden war, in das Fort. Sie weinte tief betrübt. Erschöpft setzte sie sich auf den Boden und bat um etwas Kaffee und Zucker für ihren kranken Sohn, etwas Leinen, um seine Wunden zu verbinden, ein Licht für die Nacht und etwas Branntwein, „um sie weinen zu machen"! Ihr Sohn wurde wiederhergestellt und die Mutter hatte, während sie ihn wartete, die Freude, die Skalps der erschlagenen Chippeways im ganzen Dorfe ausgestellt zu sehen, und gab sich, obwohl sechsig Jahre alt, der frohen Hoffnung hin, sie zu umtanzen, obwohl diess nur eine geringe Genugthuung war, im Vergleich mit ihrer Erinnerung daran, dass sie früher einmal mehrere ermordete Chippeway-Kinder in Stücke geschnitten hatte." (Mrs. Eastman.)

Die Sioux haben für ihre Kinder zehn Namen, die sie ihnen nach der Reihenfolge der Geburt geben. Die Namen der Söhne sind vom ältesten an folgende: Chaske, Haparm, Ha-pe-dah, Chatun, Harka; die der Töchter: Wenonah, Harpen, Harpstenah, Waska, We-harka. Diese Namen behalten sie, bis ihre Verwandten oder Freunde ihnen einen anderen geben. Der letztere ist dann gewöhnlich von phantastischer Art und wird von einer Eigenthümlichkeit im Aeusseren oder im Benehmen, bisweilen auch von einem Vorfalle hergenommen, der sich um die Zeit zutrug, zu welcher sie gewöhnlich den Namen bekommen, den sie dann ihr Leben lang behalten. Zu den Häuptlingen, welche in der Gegend von Fort Snelling wohl bekannt waren, erzählt Mrs. Eastman, gehören „das Blatt, der dicke Donner, der Rothflügel, das graue Eisen, der Mann in der Wolke, guter Weg, schlechtes Heil (schlimmer Hagel? bad hail), der Sechste, Schlafauge,“ und es gab einen Sioux, welcher „der Mann der mit den Weibern geht“ hiess: denn da es bei den Indianern nicht üblich ist, dem schönen Geschlechte mit vieler Aufmerksamkeit zu begegnen, so erhielt er jenen Namen von seiner ungewöhnlichen Galanterie Die Namen der Sioux-Völker oder Dörfer sind eben so phantastisch, wie die der Einzelnen. In der Nähe von Fort Snelling lebt das Volk der Geister-Seen, das Volk der Blätter, das Volk das nach den Blättern schiesst, und andere mit ähnlich gebildeten Namen. Der Name, der zu den Sioux gehörigen Völkerschaft Yanktona oder Yankton bedeutet „von Farrenkrautblättern abstammend“. In den meisten Fällen scheint die Namengebung eine religiöse Beziehung zu haben: die einzelnen Völkerschaften eines Stammes werden nach einem vierfüssigen Thiere, einem Fisch, Vogel oder nach einem Theile eines solchen benannt, das alsdann als Schutzgeist gilt und nicht gejagt noch gegessen werden darf. Bär, Büffel, Hirsch, Fischotter, Adler, Falke, Schlange spielen bei ihnen hauptsächlich diese Rolle, und jeder Einzelne, der zu einem solchen Volke gehört, hat ausser dieser Marke noch eine ihm individuell eigenthümliche.

Einen je geringeren Grad der Selbstbeherrschung die Indianer im Essen und Trinken zu zeigen pflegen, desto auffallender muss es sein, dass sie ihr äusseres Benehmen und die Kundgebung ihrer Gedanken, Ansichten und Gemüthsbewegungen durch dasselbe so vollständig in ihrer Gewalt haben, dass selbst die stärksten Leidenschaften sich oft nicht äusserlich kenntlich an ihnen darstellen. Es ist nicht misstrauische Zurückhaltung gegen Fremde allein, welche sie zu der gleichmässig unerschütterlichen Ruhe im Aeussern und zu der mehr als indifferent, denn als überlegt und berechnet erscheinenden Langsamkeit aller Bewegungen bestimmt, die ihnen eigen ist; denn auch unter sich beobachten sie dasselbe äussere Benehmen. Ohne Zweifel liegt der hauptsächliche Grund davon in ihren sonderbaren Vorstellungen von Anstand und Würde, in ihrem unbeugsamen Stolze, dem sich eine gewisse Erhabenheit nicht absprechen lässt, wo er mit beispielloser Standhaftigkeit dem physischen Schmerze apathisch gegenübertritt und mit einem verächtlichen Blicke auf alles Aeussere dieses tief unter sich sicht.

Jene absolute Beherschung des äusseren Betragens, welche dem Indianerleben den Anschein einer noch grösseren Einförmigkeit und Ruhe giebt, als es wirklich besitzt, muss um so höhere Bewunderung erregen, da man sich den Indianer nicht etwa als phlegmatisch und als unfähiger zu stürmischen Leidenschaften denken darf, als den Europäer. Sowohl in der Liebe, als im Spiel zeigt er sich vielmehr oft höchst leidenschaftlich. Im Spiele, das gewöhnlich Nachts getrieben und unter Trommelwirbel bis zum Anbruche des Tages fortgesetzt wird, wagt er bald seinen Schmuck, seine Pferde daran, bei steigender Aufregung seine Kleider und seine Waffen, zuletzt sogar seine Weiber und selbst seine eigene Haut — und nicht erst von den Weissen hat er das gelernt, sondern diese fanden es so unter den Indianern schon bei ihrer ersten Ankunft in America.

Die grosse Ruhe und Gleichmässigkeit des Indianers in seinem ganzen äusseren Benehmen tritt durch folgende Bemerkung Morton's in das richtige Licht. „Vorsicht und List, bemerkt er, gehören zu den ausgeprägtesten Zügen des Indianercharakters. Eine berechnete Achtsamkeit zeigt sich in jeder Handlung. Wenn ein Indianer spricht, geschieht es in langsamer studirter Weise, und um sich nicht blosszugeben, greift er oft zu bildlichen Ausdrücken, die keine bestimmte Bedeutung haben. Wenn er einen Feind aufsucht, geschieht es auf unbegangenen Pfaden, in der Stille der Nacht und mit jeder möglichen Vorsicht. Wird er beleidigt, so verbirgt er seine Erbitterung unter einem gleichgültigen Aeusseren, obwohl er in demselben Augenblick schon auf rastlose blutige Rache sinnt. Selbst seine Höflichkeit ist ein Theil seiner Vorsicht, denn im Gespräche widerspricht er nicht, so dass ein Fremder nicht weiss, ob er zufrieden oder unzufrieden ist. Aus demselben Grunde bezeigt er selten Verwunderung. Wenn ihn etwas durch seine Neuheit anzieht, spricht er sein Gefallen in wenigen Worten unterwürfig aus oder durch eine bezeichnende Geberde, aber es ist schwer, ihn zur Begeisterung aufzuregen."

Stilles Ertragen von Schmerz und Krankheit mit vollständiger Selbstüberwindung fordert der Indianer von jedem als Beweis der Mannhaftigkeit, und man hat viele Beispiele, dass die äussersten Grausamkeiten von Feindeshand nicht einen Laut, nicht ein Zucken der Gesichtsmuskeln von dem Gemarterten zu erpressen vermochten. Selbst von den Frauen verlangt man, dass sie die Geburtswehen, so lange und schmerzhaft sie auch sein mögen — die meisten Geburten sind bei ihnen freilich von leichterer Art, als bei uns — ohne Stöhnen oder Geschrei ertragen. Zeigt die Frau eine solche Schwäche, so gilt sie für unwerth, Mutter zu sein, und ihre Kinder hält man für Feiglinge. Die Weissen wurden öfters wegen ihrer Weichlichkeit von ihnen verachtet, namentlich auch deshalb, „weil sie schreiend stürben und saure Gesichter dazu machten, mehr wie Kinder, als wie Männer."

Im gewöhnlichen geselligen Verkehr ist der Indianer schweigsam und von indifferenter Gleichmässigkeit des äusseren Ausdrucks, er lacht selten, spricht langsam und eintönig. Die Rede eines Andern, selbst nur im gewöhnlichen Gespräche zu unterbrechen, gilt für unhöflich und unschicklich im höchsten Grade. In den Versammlungen erhebt sich, wer sprechen will, die Uebrigen beobachten unterdessen das tiefste Schweigen. Die einzige gestattete Unterbrechung fremder Rede geschieht durch den Ausruf how! how! oder hoah! hoah! welcher bei jedem Absatze einer Erzählung oder Rede, die den Indianern gefällt, namentlich als Zeichen verwundernder Beistimmung von ihnen ausgestossen zu werden pflegt — eine Sitte, die nach den Berichten der verschiedensten Reisenden sich im Osten wie im Westen Americas bei den Eingeborenen gleichmässig findet. Wenn der Redner zu Ende ist und sich niedersetzt, dauert jenes allgemeine Schweigen noch etwa fünf Minuten lang fort, um ihm Zeit zu lassen zum Besinnen, ob er nicht etwas hinzuzufügen vergessen hat, das er nachholen kann. Nur bei den Festen und Spielen die in den Sommer als die Zeit der Geselligkeit zu fallen pflegen, geht es lauter und lärmend zu. Ball- und andere Spiele, Pfeilschiessen, Wettrennen und dergleichen beschäftigen alsdann das ganze Volk und nehmen jeden Einzelnen so vollständig in Anspruch dass er zeitweise sein in sich abgeschlossenes Wesen bei Seite legt und sich der Freude ganz überlässt.

Bedürfniss und Neigung zu geselligem Verkehr sind bei den einzelnen Indianervölkern verschieden, doch muss es, da das eben Bemerkte in gleicher Weise auch von den Eingebornen Südamerica's gilt, immer als Ausnahme betrachtet werden, dass die Bewohner von Chiquitos und Moxos von heiterem Temperamente sind, Musik, Tanz und Festlichkeiten ausserordentlich lieben und ihrer innern Fröhlichkeit erlauben, sich in ihren viel beweglichen Gesichtszügen, offen auszusprechen. Das andere Extrem stellen die **Chaoruas** dar, die zwischen den Flüssen Paraguay und Uruguay wohnen: sie haben keine Tänze und Gesänge, keine musikalischen Instrumente, keine Spiele; von Geselligkeit und Conversation wissen sie nichts; lautes Lachen und Reden kommt bei ihnen nicht vor; immer sprechen sie leise, ihre Affecte und Leidenschaften geben sich äusserlich nicht kund, sie sterben lautlos (Azara). Ebenso muss es für eine Ausnahme gelten, wenn das Wesen der **Kräheindianer** in Nordamerica als offen und freundlich geschildert wird. Gewiss hat d'Orbigny Unrecht, wenn er meint, dass erst die Misshandlung und Unterdrückung der Indianer durch die Weissen es gewesen sei, die ihnen diese unempfindliche Kälte und eiserne Ruhe des äusseren Benehmens angebildet habe.

Erfordert die gute Sitte nach der Ansicht der Indianer unter allen Umständen ein äussserlich kaltes gleichgültiges Betragen, so kommt dem uncivilisirten Menschen dabei in manchen Fällen gewiss die weit geringere Erregung der Gefühle zu Hülfe, die aufs Nächste damit zusammenhängt, dass er den Blick nicht sorgenvoll in die Zukunft richtet, deren verschiedene Möglichkeiten unsere Phantasie sich so gern ausmalt, sondern ohne frohe Hoffnung, aber auch ohne bange Erwartung ganz in der Gegenwart lebt. Daher wird dem Indianer alles Abschiednehmen von alten Freunden und Bekannten sehr leicht, sei es auch auf lange Zeit, vielleicht für immer. Jede Förmlichkeit erscheint ihm bei solchen Gelegenheiten als eine völlig überflüssige Ceremonie. Aehnliches gilt auch vom Wiedersehen nach langer Trennung. Wir können darum nicht einstimmen in das Urtheil Catlin's, der die folgende Geschichte als „eines der stoischen Beispiele" jener allgemeinen Sitte der Indianer erzählt, deren tieferen und wahren Grund wir nicht wohl zu verstehen und richtig zu würdigen im Stande seien.

Der Sohn eines Häuptlings der **Assiniboins**, des nordwestlichen Stammes der **Dahcotahs**, war ein Jahr oder länger auf Reisen gewesen. Er hatte Washington besucht und vom Präsidenten der Vereinigten Staaten eine vollständige Soldatenuniform zum Geschenk erhalten. In dieser Verwandlung kehrte er zu seinen Freunden und Verwandten zurück, unter denen in der ersten halben Stunde Niemand das geringste Zeichen der Wiedererkennung gab, obwohl sie recht gut wussten, wen sie vor sich hatten. Er starrte sie ebenso an, sein Weib, seine Eltern und Kinder, die sich benahmen, als wären sie ihm fremd. Er hatte kein Gefühl, keinen

Gedanken mit ihnen auszutauschen. Nach diesem gegenseitigen Anstarren von einer guten halben Stunde, begann eine allmälige, aber kalte und höchst förmliche Scene des Wiedersehens, man wurde bekannt mieinander und kam zuletzt ohne die geringste bemerkbare Aufregung auf die früheren Verhältnisse zurück, die genau da fortgesetzt zu werden schienen, wo sie abgebrochen worden waren, als wenn diess nur für einen Augenblick und nichts inzwischen geschehen wäre.

Dasselbe wird uns von dem Wiedersehen bei der Zurückkunft des „Schwarzfalken" und anderer **Fuchsindianer** zu den Ihrigen erzählt, die in Folge des 1830 ausgebrochenen Krieges in lange Gefangenschaft gerathen, durch einen grossen Theil der Vereinigten Staaten herumgeführt worden waren. Diese Leute hingen an ihrem Lande und ihren Verwandten mit grosser Liebe, aber die Sitte forderte ein äusserlich ruhiges Zusammentreffen. Sie setzten sich zusammen nieder und schwiegen wohl eine Viertelstunde und keiner durfte wagen, ein Wort zu sprechen, bis der Häuptling seine Begrüssungsrede gehalten hatte.

Politische und sociale Verhältnisse.

Das Band, welches die Bevölkerung der einzelnen Dörfer unter sich verbindet, ist im Allgemeinen nur ein sehr lockeres, da die Familien, aus denen sie bestehen, in selbständiger Isolirung gegen einander leben; doch muss man wohl im Auge behalten, dass die einzelnen Indianervölker sich in dieser Rücksicht wesentlich verschieden verhalten und dass namentlich diejenigen von ihnen, welche lange Zeit hindurch Kriege mit den Weissen zu führen hatten, in dieser Rücksicht viel gelernt und sich bedeutend geändert haben, während allerdings andere durch den Mangel eines gemeinsamen Oberhauptes und durch die dem Indianer so charakteristische Unschlüssigkeit, Veränderlichkeit und Planlosigkeit, selbst in Fällen von entscheidender Wichtigkeit, es meist zu keiner Vereinigung der Kräfte und zu keinem zweckmässig geordneten Gebrauche derselben bringen, sondern bei einer gemeinsamen Unternehmung leicht alle Haltung und Festigkeit verlieren. Um das Letztere zu belegen, theilen wir folgende von Parkman als verbürgt erzählte Geschichte mit, welche auf die haltlose Art der Kriegführung mancher Indianer und auf die oft so alberne Tapferkeit, die sie dabei beweisen, hinreichendes Licht wirft; doch müssen wir davor warnen, daraus einen Schluss auf die Indianer im Allgemeinen zu machen.

„Die Krähenindianer (Crows) waren in Krieg mit den Schwarzfüssen verwickelt. In dem Dorfe der ersteren lebte als Handelsmann Jim Beckwith, ein Mensch von gemischter französischer, americanischer und Neger-Abstammung, ein ehrloser verrätherischer Kerl, der eben so gut einen Schlafenden umzubringen, als die verzweifeltsten Unternehmungen auszuführen fähig war. Während er sich im Dorfe befand, kamen heimlich einige dreissig Schwarzfüsse, tödteten Einzelne und führten Pferde mit sich fort. Die Krähenindianer setzten ihnen nach und drängten sie bis an einen abschüssigen Felsen, wo jene im Halbkreise eine Brustwehr von Baumstämmen errichteten und ruhig den Angriff abwarteten, gedeckt durch das Holzwerk von vier oder fünf Fuss Höhe. Die Krähenindianer ihnen zehnfach überlegen, hätten die kleine Verschanzung stürmen und sie niedermachen können, aber sie wagten es nicht; denn dergleichen widerspräche gänzlich ihrer Vorstellung von Kriegführung. Lärmend und schreiend sprangen sie vielmehr herüber und hinüber wie leibhaftige Teufel und schossen Kugeln und Pfeile in Menge auf das Holz ab. Kein Schwarzfuss wurde verletzt, aber mehrere Krähen fielen, trotz ihres Hin- und Herspringens. In dieser kindischen Weise wurde der Kampf eine oder zwei Stunden fortgesetzt. Mitunter schrie einer der Krähen-Krieger in der Begeisterung des Muthes und der Prahlerei seinen Schlachtgesang, der ihn als den glorreichsten aller Helden der Welt rühmte, ergriff seine Axt, rann hin zu der Brustwehr und schlug sie hinein, zog sich dann wieder zurück zu seinen Gefährten und fiel von einem Regen von Pfeilen durchbohrt. Aber man schien an einen gemeinschaftlichen Angriff nicht zu denken, die Schwarzfüsse blieben sicher. Endlich verlor Jim Beckwith die Geduld.

„Ihr seid alle Narren und alte Weiber", rief er, „kommt mit, wenn Einer von euch genug Muth hat, ich will euch zeigen, wie man kämpft!" Er zog sich nackt aus wie die Indianer es waren, legte seine Büchse hin, nahm eine leichte kleine Axt und rannte rechts über die Prärie in einer Vertiefung, wo ihn die Schwarzfüsse nicht sehen konnten. Darauf erkletterte er die Spitze der Felsen hinter ihnen und vierzig oder funfzig junge Krähen folgten ihm. An dem Geschrei von unten merkte er, dass sich die Schwarzfüsse gerade unter ihm befanden. Er lief hervor und sprang den Felsen hinunter mitten unter sie. Im Fallen packte er einen an den Haaren, zog ihn nieder und durchbohrte ihn, dann fasste er einen andern, versetzte ihm einen betäubenden Schlag und stiess das Kriegsgeschrei der Krähen aus. Er schwang seine Axt so gewaltig, dass die Schwarzfüsse erschreckt sich vor ihm zurückzogen. Er hätte über die Brustwehr springen und entfliehen können, aber diess war nicht mehr nöthig, denn schnell nach einander kamen jetzt die Krähen vom Felsen heruntergesprungen unter die Feinde, und bald waren diese sämmtlich niedergemacht."

Allerdings findet sich ein festes Zusammenhalten im Kriege gewöhnlich nicht einmal bei den Indianern, die unter gemeinsamer Oberanführung stehen. Jeder folgt dabei immer nur seinem eigenen Nutzen und geht über zum Feinde, wenn es dieser mit sich bringt, ohne (wie es scheint) damit die Schande auf sich zu laden, die bei etwas civilisirten Völkern den Ueberläufer trifft. Misslingt eine Unternehmung oder glaubt man einen unglücklichen Ausgang vorauszusehen, so ist ein massenweiser Abfall von dem Oberanführer das Gewöhnliche, und nach der Art, wie man solche Unternehmungen zu Stande bringt, wenigstens in vielen Fällen, ist es kaum anders zu erwarten; denn wer einen solchen Plan hat, beruft eine Versammlung (was bei manchen Völkern wie jede öffentliche Bekanntmachung durch einen Ausrufer geschieht), setzt sein Vorhaben auseinander und jeder Einzelne entschliesst sich frei, ob er ihm sich anschliessen und seiner Führung sich anvertrauen will oder nicht, zieht sich aber auch ebenso wieder davon zurück, sobald es ihm gefällt.

Daher wird man es ohne Weiteres begreiflich finden, dass der Einfluss und die Uebermacht der Weissen im Lande der Indianer sich fast immer mit einigen Forts und wenigen Soldaten aufrecht erhalten lassen. Sechs oder sieben Compagnieen und einige Beamte reichen zur Deckung der Grenzen und zum Schutze der Niederlassungen für eine weite Strecke hin. 700 englische Meilen westlich von den ersten militärischen Posten der Vereinigten Staaten genügt z. B. ein so schlecht gebautes Fort wie Laramie zu diesem Zwecke vollkommen und hat keinen gefährlichen allgemeineren Angriff von Seiten der Indianer mehr zu befürchten.

Ein anderer Umstand, der die Ueberlegenheit des Weissen oft selbst unter den ungünstigsten Verhältnissen sichert, besteht darin, dass der Indianer durch Kühnheit und Muth gewöhnlich leicht einzuschüchtern ist. Sobald dieser im Kriege einen, wenn auch nur geringen und momentanen, aber entschiedenen Erfolg erringt, tritt er dem Feinde mit prahlerischem Uebermuth entgegen, unerwartete Kühnheit aber imponirt ihm und benimmt ihm die Besinnung nicht selten in einem solchen Grade, dass er ohne Kampf zum Weichen gebracht wird, selbst unter Umständen, die den Feind seiner Willkür gänzlich preiszugeben schienen Ein paar Beispiele mögen diess zeigen.

Im Kriege gegen Philipp schrieben die Indianer, als sie die Stadt Lancaster überfallen und theilweise niedergebrannt hatten, dann aber vertrieben wurden, bei ihrem Abzuge auf einen Brückenpfosten die Worte: „Erfahret durch dieses Papier, dass die Indianer, deren Zorn und Wuth ihr herausgefordert habt, 21 Jahre gegen euch kämpfen werden, wenn es nöthig ist. Der Indianer giebt es noch viele. Dieses Mal sind wir 300. Ihr müsst bedenken, dass die Indianer nichts zu verlieren haben als ihr Leben, ihr habt eure schönen Häuser und euer Vieh zu verlieren." Bei einer anderen Gelegenheit waren die Indianer, als sie einen Vortheil gewonnen hatten, so übermüthig, den Engländern sagen zu lassen, sie sollten sich Vorräthe anschaffen, denn sie wollten zum Wahltage (nach Boston) kommen und mit ihnen essen. Dagegen liessen ein ander Mal die Engländer einer ihnen weit überlegenen Indianerbande, die Widerstand leisten wollte, verkündigen, dass sie alle verloren wären, wenn sie nur einen Schuss thäten, und diess erschreckte sie so, dass sie sich von diesen die geladenen Flinten mit gespanntem Hahne aus der Hand nehmen liessen.

Im Angesichte der angeführten Thatsachen, welche das nur lose Zusammenhalten der Indianer und den Mangel der Vereinigung ihrer Kräfte beweisen und ihre Schwäche den Weissen gegenüber erklären, darf man jedoch die Fälle nicht vergessen — und sie sind keineswegs blos vereinzelte —, in denen sie durch festere Vereinigung zu einer grösseren Machtentfaltung fähig wurden.

Allerdings fehlt es bei ihnen an stetigem Zusammenwirken zu gemeinsamen Unternehmungen, und die früheste Geschichte der englischen Niederlassungen in Nordamerica zeigt deutlich, dass mit Beseitigung der Häuptlinge in vielen Fällen die ganze Macht des Feindes gebrochen war. Die weite Entfernung der einzelnen Stämme von einander in dem so dünn bevölkerten Lande, der daraus sich ergebende Mangel fast alles Verkehrs selbst im Frieden und die gänzliche Sprachverschiedenheit, durch welche oft Nachbarvölker vollständig von einander abgeschnitten wurden, mussten dazu ebenfalls beitragen. Gleichwohl ist der Bund der I r o k e s e n, der sogenannten „sechs Völker" (Senecas, Oneidas, Onondagos, Cayugas, Mohawks und Tuskaroras) eine bekannte Thatsache. Er führte lange Zeit glückliche Kriege gegen Weisse wie gegen Indianer vom Staate New-York aus, wo sein Hauptsitz war, bis nach Carolina hin und zeigte dabei stets ein festes Zusammenhalten. Andere Völkerbündnisse zu gemeinsamen Kriegen gegen feindliche Indianerstämme haben wir ebenfalls früher im Vorbeigehen erwähnt. Nicht minder ist es eine Thatsache, dass später Tecumseh als Häuptling der Schawanoes, die lange Zeit den Vereinigten Staaten gefährlich waren, ein Bündniss aller Indianer, die an den Grenzen wohnten, gegen die Weissen erstrebte, dessen Vereitelung nur durch die Eifersucht und List einiger seiner eigenen Stammgenossen herbeigeführt worden zu sein scheint. Schon in der ältesten Geschichte der englischen Colonieen sehen wir Massasoit bei den Wampanoags in Massachussetts als obersten gemeinschaftlichen Häuptling an der Spitze einer grossen Bevölkerung stehen, die in einer Menge einzelner Dörfer ein bedeutendes Ländergebiet einnahm. Viele andere Häuptlinge standen unter ihm, und ähnliche Verhältnisse finden sich bei den Indianern in jener früheren Zeit so häufig, dass Roger Williams, einer der besten Gewährsmänner für die älteste Geschichte der americanischen Niederlassungen, sogar behauptet, es sei allgemeines Gesetz der Indianer in ganz America, dass die niederen Sachems und Unterthanen sich niederliessen oder fortzögen dem Befehle des obersten gemäss. Allerdings waren in älterer Zeit alle Käufe von Ländereien durch die blosse Einwilligung des obersten Sachem hinreichend gesichert und wurden fast in jedem Falle auch von denen als bindend betrachtet, an deren Statt die Einwilligung gegeben war, und es scheint in Rücksicht aller in New-Hampshire und Maine wohnenden Indianervölker richtig zu sein, dass ihre Sachems in früherer Zeit unter einem gemeinschaftlichen Oberhaupte, dem Baschaba standen, dem sie zum Gehorsam verpflichtet waren. Dass aber gleichwohl Roger Williams in jener Behauptung viel zu weit gegangen ist, bedarf nach dem vorhin Angeführten kaum noch eines weiteren Beweises.

Was die Dahcotahs insbesondere betrifft, so erzählt Parkman Folgendes:

„Sie theilen sich in verschiedene, von einander unabhängige Stämme, die kein gemeinsames Oberhaupt anerkennen und ohne einheitliche Leitung sind. Dieselbe Sprache, die Gleichheit der

Sitten und des Aberglaubens sind das einzige Band unter ihnen. Selbst in ihren Kriegen vereinigen sie sich nicht. Die Stämme des Ostens kämpfen gegen die **Chippeways** an den grossen Seen, die des Westens sind in unaufhörlichem Kriege mit den **Schlangen-Indianern** im Felsengebirge. Wie das ganze Volk in Stämme oder Banden getheilt ist, so jede Bande in Dörfer. Jedes Dorf hat einen Häuptling, dem Ehre und Gehorsam nur in so weit zu Theil wird, als seine persönlichen Eigenschaften Achtung und Furcht einflössen. Bisweilen ist er nur dem Namen nach Häuptling, bisweilen ist seine Macht eine unumschränkte. Er verfügt alsdann willkürlich selbst über Leben und Eigenthum, weil Niemand sich ihm zu widersetzen und für erfahrene Unbill sich an ihm zu rächen wagt. Sein Ruhm und Einfluss erstrecken sich dann über sein Dorf hinaus und die ganze Bande erkennt ihn bereitwillig als ihren Häuptling an. Durch Muth, Geschicklichkeit und Unternehmungsgeist kann er sich zu dieser Würde erheben, namentlich wenn er der Sohn eines früheren Häuptlings ist und eine zahlreiche Familie zur Stütze hat. Ist er Häuptling geworden und als solcher von den alten Kriegern unter besonderen Ceremonien förmlich eingesetzt, so nimmt er doch keine äusseren Zeichen seines höheren Ranges an. Er weiss zu gut, wie unsicher seine Stellung ist, und muss seine Untergebenen zu fesseln suchen. Gar mancher im Dorfe lebt besser, besitzt mehr Frauen und Pferde, ist besser gekleidet als er. Bei den jungen Männern macht er sich durch Geschenke beliebt, durch die er selbst oft verarmt. Gewinnt er ihre Gunst nicht, so bringen sie ihn um sein Ansehn, das von keinem Heiligenschein geschützt ist, und verlassen ihn. Bei den westlichen Stämmen ist der Häuptling gewöhnlich zugleich das Haupt einer zahlreichen Familie, oft besteht das Dorf vorzugsweise aus seinen Verwandten und Nachkommen, so dass die wandernde Gemeinde eine ziemlich patriarchalische Verfassung hat. Ein Volk von so geringer Einheit, das noch dazu von innerem Streit und Eifersucht zerrissen wird, ist nach aussen natürlich ohnmächtig."

Das Vorstehende wird in einzelnen Punkten bestätigt und erweitert durch das, was Mrs. Eastman über diesen Gegenstand sagt: „Die Würde des Häuptlings", bemerkt sie nämlich, „ist bei den **Dahcotahs** erblich, obwohl der Häuptling unter Umständen abgesetzt und ein anderer an seiner Statt gewählt werden kann. Sein Einfluss beruht immer weit mehr auf seinen persönlichen Talenten und seiner Fähigkeit zu herrschen, als auf seiner Abstammung. Neben den Häuptlingen im Frieden hat jedes Dorf auch einen Kriegshäuptling, dessen Macht unbeschränkt ist, weil man ihm übernatürliche Kräfte zuschreibt." Dagegen macht Catlin eine in der Hauptsache abweichende Mittheilung, durch welche das Obige berichtigt zu werden scheint, ohne dass man darum nöthig hätte, die Wahrheit der von Parkman angegebenen Einzelnheiten in Zweifel zu ziehen. Nach Catlin's Bericht nämlich war die ältere und ursprüngliche Verfassung der Dahcotahs diese, dass die 42 verschiedenen Völkerschaften, aus denen sie bestehen, einen gemeinschaftlichen obersten Häuptling hatten, dem die übrigen untergeben waren. Er selbst fand es bei ihnen noch so am Missouri, wo 20 dieser Banden ein gemeinsames Oberhaupt anerkannten, doch ist er der Meinung, dass sich dieses festere Zusammenhalten durch die Berührung mit den Weissen allmählich auflöse —; leicht möglich, dass sich dasselbe überhaupt nur auf die Kriegführung beziehe, während im Frieden die einzelnen Sioux-Völker unverbunden und isolirt leben.

Wie die Sioux, so haben auch viele andere Indianervölker immer zwei Häuptlinge nebeneinander, einen für den Frieden und einen für den Krieg. Die Würde des letzteren scheint nirgends eine erbliche im eigentlichen Sinne gewesen, sondern überall durch Wahl von Seiten der älteren stimmfähigen Männer oder der Krieger überhaupt verliehen worden zu sein (so war z. B. Osceola, der Sohn eines Weissen und einer Creek-Mutter, kein Häuptling durch Geburt), obwohl die Glieder berühmter und ausgezeichneter Familien eine gewisse Anwartschaft darauf hatten. Wie sehr indessen im Grunde doch nur wirkliches Ansehn und Macht die Erwählung zum Häuptlinge selbst bestimmten, beweist das Beispiel, welches die Abenakis gaben, indem sie sogar einen Fremden, de Casteins aus Oleron in Bearn, zu ihrem Oberhaupte machten (Drake III, 109). Damit hängt dann weiter zusammen, dass der Häuptling als ein frei gewählter auch nur so viel Macht besass, als er seine Autorität durch Kühnheit und Unternehmungsgeist, durch Ueberredung und klugen Rath oder noch andere Mittel zu erhalten wusste; doch scheint die Stellung der Häuptlinge nicht bei allen Indianervölkern dieselbe gewesen zu sein, und das soeben Bemerkte gilt in vollem Umfange wohl bloss von denen, welche ihre Würde erst durch Wahl erhielten. Die Erwählung selbst zog sich in manchen Fällen, wie z. B. 1816 bei den Penobscots (Drake III, 136), aus leicht ersichtlichen Gründen lange hin, bis sie zu Stande kam. Eine auf gewisse Familien beschränkte Wahl des Königs fand bei den

Cherokees statt, als die Engländer sie zuerst kennen lernten (1730). Jede ihrer sieben Mutterstädte wählte sich einen König, der sie selbst und ihre Dependenzen regierte, und unter diesen Königen selbst war wieder einer der höchste.

Wie bei den Cherokees für die Wahlfähigkeit zum König „nur die Abstammung von mütterlicher Seite allein in Betracht kam", so finden wir auch bei andern Indianervölkern sowohl im Süden als im Norden die Sitte, dass edle oder unedle Geburt nach der Familie der Mutter beurtheilt wurde. Noch mehr aber muss es wundern, dass wir trotz der tiefen socialen Stellung des Weibes dennoch nicht selten Frauen als Häuptlinge auftreten sehen (Squawsachems bei Drake III, 64 ff.), so z. B. Awashonks, von deren Mann Tolony in der Geschichte so gut als gar keine Rede ist. Ein solches Weiberregiment finden wir zeitweise bei den Narragansets und Sogkonates, bei den Winibegs, auch bei den Creeks, wie sich daraus ergiebt, dass die Mutter M'Gillivray's seine Vorgängerin in der Häuptlingswürde war. Ueberall, wo wir Weiber als Häuptlinge antreffen, ist diese Würde selbst erblich, jedoch nicht in der allerdings bei den Indianern häufig vorkommenden Weise, dass sie vom Vater auf den ältesten Sohn übergeht, sondern in der Art, dass sie an die Geschwister, bei einigen wohl allein oder doch vorzugsweise an die Schwestern des Häuptlings fällt und von diesen mit Uebergehung der eigenen an die Schwesterkinder. So kam z. B. die Herrschaft Powhatan's zunächst an seine Brüder, dann an seine Schwestern und deren Kinder, und man hat treffend bemerkt, dass der wesentliche Grund dieser eigenthümlichen Einrichtung wahrscheinlich darin zu suchen ist, dass man die Blutsverwandtschaft der Nachfolger mit ihren Ahnherrn auf diese Weise sicherer stellen zu können glaubte, als durch Erbfolge in gerader Linie. Ohne Zweifel hängt mit der Sitte, dass Rang und Ansehen, insoweit sie dem Einzelnen durch die Geburt verliehen wurden, bei manchen Indianervölkern sich nach der Familie richtete, der die Mutter angehörte, auch die andern zusammen, dass z. B. bei den Creeks alle Kinder der Gewalt der Mutter unterworfen waren; und man muss sich nur wundern, durchaus nichts davon zu hören, dass trotz dieser günstigeren Verhältnisse die Weiber aus jenem Stande der Erniedrigung, den wir früher geschildert haben, irgendwo herausgekommen und zu einer würdigeren Stellung gelangt wären. Von den Osagen und Pawnies erfahren wir, dass sie erbliche oberste Häuptlinge hatten, doch ist die Art und Weise der Erbfolge, die bei ihnen üblich war, nicht näher bekannt.

Hier und da sollen die Häuptlinge wenigstens in früherer Zeit regelmässige Geschenke erhalten haben (was auf eine festere Verbindung des betreffenden Volkes hindeuten würde), doch scheint nicht nachweisbar zu sein, dass diess eine feststehende allgemeine Sitte war.

Wir haben schon früher bemerkt, dass die Indianer zwar keine Kriege führen, um ein fremdes Land zu erobern und ihrer Herrschaft zu unterwerfen, was nur die Incas in Südamerica thaten, dass aber gleichwohl Kriege unter ihnen sehr häufig und immer nächst der Vertreibung auf die Vertilgung des Feindes unmittelbar gerichtet sind. Ihre Ursachen sind sehr mannigfaltig. Ein Volk, das aus seinem Lande durch Mangel und Noth auszuwandern gezwungen ist, wirft sich auf ein anderes, um von ihm den ausschliesslichen Besitz des Jagdgebietes zu erkämpfen, dessen es zu seiner Existenz bedarf. Den Widerstand, den es von diesem erfährt, ist in den meisten Fällen so kräftig, energisch und erbittert, als er nur immer sein kann, nicht allein, weil es darauf ankommt, die ersten und wichtigsten Lebensbedingungen durch ihn zu schützen und zu erhalten, sondern ganz hauptsächlich auch deshalb, weil er aus einem Motive hervorgeht, welches im Herzen des eingeborenen Americaners oft tiefere und festere Wurzeln hat, als in dem des civilisirten Menschen, nämlich aus der Liebe zum Lande der Väter, die (wie wir später sehen werden) mit seinen religiösen Vorstellungen gewöhnlich aufs Innigste zusammenhängt.

Nichts ist geeigneter, die Wärme, die dieses Gefühl beim Indianer besitzt, anschaulich zu machen, als die zweifache, jahrelange, unendlich mühselige und gefahrvolle Reise des Moncatchtape, eines Yazoo-Indianers, dessen Schicksale sich du Pratz erzählen liess (1760). Es war nur die Sehnsucht, das Land seiner Väter zu sehen, welche ihn zu dieser Unternehmung trieb, deren ganze Bedeutung man erst erkennt, wenn man sich an die so allgemeine und natürliche Indolenz des Indianers gegen Alles erinnert, was ohne Wichtigkeit für die Gegenwart in weiter Ferne des Raumes oder der Zeit liegt, und wenn man bedenkt, ein wie vollständiger Mangel an Unternehmungslust zu Allem, was mit dem sinnlichen Wohlsein in keiner unmittelbaren Beziehung steht und nur eine unsichere Hoffnung des Gelingens gewährt, die nothwendige Folge davon sein muss. Reisen aus Wissbegierde, aus Wanderlust, aus Ueberdruss an dem Einerlei des alltäglichen Lebens ist nichts, das in den Kopf eines Indianers passt. So lange es ihm zu Hause noch erträglich geht, bleibt er in der Heimath, hält jede Mühe, die sich vermeiden und von der sich kein augenblicklicher Vortheil versprechen lässt, für eine unnütze, und den, der sie dennoch übernähme, für einen Narren. Ganz anders verhält es sich mit der Reise, welche einst 6—8 Delawares zusammen machten. Sie sollen sie aus freiem Antriebe unternommen und auf ihr einen Weg von etwa 2000 englischen Meilen zurückgelegt haben. Sobald sie zu einem fremden Volke kamen, setzten sie sich zu ihm in freundschaftliche Beziehungen, feierten Friedensfeste mit ihm, plötzlich aber überfielen sie die, welche sie bei sich aufgenommen hatten, jeder von ihnen nahm einen Skalp als Trophäe mit, und dann retteten sie sich durch die Flucht. Hier war es der Ruhm beispielloser Kühnheit und kriegerischer Tapferkeit, der auf der Reise erworben werden sollte, ein Motiv, das wenigstens bei einigen Indianervölkern zu den stärksten gehört, deren sie fähig sind.

Ist es in vielen Fällen die Noth, welche Kriege herbeiführt, so ist es in anderen dagegen Grenzverletzung, Rache oder Aberglaube, die zu ihnen trieben, und da manche Indianervölker und namentlich ihre oft ehrgeizigen Häuptlinge aus alter Gewohnheit ohne Krieg gar nicht leben zu können scheinen, so wird dieser häufig auch aus geringfügigen Ursachen begonnen, denn er ist das Element, in dem sie sich wohl und kräftig fühlen, er ist ihr Bedürfniss für den Sommer, wie für den Winter die Jagd. Nach Roger Williams sind die Indianer in der Festsetzung und Einhaltung der Grenzen ihrer Länder sehr genau, über die deshalb um so leichter Streitigkeiten unter ihnen entstehen. Nur die Menominies, welche als die ärgsten Trunkenbolde geschildert werden, sollen bei allen Nachbarvölkern so beliebt sein, dass man ihnen erlaubt, auch über ihre Grenzen hinaus auf fremdem Gebiete zu jagen. Nicht seltener führt die Blutrache von der Verfeindung einzelner Individuen oder Familien allmählich zu ausgebreiteten, allgemeineren Kriegen. Wie sie hierbei oft in Verbindung mit einem besonderen Aberglauben tritt und grosses Blutvergiessen veranlasst, zeigt sich namentlich an dem Verfahren der Dahcotahs, das ihnen jedoch mit vielen andern Indianervölkern gemein ist. Wenn Einer stirbt, namentlich wenn es ein Häuptling ist, giebt man diess dem Zauber Schuld, den ein Anderer ihm angethan habe, welcher in der Ferne in einem andern Dorfe lebt, und seine Verwandten sinnen daher auf Rache. Alle ihre übernatürlichen Kräfte werden beschworen, dem Mörder den Untergang zu bereiten. Zuerst lassen sie die Macht ihrer heiligen Medicin in Wirksamkeit treten und suchen den Verbrecher ihrerseits durch einen Zauber zu verderben. Wirkt dieser nicht, so greifen sie zu gefährlichen Waffen, zur Axt, zum Messer oder zur Flinte. Ist der angebliche Mörder umgebracht, so rächen ihn seine Verwandten, und Kämpfe ohne Ende sind die weitere Folge.

Vor dem Beginn des Krieges selbst ist es wenigstens bei einigen Indianervölkern gebräuchlich eine förmliche Kriegserklärung zu machen, die auf symbolische Weise geschieht, z. B. dadurch, dass ein Bündel Pfeile, das mit Otterfell gebunden ist, heimlich in's feindliche Lager gebracht und dort niedergelegt wird.

Die Art der Kriegführung, welche bei den Indianern gewöhnlich ist, hat das Eigenthümliche, dass sie (in Süd- wie in Nordamerica) nicht gern Mann gegen Mann in offener Schlacht kämpfen, sondern statt dessen lieber Ueberfälle ausführen, sich auf List und hauptsächlich auch auf den erstem Anlauf allein verlassen, um sich dann schleunig wieder zurückzuziehen. Letzteres giebt man namentlich den Osagen Schuld, die bei den übrigen Indianern im Rufe der Feigheit stehen, denn während es bei diesen allgemein als schimpflich gilt, Waffen oder Kleider auf der Flucht wegzuwerfen, wird diess von ihnen verächtlich als eine Gewohnheit der Osagen bezeichnet. Auch ein duellartige Entscheidung der Schlacht durch Einzelkampf der Häuptlinge oder der hervorragendsten Helden, welche die streitenden Parteien einander entgegenstellen konnten, ist in einzelnen Fällen vorgekommen.

Die bezeichnete Art der Kriegführung bringt es mit sich, dass man auf genaue Kenntniss der Anzahl und jedesmaligen Stellung der Feinde grosse Mühe verwendet und einen hohen Werth legt. Sich hierüber auf das Genaueste zu unterrichten, ist der Indianer ganz besonders befähigt durch die Schärfe seiner Sinne, wie durch seine lange Gewöhnung zur Beobachtung der äusseren Natur überhaupt, insoweit sie zu seinen eigenen Interessen in Beziehung steht. Er ist ein geborener Spion und die Weissen konnten in ihren Kriegen mit den Indianern oft genug die Erfahrung machen, dass diese mit dem ganzen Verlaufe ihrer Operation gewöhnlich bis in's Kleinste bekannt und auf Alles vorbereitet waren, weil sie ihre Feinde oft sogar aus der unmittelbarsten Nähe in den Büschen belauscht hatten, an denen sie nichts ahnend vorübergezogen waren.

Eine nicht seltene List, deren sich die Indianer sowohl im Kriege als auf der Büffeljagd bedienen, besteht darin, dass sie sich in Thiere verkleiden und als solche geberden. Sie hängen sich ein Hundefell, einen Wolfpelz und dergleichen um, an dem natürlich der Kopf des Thieres nicht fehlen darf, laufen auf allen Vieren und heulen in täuschender Weise.

Wie selbst die Spiele der Indianer von schlauen Häuptlingen bisweilen listig benutzt wurden zum Verderben der weissen Eindringlinge, zeigt das Beispiel Pontiaks, dessen ungebeugter stolzer Muth durch hohe Geistesgaben und durch ausgebreitete Macht noch unterstützt wurde. Oberster Häuptling der Ottaways, denen er seiner Abstammung nach angehörte, standen auch die Chippeways, Wyandots, Pottowatomies, Schawanoes, Winibegs und andere Völker unter seinen Befehlen, und im Gefühle dieser Macht weigerte er sich, den König von England über sich anzuerkennen, obwohl er sich bereit erklärte, ihn seinen Onkel zu nennen. Dem Geldmangel an dem er im Kriege litt, wusste er erfinderisch dadurch abzuhelfen, dass er Stücke von Baumrinde ausgab, auf denen der Gegenstand, gezeichnet war, welchen er zu kaufen wünschte und die er später seinem Versprechen gemäss wieder einlöste. Eines englischen Forts bemächtigte er sich (in dem Kriege zwischen Engländern und Franzosen, in welchem jene Völker auf Seiten der letzteren standen) im Jahre 1763 durch folgende List.

Er veranstaltete in der Nähe desselben eines Tages ein grosses Ballspiel, bei dem er Einzelne, die der Besatzung angehörten, ungestört zusehen liess. Zwei Pfosten wurden dazu wie gewöhnlich in beträchtlicher Entfernung von einander in die Erde eingeschlagen. Jede der spielenden Parteien nimmt ihren Stand bei einem derselben, der Ball wird in die Mitte zwischen beiden hingelegt und jeder bemüht sich, ihn von da aus auf jede mögliche Weise in das Bereich der Gegenpartei zu stossen, die es zu verhindern sucht. Im Verlaufe des Spieles nun, das sich über eine grosse Fläche ausdehnte, wussten die Indianer es dahin zu bringen, dass der Ball mehrere Male in das Fort flog, wohin sie ihn natürlich verfolgten. Als diess schon öfter geschehen und die Besatzung dadurch vollkommen sicher gemacht war, fielen die Indianer, die auf diese Weise in grosser Zahl eingedrungen waren, plötzlich über sie her, brachten viele Soldaten um und bemächtigten sich so der festen Stellung. Theils durch List, theils durch Gewalt nahmen sie unmittelbar darauf andere feste Plätze, bis diese Unternehmungen Pontiak's endlich an dem

Fort Detroit scheiterten, von welchem nur durch den Verrath eines Indianer-Weibes ein gleiches Schicksal glücklich abgewendet wurde, das Pontiak ihm unter dem Scheine der Anknüpfung eines friedlichen Handelsverkehrs zu bereiten gesucht hatte.

Die Trophäen, um derentwillen der Indianer die gefährlichsten Unternehmungen wagt, die er als Sieger im Kampfe stets mit sich nimmt, sei es auch mit äusserster Gefahr des eigenen Lebens, mit denen er sich festlich schmückt, sind die Skalps, die er von seinen Feinden gewinnt. Als unmittelbare Beweise seiner grossen Thaten, sind sie für ihn von unschätzbarem persönlichen Werthe. Hat er Zeit genug, so nimmt er vom überwundenen Feinde den ganzen Skalp, die ganze Sehnenhaube des behaarten Kopfes, selbst mit Einschluss der Ohren; ist er bedrängt und in Eile, so begnügt er sich mit einem kleineren Stücke des Skalps, gewöhnlich einem kleinen runden Ausschnitt der Kopfhaut mit den Haaren von der Stelle, wo die Haare den Wirbel bilden.

Zur Aufmunterung muthigen Vordringens in der Schlacht besteht bei den Dahcotahs die Sitte, dass die vier Ersten, welche die Leiche eines Feindes berühren, die Ehre dessen theilen, der ihn erschlagen und skalpirt hat. Aber die Sieger der Indianerschlachten haben bei dieser Gelegenheit oft zu leiden, denn nicht selten stellt sich ein Verwundeter todt, und wenn ein Feind sich nähert, um ihn zu skalpiren, erhebt er sich plötzlich, feuert seine Flinte ab und kämpft noch verzweifelt mit dem Tomahawk bis zum Tode. Da die Indianer aus Ehrgeiz oft mehr auf den Gewinn der Skalps, als auf den wirklichen Untergang des Feindes selbst denken, so kommt es vor, dass auch Lebende, wenn sie für den Augenblick kampfunfähig geworden sind, skalpirt werden, so dass ihr Kopf, wenn sie mit dem Leben davonkommen und wieder genesen, alsdann einen sonderbaren Anblick gewährt.

Temperament und Charakter.

Die Tapferkeit und der Heldenmuth, welche die Indianer im Kampfe beweisen, sind verschieden beurtheilt worden, und gewiss ist diess sowohl in Rücksicht auf Einzelne wie auf verschiedene Völker der Natur der Sache vollkommen gemäss. „Die Heldenthaten der Indianer," sagt Mrs. Eastman, „geschehen ebenso oft aus Verzweiflung, als aus natürlicher Tapferkeit. Sie werden zum Kriege erzogen, zeigen aber oft grosse Abneigung zu kämpfen. Sie verlassen sich lieber auf List als auf männliche Tapferkeit. Mehr als einmal haben die S i o u x unter den Mauern von Fort Snelling um Schutz und Hülfe gefleht, und man sah einmal einen Häuptling, der die Nachricht von der Annäherung einiger C h i p p e w a y s brachte, so stark zittern, dass der Schmuck an seinem ganzen Anzuge in unruhige Bewegung gerieth." Dass es indessen an Beispielen von ausserordentlicher Kühnheit sowohl bei ihnen als bei anderen Indianervölkern nicht fehlt, mag ausser andern Einzelheiten, die wir bereits mitgetheilt haben, hier Folgendes beweisen.

Die feststehenden Winterdörfer der P a w n i e s liegen am unteren Theile des Platteflusses, während des ganzen Sommers aber führt der grösste Theil der Bewohner ein Wanderleben in den Ebenen. Sie sind verrätherische feige Räuber, die (wie Parkman hinzufügt) durch tausendfaches Plündern und Morden eine summarische Züchtigung von Seiten der Regierung längst verdient haben. Im verflossenen Jahre (1845), erzählt jener, führte ein D a h c o t a h einen merkwürdigen Streich in einem dieser Dörfer aus. Mitten in einer dunkeln Nacht näherte er sich ihm allein, erstieg von aussen eine der Wohnungen, die die Gestalt eines Halbkreises haben, und sah durch das runde Loch hinein, das oben zum Abzug des Rauches dient. Beim düstern Schein der glimmenden Asche erblickt er die Schlafenden, gleitet still durch die Oeffnung hinunter, zieht sein Messer, schürt das Feuer und sucht sich kalt seine Opfer aus. Eins nach dem andern mordet und skalpirt er, als ein Kind plötzlich aufwacht und schreit. Da stürzt er hinaus, erhebt das Kriegsgeschrei der S i o u x, ruft triumphirend und herausfordernd seinen Namen und in einem Augenblicke ist er draussen auf der dunkeln Prärie, hinter sich das ganze Dorf in Aufruhr, das Bellen und Heulen der Hunde, das Kreischen der Weiber und das Wuthgeschrei der Männer.

Von ähnlicher Kühnheit eines M a n d a n - Häuptlings erzählt Catlin nach dem eigenem Berichte desselben, der von mehreren Andern beglaubigt ist. Sein Bruder war durch die Hand eines tapfern R i c c a r e n gefallen. Er kannte den Mann, fand aber lange Zeit keine Gelegenheit zur Rache. Da schlich er sich allein in das feindliche Dorf, beobachtete seinen Feind und spürte seine Wohnung auf. Als es Abend geworden war, trat er ein, setzte sich an das noch glimmende Feuer in der Hütte, stillte seinen Hunger an dem Vorrathe des Feindes, der unbeirrt durch die Frage seines Weibes nach dem fremden Mann ihn gewähren liess; darauf schürte er das Feuer und rauchte seine Pfeife. Dann erst ersah er sich die Gelegenheit, stiess seinen Mann nieder und entkam glücklich im Dunkel der Nacht, den Lärm des aufgeschreckten Dorfes hinter sich.

Die Billigkeit fordert hier darauf aufmerksam zu machen, dass, wie wir schon früher zu zeigen Gelegenheit hatten, die Verwegenheit des Banditen nicht die einzige Art des Muthes ist, der wir beim Indianer begegnen, sondern dass er ebensowohl ächten Heldenmuthes fähig ist. Oft kämpft er bis zum letzten Athemzuge mit äusserster Anstrengung und rafft, wie diess z. B. von Punham, einem Häuptlinge der Narragansets erzählt wird, noch einmal seine ganze Kraft zusammen, um sterbend noch den Feind zu verderben, der sich an ihn wagt.

Man hat von jeher viel erzählt von der unerhörten Grausamkeit der Indianer, und in der That kommen Beispiele der Grossmuth in ihren Kriegen nur selten vor. Wie sollte man es auch anders erwarten bei einem Volke, das in ewigem Kriege mit seinen Nachbarn lebt und das die vergeltende Rache für jedes erlittene Unrecht für sein oberstes Gesetz erkennt. In den Indianerkämpfen werden mit den Männern auch die Weiber und Kinder niedergemacht ohne Unterschied, wogegen in Südamerica der nicht waffenfähige Theil der Bevölkerung von den Siegern zu Gefangenen gemacht zu werden pflegt. In Nordamerica fing man in der Schlacht immer erst dann an, den Ueberwundenen das Leben zu schenken, wenn die Wuth und der Rachedurst der Sieger durch langes Morden vollständig gesättigt war und eine gewisse Ermattung sich bei ihnen selbst einstellte. Die Engländer haben in ihren Kriegen mit den Eingeborenen sich in mehreren Fällen reichlich eben so grausam und sogar noch grausamer gezeigt, als die Indianer selbst, deren Sitten sie hierin sich vollständig angeeignet hatten, und die die Feinde skalpirten und den ärgsten Qualen preisgaben. So verfuhren sie namentlich bei der Vertilgung der Pequots (1637). Als die schlimmsten Verräther und grausamsten Barbaren aber bewiesen sich immer einzelne verlaufene Abenteurer, die vom civilisirten Leben abgefallen und in America verwildert waren.

Von den Qualen, welche die Gefangenen nicht selten zu leiden hatten, mag nur ein Beispiel hier angeführt werden. „Während die Dahcotahs mit den Schlangenindianern im Kriege lebten," erzählt Parkman, „fanden einige von ihnen einmal zwei derselben auf der

Jagd. Den einen schossen sie sogleich mit Pfeilen todt, den andern verfolgten sie, schlossen ihn ein und griffen ihn. Er wurde lebendig skalpirt, die Sehnen an Händen und Füssen ihm zerschnitten, er dann auf einen Scheiterhaufen gesetzt und mit Pfählen niedergehalten, bis er todt war. Die Züge des Häuptlings, der diese That als die seinige erzählte, waren merkwürdig sanft und offen, zeigten nicht den wilden Stolz, der gewöhnlich im Gesichte dieser Indianer sich ausspricht, und während er diese teuflischen Grausamkeiten erzählte, sah aus seinen Augen die ernsthafte Einfalt und Unschuld eines Kindes, das seiner Mutter einen Streich erzählt, den es ausgeführt hat." Dabei darf jedoch nicht verschwiegen bleiben, dass manche Häuptlinge der späteren Zeit, wie z. B. „Schwarzhuf" und Tecumseh bei den Schawanoes, eifrig bemüht gewesen sind, diese Grausamkeiten abzustellen. Diess gleichmässig in allen Fällen durchzuführen wurde aber deshalb so schwer und fast unmöglich, weil die Ansicht der Indianer von der sittlichen Nothwendigkeit der Rache, die in ganz America nur den Peruanern fremd geblieben zu sein scheint, damit unvereinbar ist. Fällt nämlich ein Feind ihnen in die Hände, so muss der Einzelne, den man gefangen hat, mag er auch persönlich noch so unschuldig sein, an dem Unrecht oder Verbrechen, das um Rache schreit, dafür büssen und die Vergeltung allein tragen, wenn andere Mittel der Sühne nicht zu Gebote stehen. Diess tritt auf schlagende Weise an dem traurigen Schicksale hervor, das Oberst Crawford traf.

Seit mehreren Jahrzehenden hatten sich die mährischen Brüder unter den Irokesen und Delawares angesiedelt und lebten mit ihnen friedlich zusammen. Die Indianer wurden in den Krieg der Franzosen und Engländer gegeneinander hineingezogen und schützten sie, aber viele von ihnen, auf ihre Unschuld und Friedfertigkeit vergebens vertrauend, fielen den letzteren in die Hände und wurden schmählich ermordet. Auf einer solchen Expedition im J. 1782 gerieth Oberst Crawford, der sich selbst indessen nicht thätlich dabei betheiligt hatte, in die Gefangenschaft der Delawares. Dem Tode noch entfliehen zu können, durfte er nur noch darum hoffen, weil er von früher her mit einem der Häuptlinge befreundet war. Dieser Häuptling Wingenung hielt sich absichtlich fern von ihm und von dem Gericht, das über ihn ergehen sollte. Crawford liess ihn rufen und beschwor ihn, seinen Tod abzuwenden. Nur widerwillig war der Häuptling herbeigekommen und zeigte sich tief ergriffen von dem Schicksale des Freundes, den er nicht verleugnete und dessen eigene Unschuld er anerkannte, aber er blieb dabei ihn zu versichern, dass es in diesem Falle ausser seiner Macht liege, etwas für ihn zu thun. „Wäre Euer Oberanführer Williamson mit dir gefangen worden", sagte er ihm zuletzt, „so hätte ich vielleicht dich retten können. Aber jetzt, da er es nicht ist, vermag ich es nicht. Das Blut der mährischen Brüder, das ihrer Weiber und Kinder schreit um Rache. Die Verwandten der Erschlagenen und das Volk, dem sie angehören, verlangt Rache. Die Schawanoes fordern deinen Mitgefangenen, um Rache zu nehmen, alle Völker, die mit uns verbündet sind, schreien: Rache! Rache! Es bleibt dir nur übrig, dich in dein Schicksal zu ergeben." Mit Thränen im Auge soll er von seinem Freunde geschieden sein. Er überliess ihn dem grausamsten Tode und zog sich in die Einsamkeit zurück.

War der Rache bereits genuggethan, so gestaltete sich dagegen das Schicksal der Gefangenen in vielen Fällen weit günstiger, man nahm sie bisweilen vollständig in die eigene Familie auf, sie hatten alsdann keine schwereren Arbeiten zu thun, als alle übrigen Familienglieder und wurden ganz als Verwandte behandelt. Charakteristisch für die Indianer ist die Art, wie sie bisweilen mit solchen Gefangenen umgingen, von deren Auslösung sie bedeutende Vortheile hofften und die zu tödten sie kein Interesse hatten. So zeigten sie z. B. gegen Frau Rowlandson, die im Kriege gegen Philipp mit ihren Kindern und ihrer Schwägerin in ihre Hände gefallen und von ihnen weggeführt worden war, ein wahrhaft kindisches Betragen. Da die beiden Frauen sich nicht einschüchtern liessen, sondern ein festes und sicheres Benehmen beobachteten, geschah ihnen nichts. Die Indianer schrieben Briefe, um in Unterhandlungen über eine vortheilhafte Auslösung einzutreten. Bald drohten sie, wenn Rowlandson selbst zu ihnen käme, ihn todtzuschlagen, bald versicherten sie in demselben Augenblick, dass Niemandem etwas geschehen sollte und selbst wenn hundert Menschen kämen, aber ohne Flinten. Als nun ein Engländer wirklich ankam, so riefen sie Frau Rowlandson hinweg und rannen mit ihren Flinten fort, als ob ein Feind da wäre. Jene hörte sie schiessen und musste glauben, dass sie den Engländer umgebracht hätten, aber bald darauf kamen sie zurück und sagten ihr, sie hätten nur über und unter und vor seinem Pferde geschossen und ihn bald auf die eine, bald auf die andere Seite weggestossen, um ihm zu zeigen, was sie mit ihm machen könnten, wenn sie wollten. Als sie ihn hinreichend gequält und ihrer

Laune gefröhnt hatten, führten sie ihn zu ihr und liessen sie mit ihm sprechen.

Führte der Rachedurst die Indianer zu den Grausamkeiten, die sie an ihren Kriegsgefangenen verübten, so trieb er sie in älterer Zeit auch dazu, ihre Feinde aufzuzehren. In Südamerica ist dieser letztere Gebrauch von einigen Völkern in Moxos und hauptsächlich von den Caraiben bekannt, auch die Guaranis hatten ihn, doch ist er bei ihnen gegenwärtig nicht mehr in Uebung. Was die nordamericanischen Indianer betrifft, so scheinen die Algonkins in alter Zeit sämmtlich Menschenfresser gewesen zu sein, und Long (Account of his 2d exped. to the Rocky Mountains, Keating I. p. 412) erzählt, dass im Jahre 1813 Indianer der verschiedensten nördlichen Stämme (Pottowatomies, Menomonies, Miamies, Ottaways, Huronen, Schawanoes, Sauks und Fuchsindianer u. s. f.) im Kriege vor Fort Meigs ein Fest hielten, bei welchem sie einen Weissen assen, dass aber Dahcotahs, die auch dazu eingeladen wurden, nicht allein die Betheiligung daran zurückwiesen, sondern auch die ganze Sache als eine Schändlichkeit hart tadelten und mit Abscheu sich entfernten. Die Dahcotahs sollen diesen Greuel nie begangen haben, während er wahrscheinlich in alter Zeit keinem der übrigen Indianerstämme völlig fremd war. So soll z. B. der Name des berühmten Irokesenvolkes der Mohawks selbst „Menschenfresser" bedeuten (Mauquawogs = maneaters, nach Drake III, 37), und unter den Miamies (und Kikapoos? Fail) gab es, wie man erzählt, eine besondere Gesellschaft von Menschenfressern, die alle einer bestimmten Familie angehörten; das Aufzehren der Feinde hatte bei ihnen eine religiöse Bedeutung, doch liessen sie später davon ab. Von den Pawnies wurden dem „grossen Stern" (der Venus) Menschenopfer dargebracht, und Catlin behauptet, sie seien das einzige Indianervolk, das diese grausame Sitte gehabt habe. Die Kühnheit eines jungen Mannes, der einst das schon bereit stehende Opfer plötzlich und zum allgemeinen Erstaunen der harrenden Menge entführte, gab die erste Veranlassung dazu, sie fallen zu lassen; Petalescharoo's Heldenmuth und Edelsinn aber, an einem Mädchen bewiesen, hatte das Glück, bei den jungen Damen von Washington Beifall zu finden und er wurde von ihnen mit einer silbernen Medaille mit entsprechender Inschrift belohnt.

Um zu keinem unrichtigen Urtheil über die Indianer Veranlassung zu geben, muss hier noch ausdrücklich bemerkt werden, dass bei allen Völkern, die als Menschenfresser bekannt sind, abgesehen von der bittersten Noth, die sie bisweilen dazu drängt, dieses Mittel als das letzte zur eigenen Selbsterhaltung zu ergreifen, nur zwei Motive dieser grässlichen Sitte bis jetzt mit Sicherheit nachgewiesen worden sind, nämlich entweder Rachedurst, der sich an dem Anblick des überwundenen und gefangenen Feindes immer wieder von Neuem entzündet, oder religiöser Aberglaube, der diesen unmenschlichen Gebrauch als nothwendig forderte. Dass es Menschen gebe, welche ohne eines dieser Motive mit einer besonderen Lust oder auch gewohnheitsmässig ohne einen Unterschied zwischen dieser und anderer Nahrung zu machen, ihres Gleichen schlachteten und aufzehrten (wie man Cannibalen wohl häufig sich gedacht und dargestellt hat) ist unerwiesen und unwahrscheinlich.

Der Grad von Wildheit und Grausamkeit, den die Indianervölker zeigen, ist nicht bei allen derselbe. „Seien sie Wandervölker oder Ackerbau treibende, sagt Gallatin, immer findet sich ein auffallender Unterschied zwischen den Gewohnheiten und dem Charakter der Indianer, die in den dichten Wäldern leben, welche sich vom Atlantischen Ocean bis zum Mississippi erstrecken, und der Bewohner der westlichen Prärieen. Diese sind überall weniger grausam, als die auf der Ostseite des Mississippi [und die Bewohner der westlichen Prärieen *)]. Wie alle Wilden tödten sie ihre Kriegsgefangenen, aber die unmenschliche Sitte sie mehrere Tage lang auf das Entsetzlichste zu quälen scheint jenseits des Mississippi nirgends herrschend geworden zu sein." Man wird diese Bemerkung bestätigt finden, wenn man beachtet, woher die vorstehenden Beispiele rohester Grausamkeit hauptsächlich entnommen sind; doch wird man dabei nicht aus dem Auge verlieren dürfen, dass jene östlichen Völker durch ihre langen Kriege mit den Weissen sich

---

*) Prichard (V p. 516), der die eingeklammerten Worte als im Texte Gallatin's stehend mittheilt, giebt den Sinn dieses ganzen Satzes als den gerade entgegengesetzten an und sagt, Gallatin sei der Ansicht, dass die westlichen Völker im Innern von America jenseits des Mississippi wilder und grausamer seien, als die östlichen desselben Stammes. Nach Anführung der Stelle selbst bemerkt er zu ihr nur noch, dass sie sich hauptsächlich (more forcibly, nur etwas gezwungen?) auf die südlichen, Ackerbau treibenden Stämme der Sioux-Familie und auf die Pawnies zu beziehen scheine. Prichard's Missverständniss erklärt sich leicht, wenn man bedenkt, dass jene eingeklammerten Worte wohl nur durch einen Druckfehler in den Text Gallatin's gekommen sind, was aus der Vergleichung der vorhergehenden Worte wahrscheinlich wird. Behält man sie im Texte, so ist die Stelle völlig unverständlich. (Archaeol. Am. II, 129.)

weiter von ihrem ursprünglichen Wesen entfernt haben und dass sie selbst und ihre Thaten uns in grösserem Umfange bekannt sind, als diess mit den westlichen der Fall ist. Als eine weitere Bestätigung ist es zu betrachten, dass Catlin, der seine grosse Reise hauptsächlich jenseits des Mississippi machte, von den Indianern im Ganzen ein weit günstigeres Bild entwirft, als man nach anderen Nachrichten erwarten sollte und dass die Krähenindianer als gutmüthig und ehrlich, die Pawnies und Osagen als friedliche Menschen geschildert werden, von denen man nichts zu fürchten habe.

Religion.

Am meisten charakteristisch für das innere Leben des Indianers und dessen ganzen Bildungsstand sind seine religiösen Ansichten. „Sein Verstand vermag zwar die Vorstellung von einem allweisen und allmächtigen Geiste, einem höchsten Lenker der Welt zu fassen, aber er erhebt sich nicht immer zu diesem Wesen, das ihm so gross, so fern, so unbegreiflich erscheint. Wenn Gefahr ihn bedroht, seine Hoffnung gebrochen ist und Sorge ihn beschleicht, wendet er sich gern an ein untergeordnetes Wesen, das seiner Fassungskraft näher steht. Er hat einen Schutzgeist, auf dessen Hülfe und Leitung er vertraut. Die ganze Natur ist für ihn voll von geheimnissvollen Einflüssen. Kein wildes Thier jagt in seinen Bergen, kein Vogel singt, kein Blatt rauscht, das nicht sein Schicksal lenken und ihn warnen könnte. Er beobachtet die Natur um sich her wie ein Astrolog die Sterne. Sie ist aufs Innigste mit ihm verbunden, denn sein Schutzgeist nimmt gewöhnlich die Gestalt eines Thieres an, eines Bären, eines Wolfes, eines Adlers, einer Schlange." (Parkman.)

Der Glaube an den „grossen Geist", den Schöpfer der Welt, ist bei den Indianern allgemein, und nur ausnahmsweise findet sich ein Volk, wie die Yuracares in Südamerica, die bei allem Aberglauben, den sie sonst besitzen, der Ansicht sind, dass alle Dinge von selbst entstanden seien. Jener Glaube findet sich in ganz America in gleicher oder doch in sehr ähnlicher Weise, wie wenn z. B. die Guaranis ihren „ersten Vater" verehren, der ihnen Alles gegeben und gelehrt habe, obwohl sie selbst ihm keine Opfer darbringen; minder allgemein aber ist die wirkliche Verehrung des Schöpfers, denn nicht allein ist die Ansicht sehr verbreitet, dass der grosse Geist, wie insbesondere einige Weise der Dahcotahs sagen, sich um die Angelegenheiten der Menschen nicht kümmere, weder jetzt noch in Zukunft, sondern die Indianer, namentlich die südamericanischen, verhalten sich auch ihrerseits völlig indifferent gegen die guten Geister, an die sie glauben, wogegen sie sich genöthigt sehen, auf die bösen vielfache Rücksicht zu nehmen, sie entweder durch Drohungen zu schrecken und zu bekämpfen oder durch Dienstbarkeit zu gewinnen. Das Letztere geschieht namentlich von den Yuracares, die sich für die bedeutendsten Menschen der Welt halten, und von den Araucanern, welche beide nicht an die Existenz guter Geister, sondern nur an böse glauben, deren Wirksamkeit sie jedoch ebenfalls in keinen Zusammenhang mit den Thaten der Menschen setzen. Die Yuracares bezeichnen ihre Waffen, Bogen und Pfeil, als die einzigen wohlthuenden Gottheiten, die ihnen bekannt seien.

Der Indianer Nordamerica's setzt sich häufig in ein etwas näheres Verhältniss zum grossen Geiste, und dieser nimmt in seiner Mythologie eine bedeutendere Stelle ein, wie sich aus Folgendem ergiebt.

„Alle anderen Götter sind zwar dem grossen Geiste untergeordnet (erzählt Mrs. Eastman), aber wenn ein Indianer (Dahcotah) eine kühne That unternehmen will, so betet er gleichwohl nicht zu ihm, sondern zu dem Riesen Haokah. Ist er dagegen im Unglück, oder fürchtet er ein solches, so wendet er sich an den grossen Geist. Häufig sieht man einen Pfahl, an welchem ein Rehfell oder eine wollene Decke aufgehangen ist: dies sind Opfer, die dem grossen Geiste dargebracht werden, um ihn zu gewinnen. Der „weisse Hund" erzählte, dass er oft zu ihm gebetet habe, ihn vor Sünde zu bewahren und ihn und seine Familie zum Rechtthun zu stärken. Wenn er dem grossen Geiste etwas darbringen will — und diess geschieht vorzüglich, ehe er in den Krieg zieht — nimmt er eine scharlachrothe Decke, malt einen blauen Kreis in die Mitte (denn Blau ist das Sinnbild des Friedens) und befestigt zehn Glöckchen oder silberne Brochen daran. Diess kostet ihn 20 Schillinge. Die Christen verstehen es zu gut mit geringeren Kosten ihrem Gotte zu dienen."

In den Sagen der zum Stamme der Algonkins gehörigen Völker tritt der grosse Geist meistens als kämpfend auf gegen grosse Wasserfluthen und gewaltige Thiere. Am deutlichsten wird sein Verhältniss zum Menschen in einigen der Mythen bezeichnet, die sich an den grossen Pfeifensteinbruch auf Côteau des Prairies am oberen Laufe des St. Petersflussses knüpfen. Aus diesem scheinen nämlich die rothen Pfeifen und das rothe irdene Geschirr, die sich so weit verbreitet unter den Indianern Nordamerica's finden, sämmtlich herzustammen, und der Steinbruch selbst wurde von den Eingebornen stets als ein Heiligthum betrachtet, das von den Weissen nicht angetastet oder verletzt werden durfte, denn „dieser rothe Stein," sagen sie, „ist ein Theil von unserem Fleisch, und wenn die Weissen darin ein Loch machen, so würde das ausströmende Blut nie gedämmt werden können."

„Dort finden sich die Fussspuren des grossen Geistes (denen eines grossen Vogels ähnlich), wo er damals stand, als das Blut der Büffel, die er verschlang, in die Felsen sich stürzte und sie roth färbte. Dies war vor der Schöpfung der Menschen. Eines Tages, als eine grosse Schlange in das Nest des Vogels gekrochen war, um seine Eier zu fressen, schlüpfte aus einem derselben ein junger Vogel aus mit einem Donnerschlag*), der grosse Geist ergriff ein Stück von dem Pfeifensteine, um es' nach der Schlange zu werfen, und bildete den Menschen daraus. Die Füsse dieses Menschen wuchsen im Boden fest und er stand dort viele Jahrhunderte lang wie ein grosser Baum und wurde sehr alt, er war älter als hundert Menschen wie sie jetzt leben; und zuletzt wuchs ein anderer Baum neben ihm empor, bis endlich eine grosse Schlange sie an den Wurzeln annagte, und sie gingen fort zusammen. Von diesen stammen alle Menschen ab, die jetzt die Erde bewohnen."

*) Nach einer anderen Version ist die Schlange der Mann des ewigen Vogels, der, ungefähr von der Grösse des letzten Gliedes am kleinen Finger, immer brütend sitzt auf dem „Neste des Donners" und sein Geschlecht nicht fortpflanzen kann, weil die feurige Zunge der Schlange immer die Jungen tödtet, sobald sie auskriechen und der feurige Donnerschlag durch den Himmel fährt. Ob sich die wunderbare Gestalt des alten Bauwerkes, das sich bei Latham (Natural hist. of the varieties of man p. 360) abgebildet findet, auf diese Sage beziehet und die Schlange mit dem Vogelei darstellen soll, das sie zerstört, vermag ich nicht zu entscheiden. Doch wird dies dadurch einigermaassen wahrscheinlich, dass unter den Alterthümern Nordamerica's sich auch sonst (hauptsächlich in Wisconsin) rohe Abbildungen von Thieren, Vögeln, Schlangen in Form von Basreliefs finden (Latham ebendas.), die mit dem Thiercultus der Indianer zusammenhängen und demnach ebenfalls eine religiöse Bedeutung haben mögen. Ohne allen Grund hat Schoolcraft I p. 32 jenes Ei für das Weltei erklärt, um darin einen neuen Grund für die Verwandtschaft americanischer Sagen und Gebräuche mit altpersischen zu finden. Seine übrigen Gründe sind kaum von bedeutenderem Gewicht.

Diess ist die Sage der Sioux am oberen Missouri, die sich in gleicher Weise selbst schon bei den Sioux am Mississippi nicht wieder zu finden scheint. Sogar innerhalb eines und desselben Stammes finden sich oft wesentlich verschiedene Sagen, denn diese sind oft nur der erfinderischen Phantasie einzelner Medicin-Männer oder Magier entsprungen, welche sie erzählen, um möglichst ausgedehnten Einfluss unter ihrem Stamme zu gewinnen, und es gelingt ihnen ohne Schwierigkeit, durch solche Erfindungen die Geister in ehrfurchtsvoller Unterthänigkeit zu fesseln.

Bei den Sioux am Mississippi hat die Sage folgende Gestalt. Viele Jahrhunderte nach der Schöpfung des Menschen, als alle verschiedenen Stämme untereinander im Kriege waren, sandte der grosse Geist Läufer zu ihnen und rief sie alle bei der „rothen Pfeife" zusammen. Er stand oben auf dem Felsen und die rothen Völker waren in unzählbarer Menge unten in den Ebenen versammelt. Er nahm ein Stück aus dem rothen Felsen und machte eine rothe Pfeife und rauchte sie über ihnen allen. Er sagte ihnen, dass es ein Theil von ihrem Fleische sei, dass sie, wenn auch im Kriege miteinander, an diesem Platze Freunde sein müssten, dass dieser ihnen allen gehörte, dass sie ihre Friedenspfeifen aus diesem Steine machen und zu seiner Ehre rauchen müssten, so oft sie seinen Unwillen besänftigen oder seine Gunst gewinnen wollten. Der Rauch von seiner grossen Pfeife zog über sie alle hin, und er verschwand in der Wolke. Beim letzten Zuge aus seiner Pfeife rollte eine Feuerflamme über die Felsen und schmolz ihre Oberfläche. In diesem Augenblick gingen zwei Weiber in einer Feuerflamme unter die geheimnissvollen Felsen, wo sie bis heute noch sind, und man muss sie fragen und zu ihnen beten, wenn man sich etwas vom Steine nehmen will.

Von einem angesehenen Manne aus dem Stamme der Knistenaux hörte Catlin dagegen folgende Sage erzählen. Zur Zeit einer grossen Ueberschwemmung, die vor vielen Jahrhunderten stattfand und durch welche alle Völker der Erde zu Grunde gingen, versammelten sich alle rothen Menschenstämme auf Côteau des Prairies, um dem Wasser zu entfliehen. Während sie hier zusammen waren, stieg das Wasser noch immer höher und höher, bis es sie endlich alle in einer Masse bedeckte. Ihr Fleisch wurde in den rothen Pfeifenstein verwandelt. Deshalb ist diese Gegend immer als neutraler Boden betrachtet werden. Sie gehörte allen Stämmen in gleicher Weise, alle konnten sie benutzen, ihre Pfeifen daraus schneiden und zusammen rauchen. — Während sie alle ertranken, gelang es einer jungen Frau K-wap-tah-w (eine Jungrau) am Fuss eines grossen Vogels, der darüber hinflog, sich festzuhalten, von dem sie dann auf der Spitze einer nicht fernen Klippe abgesetzt wurde. Hier hatte sie Zwillinge, deren Vater der Kriegsadler war, und ihre Kinder haben seitdem die Erde bevölkert. Der Pfeifenstein aber, das Fleisch ihrer Voreltern, wird von ihnen als Friedenszeichen geraucht und die Adlerfeder schmückt das Haupt des Tapfern.

Catlin selbst weist auf die grosse Veränderlichkeit der Indianer-Mythen oft hin und machte schlagende unmittelbare Erfahrungen darüber, dass man durch Fragen und Schlüsse über sie nur Misstrauen und Unwillen herausfordert, ohne der Lösung der Widersprüche im Geringsten näher zu kommen. Ein Mandan erzählte ihm z. B. eines Tages, die Erde sei eine grosse Schildkröte, die den Schmutz auf den Rücken führe, ein jetzt ausgestorbener weisser Menschenstamm habe sehr tiefe Löcher gegraben, um Dachse zu fangen, einmal aber mit dem Messer die Schale durchstochen, die Schildkröte sei gesunken und bei der Ueberschwemmung seien alle Menschen bis auf einen ertrunken. Am folgenden Tage erzählte ihm derselbe Mandan, es gebe vier grosse Schildkröten, im Norden, Osten, Süden und Westen, jede habe zehn Tage geregnet und so sei die grosse Ueberschwemmung entstanden. Aehnliche Beispiele der grossen Wandelbarkeit der Mythen theilt er noch mehrere mit. Als einigermassen wahrscheinlich dürfen wir deshalb aus dem Vorstehenden nur diess bezeichnen, dass jener Steinbruch, der zu ihrem Glauben an den grossen Geist in nächster Beziehung stand, wenn nicht für alle Indianerstämme, doch für eine grössere Anzahl derselben in alter Zeit ein gemeinsames Heiligthum und ein Mittel- und Vereinigungspunkt war, von welchem ihre ältesten Sagen und Gebräuche ausgingen; denn wie der Glaube an den grossen Geist ist auch die Friedenspfeife und ihr Gebrauch, theils zur Besiegelung von Verträgen, theils als Zeichen von Frieden und Freundschaft überhaupt, bei allen Indianern Nordamerica's wiederzufinden.

Die völlig unüberwindlichen Schwierigkeiten, die es hat, den Kern solcher Indianer-Mythen zu untersuchen, wo sie voneinander abweichen, erläutert folgende von Franklin mitgetheilte Anekdote in treffender Weise.

Die christlichen Missionäre beklagen sich über das beharrliche Schweigen der Indianer und sehen es als das grösste Hinderniss bei ihrer Bekehrung an. Ihre Begriffe von Schicklichkeit bestimmen sie dazu, sie halten es für höchst unanständig, etwas von dem in Abrede zu stellen, was man ihnen sagt, so dass man nicht leicht wissen kann, was für einen Eindruck man auf sie gemacht hat. Ueber eine Sache von Wichtigkeit geben die Indianer nicht leicht an demselben Tage schon ihr Urtheil ab, weil sie fürchten, dass man glaube, sie legten ihr nicht hinreichende Bedeutung bei.

Ein Schwedischer Geistlicher*) hatte die Häuptlinge der Susquehannah-Indianer versammelt und erklärte ihnen die historischen Grundlagen des Christenthums, er sprach vom Sündenfall durch den Genuss des Apfels, von der Sendung Christi und der Erlösung, den Wundern und Leiden u. s. w. Als er zu Ende war stand ein Redener auf, ihm zu danken: „Was du uns erzählt hast, ist Alles sehr gut. Es ist in der That schlimm Aepfel zu essen. Es ist besser Aepfelwein aus ihnen zu machen. Wir danken dir sehr für deine Freundschaft, dass du so weit hergekommen bist, um uns diess zu erzählen, was du von deiner Mutter gehört hast."

Als der Indianer dann dem Missionär eine seiner Sagen erzählt hatte, wie sie zu Mais und Korn und Bohnen und Tabak gekommen seien, behandelte dieser die Sache verächtlich und sagte: „Was ich euch erzählt habe, das waren heilige Wahrheiten, aber was ihr mir da sagt, ist lauter Fabel, Einbildung und Wahn." Da wurde der Indianer unwillig und sprach: „Mein Bruder, es scheint, deine Freunde haben schlecht für deine Erziehung gesorgt und dich nicht in den Regeln der gewöhnlichsten Höflichkeit unterwiesen. Du siehst, dass wir, die wir diese Regeln verstehen und befolgen, alle deine Geschichten glauben, warum willst du die unsrigen nicht glauben?"

Es ist demnach durchaus eine Sache der guten Erziehung nicht allein nie zu widersprechen, sondern auch Alles gläubig aufzunehmen, was irgend erzählt wird. Da sich nun überdiess eine Menge von Zauberern und Wunderthätern bei den Indianern finden, die das hohe Ansehen, in welchem sie stehen, hauptsächlich auch dadurch erhalten und stützen, dass sie die thörichtsten Geschichten erfinden, so ist es wahrscheinlich, dass alle Einzelnheiten ihrer Mythologie sehr schwankend und wechselnd sind, in einem viel höheren Grade, als diess bei civilisirten Völkern der Fall ist, und dass nur die wenigen Hauptpersonen derselben als fest zu betrachten sind. Ohne Zweifel trägt dazu auch eine gewisse träge Indifferenz

---

*) So erzählt Franklin, Works 2d ed. III. 386

bei, welche wunderbare Geschichten, die an sich interessant und anziehend sind, ohne jedoch auf die eigene Lebensführung einen Einfluss zu besitzen, ohne irgend einen Zweifel an ihrer Richtigkeit hinnimmt, so wie sie von Andern dargeboten werden, weil jeder Zweifel an sich schon die Unbequemlichkeit des Nachdenkens mit sich führt. Hat man daher die Toleranz der Indianer gegen Andersgläubige bisweilen gerühmt, so darf man dabei nicht vergessen, dass sie in den meisten Fällen diesen Namen nicht verdient, weil sie zur Hälfte aus Indifferenz und zur Hälfte aus dem sich erklärt, was ihnen als Anstand und gute Sitte gilt, obwohl sich nicht leugnen lässt, dass bisweilen ein richtiger gedachtes und höheres Motiv ihr zu Grunde liegt. Darauf weisen ausser dem stark entwickelten Sinne des Indianers für volle persönliche Freiheit, die er immer auch an Andern anerkennt und achtet, mehrere Einzelnheiten hin, die wir früher mitgetheilt haben und zu denen hier noch folgende kommen mag.

Zwei Häuptlinge der Creeks begleiteten einst einen Americaner nach England. Dort angekommen, wurden sie viel belagert und betrachtet. Unter Anderem fragte man sie auch nach ihrer Religion, worauf der eine von ihnen zur Antwort gab, Priester oder eine eingeführte herrschende Religion hätten sie in ihrem Lande nicht, denn sie dächten, dass in Dingen, über welche zur Uebereinstimmung zu kommen, doch nicht möglich sei, es das Beste wäre, „einen jeden seinen Kahn auf seine eigene Weise rudern zu lassen".

Alle Indianervölker (selbst die Yuracares, die zu keinem Gotte beten) haben neben dem grossen Geiste und, wie es scheint, völlig ausser Zusammenhang mit diesem, eine Mythologie grossentheils von sehr abenteuerlicher phantastischer Gestalt. So wenig belehrend es sein würde, auf diese Dinge ausführlich einzugehen, ist es doch von Interesse, wenigstens ein Beispiel dieser Art etwas näher kennen zu lernen. Wir wählen hierzu die Dahcotahs, die in vieler Beziehung als typisch gelten können.

„Kein Aberglaube hat einen grösseren Einfluss auf sie, als ihr Glaube an Haokah oder den Riesen. Sie schreiben diesem Wesen übermenschliche Kräfte zu und halten es für so mächtig, dass es den Donner in seine Hand nehmen und auf die Erde werfen kann. Er kleidet sich in mancherlei Farben und trägt einen gabelförmigen Hut. Eine Seite seines Gesichtes ist roth, die andere blau, auch seine Augen sind von verschiedener Farbe. Er führt stets Bogen und Pfeil, aber macht niemals Gebrauch von ihnen, da ein Blick von ihm hinreicht, das Thier zu tödten, das er haben will.

Sie singen Gesänge zu Ehren dieses Riesen und tanzen einmal in langer Zeit um ihn zu feiern, aber diese letztere Sitte ist so streng, dass sie nur selten zur Ausübung kommt. Folgender Vorfall zeigt die grosse Verehrung, welche sie für dieses sonderbare Wesen hegen.

Ein Indianer bereitete sich ein Dampfbad und stellte im Innern des Raumes ein rohes Bild des Riesen von Baumrinde auf, zu dem er beten wollte, während er das Bad nahm. Als der heisse Stein in den Wigwam gebracht war, traten einige Indianer ein, um den Badenden zu bedienen. Einer von ihnen goss Wasser auf den Stein das beim Abfliessen die Andern schlimm verbrannte und das Bild des Riesen aus seiner früheren Lage brachte. Den Indianern fiel es nicht ein, die Verbrennung auf ihre natürliche Ursache zu beziehen, sondern sie glaubten, dass der Riese erzürnt sei wegen des Platzes, den sie seinem Bilde gegeben hätten, und sahen es als einen Beweis seiner Gnade an, dass sie nicht zu Tode verbrannt wurden.

Mrs. Eastman hat (p. 206) eine Zeichnung des Riesen Haokah (sie findet sich auch bei Schoolcraft II, Tafel 55), des widernatürlichen Gottes der Dahcotahs, mit allen seinen Attributen gegeben. Sie ist von einem Sioux-Krieger Namens „Weisser Hirsch" entworfen und bietet ein merkwürdiges Durcheinander von Einzelheiten dar. Der Riese wohnt in einem grossen Hofe, der auf mannigfaltige Weise ausgeschmückt ist. Auf diesem hält er sich mehrere grosse Vögel, einen Bären, einen Hirsch, ein Elennthier, einen Büffel und einen Frosch, der seinen Pfeilen als Ziel dient. Dort hat er eine Klapper von Hirschklauen und eine lange Flöte, Zündholz und einen grossen auf Bäumen wachsenden Schwamm, die, von Thieren gefressen, sie tödten; dort brennen Opfer für ihn und er ist ganz umgeben von gewaltigen Blitzen, mit denen er sich gegen seine Feinde vertheidigt und die Thiere erschlägt, deren er bedarf. Diess sind die Hauptsachen, welche sich auf dem rohen confusen Bilde mit wenigen Linien theils dargestellt, theils nur angedeutet finden.

Der Riese Haokah heisst der widernatürliche Gott, weil er im Sommer friert und im Winter von der Wärme leidet, heisses Wasser kalt für ihn ist, und umgekehrt, und so ferner. Er ist nicht der einzige Riese, an den die Dahcotahs glauben, aber der vornehmste. Ein anderer ist der Mann des Nordens oder der Gott des Winters, dessen Sohn von dem Manne des Südens, dem Gotte des Sommers, getödtet wurde. Sie haben auch einen Mann des Westens und einen Mann des Ostens, so dass jeder der vier Himmelsgegenden ein Gott entspricht. Bei dem Kampfe der Wesen des Südens mit denen des Nordens, in welchem der Sohn des Winter-Gottes fiel, standen sechs auf jeder Seite. Die Männer des Südens waren stärker und blieben Sieger. Nach der Schlacht sah man einen Fuchs mit einem der Wesen des Nordens davonlaufen. Wenn im Anfang der warmen Jahreszeit einmal wieder Kälte eintritt, sagen die Dahcotahs, dass der Mann des Nordens zurückschaue.

Bei Lac qui parle, ist ein Hügel der „des Riesen Haus" heisst. Einst ging Herr... mit einem Dahcotah, und als sie dem Hügel sich näherten, rief dieser aus: „Siehst du ihn nicht? Dort ist er." Und obwohl Niemand ausser ihm selbst den Riesen sah, blieb er doch einige Augenblicke stehen und beobachtete ihn, wie er über den Hügel ging.

Es lebt in dieser Gegend ein altes Dahcotah-Weib von sonderbarem Aussehen. Ihr Gesicht ist sehr schwarz und ihr Haar versengt und wie abgestorben. Ein Fremder fragte sie einst nach der Ursache davon. „Ich träumte einmal von dem Riesen", sagte sie, „und wachte erschrocken auf, da rief ich meinen Mann und sagte zu ihm, ich wolle für den Riesen einen Tanz ausführen, um seine Gunst zu gewinnen, aber mein Mann glaubte nicht, dass ich im Stande sein würde, den Riesen-Tanz durchzuführen, er würde mir misslingen und ich würde dadurch nur Unglück über ihn und meine ganze Familie bringen. Der Riese war sehr böse auf mich und verbrannte mir zur Rache das Gesicht und Haar, wie du siehst."

Auch der Gott der Gewässer wird von den Dahcotahs hoch verehrt. Die Morgan's-Klippe bei Fort Snelling nennen sie „Gottes Haus", weil sie für seinen Wohnsitz gilt. Unter dem Felsen soll eine unterirdische Höhle sein, durch die der Wasser-Gott seinen Weg nimmt, wenn er nach dem St. Petersfluss geht. Er selbst soll so gross sein, wie das Haus eines weissen Mannes.

Ausser den genannten Göttern haben sie noch einen Gott der Bewegung, ferner den kleinen Bewohner der Wälder, der in einem hohlen Baum im Walde wohnt, und den Bezauberer, d. h. den Gott, welcher die Thiere täuscht oder bezaubert, so dass sie sich leicht fangen lassen. Indessen sind diess nur ihre hauptsächlichsten Götter, über denen allen als der vornehmste der grosse Geist steht, der Schöpfer aller Dinge ausser dem Donner und dem wilden Reis. Die Zahl ihrer Gottheiten ist keine geschlossene und daher unerschöpflich. Die ganze Natur ist von ihnen belebt; jeder Berg, jeder Baum wird von ihnen verehrt, wie von den alten Griechen, und wie bei den Aegyptern sind die gewöhnlichsten Thiere ebenfalls Gegenstand ihrer Anbetung.

„Der weisse Hund", der in der Nähe von Fort Snelling lebte, erzählte Mrs. Eastman, dass er selbst zwar nie einen Riesen gesehen habe, wohl aber „Eisen-Glieder", der im letzten Sommer gestorben sei. Als dieser einst auf die Jagd ging, begegnete er dem Riesen beim Dorfe Schah-co-pen. Er hatte einen Hut mit drei Spitzen auf und leuchtete auf der einen Seite wie die Sonne mit so grossem Glanze, dass das Auge ihn nicht ertragen konnte. Auf der Schulter hatte er ein krummes Ding.

Eisen-Glieder stand auf einem Hügel, neben dem ein tiefer Abgrund hinunterging, als plötzlich sein Auge geblendet wurde. Er sah hinab in den Abgrund und dort stand der Riese. Trotzdem reichte sein Haupt bis zum Gipfel der Bäume; er ging nach Norden, ohne still zu stehen und nach dem Indianer zu sehen, der ihn beobachtete. Die Bäume und Büsche schienen ihm auszuweichen, wie er vorwärtsging. Diese Bewegung bedeutete Glück, sagen die Indianer, denn es gab eine vortreffliche Jagd.

Die Dahcotahs glauben fest an diese Geschichte. Eisen-Glieder war einer ihrer grössten Weisen und ein tapferer Krieger. Der weisse Hund erzählte weiter, dass Eisen-Glieder, wenn sie im Kriege wären, Nachts alle Feuer der Dacotahs auslöschte und dann seine Leute gegen die Chippeways führte. Er nahm einen Löffel voll Zucker und ebensoviel Branntwein, und brachte diess den Geistern ihrer Feinde als Opfer dar. Dann sang er sie an und lockte sie dadurch so sehr in seine Nähe, dass er sie mit seiner Klapper auf den Kopf schlagen und tödten konnte. Diese Geister nähern sich in der Gestalt von Bären. Ist diess geschehen, so finden die Dahcotahs ihre Feinde dann leicht auf und erringen den Sieg.

Die Dahcotahs glauben ferner an Männer und Weiber, die als feurige Meteore durch die Luft fliegen, im Fluge zerfallen und endlich auf die Erde herabstürzen. Sie nennen sie Wah-ken-den-da, das wunderbare vorbeifliegende Feuer. Eine ihrer Sagen erzählt, dass einst ein solches Meteor über einen Hügel ging, wo ein Indianer schlief. Es nahm den Indianer auf den Rücken und setzte dann seinen Weg fort bis zu einem Teiche, auf welchem viele Enten waren. Als diese das Meteor sahen, fingen sie ein allgemeines

Geschnatter an, wodurch das Meteor so erschreckt wurde, dass es sich umwendete, um den Teich herumging und eben über ein Dorf fortziehen wollte, als es aufs Neue durch einen jungen Krieger geängstigt wurde, der Flöte spielte. Aus Widerwillen gegen die Musik ging es um das Dorf herum und fiel bald darauf auf die Erde. Der Indianer, welcher damit seine Freiheit wiederbekommen hatte, bat es, ihm sein Kopfband zu schenken, doch ohne Erfolg. Er bot ihm einen Federschmuck dafür an, aber vergebens. Um dennoch zu seinem Zwecke zu gelangen, versprach der Sioux einen dicken Feind des Meteors zu tödten, wenn dieses ihm das Band gebe. Er erhielt keine Antwort. Er erbot sich, einen ganzen Wigwam voll Feinde zu tödten. — Das Meteor blieb stumm. Endlich bot er sechs Wigwams voll todte Feinde für das begehrte Land. Das Meteor widerstand nicht länger und gab ihm das Kopfband, der Sioux aber ging triumphirend nach Hause, dass es ihm gelungen wäre, ein Meteor zu überlisten; denn da sie nie wieder einander begegneten, dachte er nicht daran, seine Schuld zu bezahlen.

Um zu zeigen, wie ähnlich trotz mancher Verschiedenheiten im Einzelnen die religiösen Vorstellungen der Eingeborenen von Südamerica doch im Ganzen denen der nordamericanischen Indianer sind, fügen wir hier die Hauptzüge der Erzählung bei, welche Falkner in dieser Rücksicht von den Patagoniern giebt.

Sie glauben an eine Vielheit von Gottheiten, deren einige gut, andere böse sind. An der Spitze der ersteren steht Guayara-kunny oder der Herr der Todten. Der oberste böse Geist heisst Atskannakanath oder Valichu, welcher letztere Name allen bösen Geistern zukommt. Die guten Gottheiten haben ihre Wohnungen in grossen Höhlen unter der Erde, und wenn ein Indianer stirbt, so begiebt sich seine Seele zu der Gottheit, die seine besondere Familie beschützt, um bei ihr zu leben.

Ihre guten Götter halten sie für die Schöpfer der Welt und glauben, dass sie zuerst die Indianer in jenen unterirdischen Höhlen schufen, ihnen die Lanze, Bogen und Pfeile gaben und die Ochsen zur Jagd, und sie dann an's Tageslicht setzten, um sie nun sich selbst versuchen zu lassen. Die Götter der Spanier, denken sie sich, hätten diese auf ähnliche Weise geschaffen, ihnen aber statt Bogen und Pfeil, Flinten und Schwerter gegeben. Sie sagen, dass nach der Schöpfung der Thiere die behenderen von diesen sogleich aus den Höhlen herausgekommen seien, die Ochsen und

Kühe aber seien die letzten gewesen und die Indianer seien beim Anblick ihrer Hörner so erschrocken, dass sie die Ausgänge der Höhlen mit grossen Steinen zugedeckt hätten. Deshalb hätten sie kein Hornvieh in ihrem Lande gehabt, bis die Spanier es ihnen brachten, die klüger gewesen wären und es aus den Höhlen herausgelassen hätten.

Einige behaupten, die Sterne seien alte Indianer, die Milchstrasse das Feld, wo die alten Indianer Strausse jagten, und die Maghellan's Wolken die Federn der Strausse, die sie tödteten. Sie sind der Ansicht, dass die Schöpfung noch nicht vollendet und noch nicht Alles an das Tageslicht der Oberwelt gekommen ist. Die Zauberer (deren Künste bei den Patagoniern ganz an die sibirischen Schamanen erinnern), wenn sie ihre Trommel schlagen und mit ihren Säcken voll Muscheln und Steinen rasseln, geben vor, in andere Länder unter der Erde zu sehen. Jeder Zauberer hat befreundete Geister um sich, die ihm übernatürliche Belehrung geben und den Willen des Beschwörers ausführen. Nach ihrem Tode aber gehören die Seelen der Zauberer zu den Valichu, den Dämonen, von denen alles Uebel kommt.

Alle Verehrung der Götter bezieht sich ausschliesslich auf die bösen Geister, einige besondere Gebräuche ausgenommen, die zu Ehren der Todten verrichtet werden, deren Pferde fast alle sogleich geopfert werden, damit sie sich ihrer in Alhun mapin, dem Lande der Todten, sogleich bedienen können.

Der Glaube an ein anderes Leben scheint bei den Indianern ganz allgemein zu sein. Selbst bei den rohesten von ihnen, wie bei den Yuracares in Südamerica, findet er sich, und es knüpft sich an ihn die ebenfalls in ganz America herrschende Sitte, dem Verstorbenen beim Begräbniss alles das mitzugeben, wovon man glaubt, dass er es im anderen Leben bedürfen und dort sogleich wiederzufinden wünschen werde. Deshalb giebt man ihm Speise und gewöhnlich einen grossen Theil seines Eigenthums mit, deshalb schmückt man ihn stattlich und opfert auf seinem Grabe seine liebsten und werthvollsten Thiere, damit er sogleich finde, was er braucht und was sein Herz begehrt.

Viele Indianervölker machen sich von dem zukünftigen Aufenthalte der menschlichen Seelen und ihrem Schicksale in einem andern Leben keine bestimmten Vorstellungen. Da Roger Williams als Missionär einmal zu den Indianern gesprochen hatte, erhob sich über diesen Gegenstand ein Streit unter den Häuptlingen. Der eine sagte: „Unsere Väter haben uns gelehrt, dass unsere Seelen nach Südwesten gehen," worauf ein anderer erwiderte: „Wie kannst du das wissen? Hast du jemals eine Seele diesen Weg nehmen sehen?" Jener aber gab die Frage zurück und sagte: „Wann hat er, (Williams) je eine Seele hinauf zum Himmel steigen sehen oder hinunter in die Hölle?"

Die Dahcotahs glauben vom zukünftigen Leben nur wenig sagen zu können. Sie haben phantastische Vorstellungen von grossen Städten, die sich irgendwo im Himmel finden sollen, in den sie einst kommen werden, doch glauben sie auch dort noch den Krieg mit ihren Feinden fortsetzen zu können und hoffen Wildpret im Ueberfluss zu finden. Ein Indianerweib stellte sich ihre zukünftige Glückseligkeit nur als Erlösung von den Mühen des irdischen Lebens vor.

Eine bestimmtere Ansicht über die Seele und die Art ihrer Fortdauer nach dem Tode findet sich dagegen bei den zu den Athabasken gehörigen Chippeways oder Ojibbways.

„Die Chippeways glauben an die Existenz eines Wesens im Menschen, das von dem Leibe völlig verschieden ist, nennen es Ochechag und scheinen ihm die Eigenschaften zuzuschreiben, die wir der Seele beilegen. Sie glauben, dass es beim Eintritt des Todes den Körper verlässt und sich an den Ort begiebt, den sie Cheke Chakchekame nennen. Diesen Ort denken sie sich im Süden gelegen an der Küste des grossen Oceans. Ehe man ihn erreicht, kommt man an einen Strom, den man auf einer grossen Schlange passiren muss, welche als Brücke dient. Wer ertrinkt, kann nie über den Strom hinüberkommen, sondern wird hineingeworfen und bleibt für immer darin. Einige Seelen kommen bis an das Ufer des Stromes, aber die Schlange lässt sie nicht hinüber und droht sie zu verschlingen. Diess sind die Seelen derer, welche in Ohnmacht oder Entzückung versunken sind. Vom Uebergang zurückgewiesen, kehren sie in ihre Leiber zurück und beleben sie wieder. Auch den Thieren und selbst leblosen Gegenständen, wie z. B. Kesseln und andern Dingen, schreiben sie Seelen von ähnlicher Art zu. In dem Lande der Seelen werden alle nach Verdienst behandelt. Die guten Menschen sind frei von Leiden und haben keine Arbeit zu thun, sie bringen ihre Zeit mit Tanz und Gesang hin und essen Pilze, die es dort in grosser Menge giebt. Die Seelen der Bösen werden von den Geistern der Menschen oder Dinge beunruhigt, denen sie Uebel gethan haben; so z. B. wenn jemand viele werthvolle Gegenstände zerstört hat, so versperren ihm die Trümmer davon überall den Weg, wohin er geht; wenn er gegen seine Hunde oder Pferde grausam gewesen ist, so quälen sie ihn nach dem Tode; die Geister derer, denen er im Leben Unrecht gethan hat, dürfen dort an ihm Rache nehmen. Sie glauben, dass eine Seele, wenn sie über den Strom einmal hinübergegangen ist, nicht mehr in ihren Körper zurückkehren kann; doch glauben sie an Erscheinungen und sind der Ansicht, dass die Geister der Verstorbenen oft den Wohnort ihrer Freunde wieder besuchen, um sie in die andere Welt einzuladen und ihr nahes Ende ihnen vorauszusagen." (Keating II p. 154).

Dass die Geister der Verstorbenen noch in das irdische Leben herüberzuwirken vermögen, ist ein sehr allgemeiner Glaube der Indianer; daher sie vor den Geistern ihrer Todten stets grosse Furcht haben, sie zu beleidigen sich scheuen, und wenn diess geschehen ist, sie wieder zu versöhnen streben, ihnen opfern und dergl. Einige ihrer merkwürdigsten Sitten stehen mit dieser Furcht ohne Zweifel im nächsten Zusammenhange: vor allem die grausame Art, auf welche sie häufig ihre Trauer um den Verstorbenen an den Tag legen, nämlich dadurch, dass sie sich den Arm mit einem Messer durchstossen, sich einen Finger oder ein Fingerglied abhacken und dergl. (was auch in Südamerika vorkommt); ferner das hier und da geltende Gesetz, dass mit dem Tode bestraft wird, wer einem Verstorbenen Schlimmes nachredet; endlich die Blutrache selbst, da ein verübter Mord nach der Ansicht des Indianers nicht den grossen Geist, sondern nur den beleidigt, an dem er begangen wurde.

Der Gottesdienst der Indianer besteht hauptsächlich in Tänzen und Festen mit sonderbaren Verkleidungen und Aufzügen. Diese dauern oft mehrere Tage, ja Wochen lang und sind bei manchen Völkern mit den ausgesuchtesten Selbstpeinigungen verbunden, die in langem Fasten und Wachen und in Verwundungen der mannigfaltigsten und schmerzhaftesten Art bestehen. Von dieser Art der Gottesverehrung lässt der Indianer nicht leicht ab, und selbst da, wo bei weitem der grösste Theil der Eingeborenen zum Christenthum übergetreten ist, wie in Südamerica, pflegt sie nebst vielem anderen alt-indianischen Aberglauben in grosser Ausdehnung von ihnen beibehalten zu werden.

Setzen sich die Dahcotahs und einige andere Stämme zu gewissen Zeiten im Jahre solchen Qualen allerdings auch desshalb aus, weil sie dadurch den Ruhm der Selbstüberwindung und der Verachtung des Schmerzes gewinnen — „mitten im Winter geht der Indianer nur halb bekleidet auf die Jagd, nicht weil er unempfindlich gegen die Kälte wäre, sondern weil er als gleichgültig gegen sie erscheinen will" (Morton) —, so bleibt doch ihr Hauptzweck dabei ein religiöser, nämlich der, die Gunst des grossen Geistes durch solche Selbstpeinigung sich zu sichern. Sie stossen sich starke Holzsplitter, an welche schwere Büffelschädel angebunden sind, durch das Fleisch an der Brust oder auf dem Rücken und laufen dann, während zwei Andere seinen Arm gefasst halten, mit voller Kraft vorwärts, bis das Fleisch heruntergerissen ist und die schwere Last zurückbleibt. Ganz Aehnliches erzählt Long (Exped. to St. Peters I, 448) von Wanata, einem Häuptlinge der Yanktons (Sioux): er hatte der Sonne ein Gelübde gethan bei Gelegenheit einer Unternehmung, die von grosser Wichtigkeit für ihn war; um es zu lösen fastete er vier Tage, zog durch Wunden, die er sich schlug, Seile, befestigte diese an einem Pfahl und tanzte an ihnen hin und her bis zu gänzlicher Erschöpfung; endlich, um Alles zu thun, was in seinen Kräften stand, verschenkte er sein gesammtes Eigenthum.

Menschen, die solche unerhörte Grausamkeiten an sich selbst freiwillig begehen, wird man natürlicher Weise in Rücksicht ihrer Grausamkeit gegen Andere, namentlich gegen ihre Feinde, anders zu beurtheilen haben, als weichliche Schwächlinge, die solche Quälereien sich erlauben. Der Indianer hört auf als der Unmensch dazustehen, zu dem man ihn oft hat machen wollen, wenn man bedenkt, dass er den Feind, den er martert, nicht anders behandelt, als sich selbst, beides so wie es die Sitte unter den obwaltenden Umständen fordert: jenen quält er nach Kriegsrecht und Kriegsgebrauch, nach dem Gesetze der Rache, das ihm als heilig gilt; sich selbst quält er ganz mit derselben Härte, wo sein Gewissen aus religiösen Gründen diess verlangt.

Die alljährige viertägige religiöse Ceremonie der Mandans, erzählt Catlin, wird gehalten, wenn die Weidenblätter ganz ausgewachsen sind, denn feste Tage und Wochen wissen sie im Jahre nicht zu unterscheiden; — ein Weidenzweig aber war es, den die Turteltaube, nach ihrer Tradition (und alle nordamericanischen Indianer haben ähnliche Traditionen), zurückbrachte, als die Wasser der Fluth anfingen sich zu verlaufen. Daher ist die Turteltaube heilig und darf nicht getödtet werden. Der „erste oder einzige

Mensch" (er ist von weisser Farbe), der nicht untergegangen ist in der grossen Wasserfluth, ist mit seinem Kahne auf einem Berge im Westen abgesetzt worden und kommt von dort in das Dorf, wo er das „Medicin-Haus" öffnet, das sonst das ganze Jahr hindurch geschlossen bleibt. In dieses führt er die jungen Leute ein, welche die Prüfung bestehen sollen und vier Tage lang weder essen noch trinken noch schlafen dürfen. Während des Büffeltanzes, der vor dem Heiligthume aufgeführt wird, erscheint der böse Geist um das Fest zu stören, wird aber durch die Macht der „Medicin-Pfeife" besiegt und mit Spott und Schlägen fortgejagt. Die jungen Leute werden an allen Gliedern mit grossen Splittern durchstochen und an denen, die in der Brust stecken, aufgehängt: dann lassen sie sich einen oder zwei Finger als Opfer abhauen, werden in schnellem Laufe geschleift und erdulden Grausamkeiten aller Art, damit man ihren Muth abschätze. Die Wunden bleiben ohne Verband sich selbst überlassen.

Die Tänze und Feste der Dahcotahs sind keine Vergnügungen. Sie haben alle eine bestimmte Absicht und Bedeutung und werden alljährlich gefeiert in dem Glauben, dass ihre Vernachlässigung vom grossen Geiste durch Krankheit, Hunger oder Krieg gestraft werden würde. Alle Strafe aber, die sie fürchten, beschränkt sich auf irdische Leiden. Dass der Zorn ihrer Götter noch über dieses Leben sich ertrecken sollte, besorgen sie nicht.

Den Skalptanz auszuführen, der hauptsächlich der Feier ihrer Siege gilt, ist ihnen eine heilige Pflicht. Er wird von den alten und jungen Weibern ausgeführt. Ihre Wunderthäter singen dazu, schlagen die Trommel, klappern mit einem Kürbis oder bedienen sich anderer von ihnen erfundener Instrumente. Alles, was dazu beitragen kann, einen Ohrenzerreissenden Lärm zu machen, wird zum musikalischen Instrumente. Eines von diesen ist ein eingekerbter Knochen, dessen ein Ende auf einer zinnernen Schüssel, das andere in der linken Hand ruht, während der Wunderthäter mit einem Knochenstück in der rechten über die Kerben hinführt und so schrille und kratzende Töne als möglich hervorbringt. (Es ist abgebildet bei Schoolcraft II, Tafel 75.)

Die Weiber tanzen um die Skalps in concentrischen Kreisen herum zu vieren bis zu zwölfen ihre Schultern gegeneinander pressend. Bei jedem Trommelschlag erheben sie sich so hoch als möglich, springen und gleiten etwas nach links und singen fortwährend dabei mit den Wunderthätern zusammen. Sie halten vollkommen Takt. In der Mitte sind die Skalps an einem Pfahle befestigt oder eine der Weiber hat sie auf ihren Schultern. Der Skalp ist an einem Bügel ausgespannt und der Stock, auf dem er befestigt ist, ist einige Fuss lang, roth bemalt und mit Federn, Bändern, Perlen und dergleichen geschmückt, gewöhnlich auch mit einer Scheere oder einem Kamm.

Hat der Tanz einige Minuten gedauert, so ruhen die Weiber. In dieser Pause erzählt eine von ihnen, welcher ein Sohn, Gatte oder Bruder von einem Krieger des Stammes getödtet wurde, dem der Skalp in ihrer Hand angehört, die Geschichte seines Unglücks und schliesst mit den Worten: „Wessen Skalp habe ich jetzt auf meiner Schulter?" In diesem Augenblick jauchzen Alle laut auf und der Tanz beginnt von Neuem. Bisweilen wird dieser Tanz mit Unterbrechungen Monate lang fortgesetzt, gewöhnlich in der warmen Jahreszeit. Nach Beendigung des Tanzes wird der Skalp begraben oder mit einigen Todten, die den Skalp nahmen, auf das Gerüste gelegt. So viel vom Skalptanz, dieser hohen religiösen Cermonie, die man sehr mit Unrecht bisweilen für eine blosse Vergnügung gehalten hat.

Das „heilige Fest" wird zu Ehren der heiligen Medicin gefeiert und immer von ihren Aerzten oder Wunderthätern, Männern oder Weibern, gegeben, die in die Geheimnisse des Medicintanzes eingeweiht sind, welcher zu Ehren der Seelen der Verstorbenen gefeiert wird. Man muss nämlich wissen, dass die verschiedenen Völkerschaften, in die sich die Dahcotahs theilen, sich von einander durch die verschiedene Art von Medicin unterscheiden, die sie gebrauchen und die jedesmal nur den Eingeweihten bekannt ist; denn der Name der Wurzel, welche die Medicin ist, obwohl oft ohne alle medicinische Kraft, muss geheim bleiben, und ein Dahcotah würde lieber sterben, als ihn verrathen. Jene Aerzte nun sind ohne Ausnahme die grössten Schufte im ganzen Volke, geniessen aber die höchste Verehrung. Ihre Macht ist allgemein gefürchtet.

Wenn ein Arzt oder Wunderthäter ein Fest geben will, geht oder schickt er zu den Leuten, die er dazu einzuladen wünscht. Sind alle versammelt, so öffnet der Festgeber mit einigen Förmlichkeiten den Medicinsack. Die Pfeife wird angezündet und von allen Anwesenden geraucht, aber zuerst wird sie dem grossen Geiste dargeboten. Hierauf werden Speisen in hölzernen Schüsseln oder andern Gefässen hingestellt, die die Gäste mitgebracht haben; denn es ist kein Verstoss gegen den Anstand, Schüsseln zum Feste selbst mitzubringen. Wenn alle bedient sind, wird das Zeichen zum Essen gegeben und wer nicht Alles essen kann, was ihm vorgelegt ist, muss dem Wirthe ein Geschenk machen und ausserdem noch einen der Anwesenden bezahlen, um den Rest zu verzehren. Etwas liegen zu lassen, würde den grossen Geist beleidigen und die Medicin unwirksam machen. Ist das Essen zu Ende, so räuchert man den Kessel, in welchem die Speisen gekocht wurden, mit Cederblättern oder Gras. Ehe das Kochen anfängt, wird alles Feuer im Wigwam ausgelöscht und ein neues mit Stahl und Stein gemacht. Bei der Feier des heiligen Festes sind Feuer und Kochgeräthe nur diesem Zwecke geweiht und werden für ihn allein verwendet. Nach dem Feste sammelt man sorgfältig alle Knochen und wirft sie in's Wasser, damit kein Hund sie bekömmt und kein Weib auf sie tritt.

Die Sioux verehren die Sonne. Der Sonnentanz wird von jungen Kriegern ausgeführt mit Pausen von fünf Minuten und dauert mehrere Tage. Sie hüpfen auf einem Beine, dann auf dem andern im Takte nach der Trommel und machen unbeschreibliche Geberden. Jeder hat ein Pfeifchen im Munde und wendet das Gesicht der Sonne zu. Den Gesang und die übrige Musik machen die Aerzte. Die Trommel, welche hierbei gebraucht wird, besteht in einer kleinen Tonne, über der ein rauhes Fell ausgespannt ist, das in regelmässigem Takt mit dem Knopfe eines kurzen Stabes geschlagen wird. Weiber versichern, die Zukunft vorhersagen zu können, und werden aus diesem Grunde bisweilen zu Medicinfesten eingeladen."

„Der Hundetanz steht bei den Sioux in hohen Ehren," erzählt Mrs. Eastman weiter, „und das erste Mal, dass er in langer Zeit in der Nähe von Fort Snelling gefeiert worden ist, war ungefähr vor fünf Jahren.

Die Chippeways mit ihrem Häuptling „Loch im Tage" waren zum Besuche bei den Sioux, und die Prärie vor dem Fort war mit Indianern beider Stämme bedeckt. Die Chippeways sassen auf dem Grase in einer kleinen Entfernung die Sioux beobachtend, wie sie tanzten, „um zu zeigen, wie tapfer sie seien und wie sie die Herzen ihrer Feinde aufessen könnten," während die Garnison von einer Galerie des Forts aus den Tanz mitansah.

Die Sioux-Krieger bildeten einen Kreis, in dessen Mitte ein Pfahl in die Erde eingeschlagen war. Einer der Indianer tödtete einen Hund, nahm Herz und Leber heraus, hielt sie einige Augenblicke in einen Eimer mit kaltem Wasser und hing sie dann an den Pfahl. Nach einiger Zeit näherte sich diesem einer der Krieger mit Gebell. Er machte dabei eine unwiderstehlich komische

Figur, suchte sich so viel als möglich wie ein Hund zu gebärden und wusste diese Rolle trefflich zu spielen. Dann zog er sich wieder zurück und ein anderer Krieger trat auf den Schauplatz mit einer andern Art von Gebell, noch mehrere fielen ein, bis endlich ein allgemeiner Chor angestimmt wurde. Hierauf wird einer sehr kühn, springt und bellt auf den Pfahl los und beisst ein Stück Fleisch ab, ein Anderer folgt ihm darin, bis sie Alle nacheinander bellen und abbeissen. Sie mussten dann den Kopf zurückbeugen, um den Bissen zu verschlingen — es war offenbar eine harte Arbeit. Mehrere Hunde wurden nach und nach getödtet und einige der Krieger sahen bereits bleich und krank aus, als Capitän Eastman sich anschickte den Versuch zu machen, mit wie vielen Herzen ihrer Feinde sie fertig werden könnten. Er ging hinunter zu den Indianern und kaufte noch einen Hund. Sie konnten sich nicht weigern das Herz zu verzehren und selbst den tapfersten Männern wurde schlecht; da sie den letzten Mundvoll verschlangen, waren sie bleich wie der Tod."

Der vorstehende Bericht wirft einigen Zweifel darauf, ob den Dahcotahs von jeher das Aufzehren ihrer Feinde wirklich so fremd gewesen sei, als die früher nach Long mitgetheilte Erzählung vermuthen liess; man scheint aus ihr nur schliessen zu dürfen, dass es bei ihnen früher und vollständiger abkam, als bei vielen andern Indianervölkern.

An den angeführten Einzelheiten über die Tänze der Indianer wird man genug haben. Wir wollen in dieser Rücksicht nur noch erwähnen, dass es ausser den genannten Tänzen natürlich noch viele andere bei ihnen giebt. Wie die Sioux einen Hundetanz haben, so haben sie z. B. auch einen Büffel - und einen Bärentanz, obwohl beide wieder mit wesentlich verschiedener Bedeutung. Der erstere wird getanzt um die ausgewanderten Büffel, durch deren Abwesenheit die auf sie allein angewiesenen Indianer oft in die bitterste Noth gerathen, wieder herbeizuziehen; daher setzt man ihn Tag und Nacht fort, oft Wochenlang, bis sich endlich Büffel blicken lassen und dadurch die Untrüglichkeit des angewandten Mittels bestätigen. Ebenso führt man den Bärentanz auf, bei dem sich die Tänzer durch entsprechende Masken in Bären verkleiden, um die Gunst des Bärengeistes zu gewinnen und zu bewirken, dass dieser die Thiere dem Jäger entgegenführe.

„Um zu erfahren, wo es Büffel giebt, wird auch wohl ein Orakel von eigenthümlicher Art befragt. Während man auf dem

Grase sitzt und sich unterhält, greift ein Häuptling eine der ungeheuren schwarzen und grünen Heuschrecken auf, deren Name bei den Dahcotahs „die, welche den Büffel bezeigen" bedeutet. Er hält das Thier ehrfurchtsvoll zwischen Daumen und Zeigefinger, sieht es aufmerksam an und fragt: „Sage mir, mein Vater, wohin müssen wir morgen gehen, um Büffel zu finden?" Die Heuschrecke windet ihre langen Fühlhörner in augenscheinlicher Verlegenheit; endlich deutet sie nach Westen oder scheint es doch zu thun. Da wird sie sanft auf die Erde gesetzt und man ist hoch erfreut, nun zu wissen, welchen Weg die Jagd zu nehmen hat, um reicher Beute sicher zu sein" (Parkman).

Diess Alles weist deutlich genug auf die hohe Stellung hin, welche nach der Auffassung der Indianer die Thiere überhaupt einnehmen. Sie schreiben ihnen Vernunft und die Fähigkeit zu, die menschliche Rede zu verstehen. Ihren Ueberlieferungen nach sind sie selbst mit den Thieren nahe verwandt und machen sogar den Anspruch, direct von Bären, Wölfen, Hirschen oder Schildkröten abzustammen, worauf ihre Namen hindeuten, wie wir früher schon bemerkt haben. Daher kann es nicht wundern, dass ein Indianerweib eines Tages einem alten Hunde folgende Rede hielt: „Du solltest dich schämen! Ich habe dich gut gefüttert und dich immer wohl gepflegt von der Zeit an, da du noch klein und blind warst, da du nur herumkriechen und nur ein Bischen wimmern konntest, statt zu heulen wie jetzt. Da du alt wurdest, habe ich gesagt, du wärest ein guter Hund. Du warst immer brav, wenn man dir die Last auf den Rücken legte, und bist nicht den Pferden zwischen die Beine gelaufen, wenn wir zusammen über die Prärie zogen. Aber du hattest ein schlechtes Herz! Wenn ein Kaninchen aus dem Busch sprang, bist du immer zuerst ihm nachgelaufen und hast die andern Hunde angeführt. Du hättest wissen sollen, dass diess gefährlich war. Wenn du weit draussen auf der Prärie warst und Niemand dir helfen konnte, hätte ein Wolf sich auf dich stürzen können. Dann wärst du verloren gewesen, denn kein Hund kann sich vertheidigen mit der Last auf dem Rücken. Noch vor drei Tagen bist du so davongelaufen und hast das Bündel hölzerner Nadeln umgeworfen, mit dem ich die Hütte festmache. Siehst du wohl, wie sie nun dort offen steht und klafft? Und diese Nacht noch hast du ein grosses fettes Stück Fleisch gestohlen, das für meine Kinder gekocht werden sollte. Ich sage dir, du hast ein schlechtes Herz und musst sterben!" Hierauf ging die Frau in die Hütte, holte einen grossen steinernen Hammer und schlug den unglücklichen Hund mit einem Schlage todt.

„Mene-Seela hielt die Biber und die Weissen für die gescheutesten Leute auf der Erde, und erzählte zum Beweise folgende Geschichte. Als ich noch sehr jung war und noch nie einen Weissen gesehen hatte, ging ich mit drei oder vier Kameraden auf die Bieberjagd. Ich kroch in eine grosse Biberwohnung, um sie zu untersuchen. Bald auf Händen und Füssen fortrutschend, bald schwimmend legte ich eine grosse Strecke Weges unter der Erde zurück. Es war sehr kalt, dunkel und eng, so dass ich fast erstickt in Ohnmacht fiel. Als ich anfing, mich wieder zu erholen, konnte ich draussen gerade die Stimmen meiner Kameraden hören, die mich verloren gegeben hatten und eben mein Todtenlied sangen. Zuerst konnte ich nichts sehen, aber bald bemerkte ich etwas Weisses vor mir und unterschied endlich drei Leute, die ganz weiss waren, einen Mann und zwei Weiber, die am Rande eines schwarzen Wasserpfuhles sassen. Ich wurde ängstlich und glaubte, es sei hohe Zeit, mich zurückzuziehen. Als es mir nach grosser Anstrengung gelungen und ich wieder oben war, ging ich sogleich nach der Stelle, die über dem Wasserpfuhle lag, wo ich die drei geheimnissvollen Wesen gesehen hatte, machte mit meiner Keule ein Loch in die Erde, setzte mich nieder und passte auf. Sogleich kam die Nase eines alten Bibers an der Oeffnung zum Vorschein. Ich ergriff ihn und zog ihn herauf; darauf streckten zwei weibliche den Kopf hervor und ich machte es ihnen ebenso. Diess müssen die drei weissen Menschen gewesen sein, die ich am Rande des Wassers sitzen gesehen hatte." (Parkman.)

Die gefährlichen Thiere sind es ganz hauptsächlich, welche durch ihre List und Stärke, manche von ihnen auch schon durch ihren Anblick allein den Eindruck einer geheimnissvollen dämonischen Macht hervorbringen. Daher wird man sich nicht wundern, dass der Jaguar bei den Eingeborenen von Moxos göttliche Verehrung geniesst, dass der Bär, sobald er auf der Jagd aufgefunden ist, mit einer eigenthümlichen Formel begrüsst und namentlich nach den Todten gefragt wird, zu denen er bald wieder zurückkehren solle — denn in Bärengestalt erscheinen die Geister den Menschen häufig. Aehnlich wie gegen den Bären benimmt sich der Indianer auch gegen die Klapperschlange.

Wer zuerst eine solche bemerkt, macht seinen Gefährten sogleich ein Zeichen, durch das ihm der alleinige Besitz derselben gesichert wird. Darauf redet er sie mit folgenden Worten an: „Sei willkommen, Freund aus dem Geisterland! Wir waren unglücklich. Unsere Freunde dort wussten es. Der grosse Geist wusste es. Du bist gekommen, uns zu trösten. Wir kennen deine Botschaft. Nimm diese Spende Tabak" — bei diesen Worten zerreibt der Indianer etwas Tabak zwischen den Fingern zu Pulver und streut diess der Schlange auf den Kopf — „nimm diese Spende Tabak, sie wird dir eine Stärkung sein nach deiner langen Reise." Nach diesen Worten ergreift er die Schlange am Schwanze, fährt ihr mit einem besonderen Kunstgriff rasch mit der Hand über den Rücken hinauf bis zum Kopfe und zerquetscht sie. Die abgezogene Haut wird als Trophäe von ihm getragen. (M'Kenney.) — Auffallend kann bei diesem Allen fast nur diess sein, dass der Indianer es wagt, mit List und Gewalt gegen das Geisterreich zu kämpfen, das er in der Thierwelt sich gegenübersieht, wogegen der civilisirte Mensch bei seiner lebhafteren Phantasie es sich nie einfallen lassen wird, den ungleichen Kampf etwa mit einem Gespenste aufzunehmen.

So mannigfachen Gefahren sich auch der Europäer im Verkehr mit Indianern durch den vielfachen Aberglauben derselben ausgesetzt findet, so giebt dieser auf der anderen Seite aber auch dem geistig Ueberlegenen eine Menge von Mitteln an die Hand, sie zu leiten und zu regieren, und hat in einzelnen, freilich seltenen Fällen sogar dazu gedient, Unglück oder Verbrechen abzuwenden.

Als der Graf von Zinzendorf 1742 unter den Cayugas (Irokesen) am Wyoming lebte, kam er in Gefahr, von diesen erschlagen zu werden, weil sie nicht glauben konnten, dass er bloss zu ihrem eigenen Besten zu ihnen gekommen sei, sondern ihn im Verdacht hatten, dass er sich Land aneignen wolle. Sie beschlichen ihn daher eines Abends in seinem Zelte, wo er auf einem Bündel Reissig an einem kleinen Feuer sass und schrieb. Dicht bei ihm lag eine Klapperschlange, die vom Feuer vertrieben, von ihm unbemerkt geblieben war. Die Indianer, welche diese Schlangen fürchteten und hochverehrten, zweifelten nicht mehr an dem göttlichen Ursprunge des Fremden, den sie in Gesellschaft mit ihr fanden, gaben ihr Vorhaben auf und kehrten ruhig zu den Ihrigen zurück.

Nicht genug, dass der Indianer eine zahlreiche Götterwelt über sich und eine geisterhafte Thierwelt um sich her sieht, sein Aberglaube erstreckt sich noch viel weiter. Wie jede Völkerschaft ihre besondere „Medicin" hat, die allen andern ein Geheimniss bleiben muss, so hat auch jeder Einzelne die seinige, nämlich einen persönlichen Schutzgeist, den er in Gestalt eines Thierbalges immer mit sich führt. Wie er zu dieser „Medicin" kommt, erzählt Catlin auf folgende Weise.

Im Alter von 14 oder 15 Jahren geht der Knabe vom Hause weg in die Einsamkeit, um sich seine „Medicin" zu holen. Hat er dort gefastet und ist eingeschlafen, so ist das erste Thier, von dem er träumt, der Beschützer, den ihm der grosse Geist hestimmt hat. Dann kehrt er nach Hause zurück, und wenn er Hunger und Durst gestillt hat, geht er aus, um jenes Thier zu jagen, dessen Fell er sein Leben lang bewahrt und mit sich führt, denn es bringt ihm Glück. Verliert er es, so ist er ein allgemein verachteter Mann, ein „Mann ohne Medicin", der seine Ehre nur dadurch wiederherstellen kann, dass er einen Feind erschlägt und ihm seinen Talisman abnimmt, der alsdann sein eigener Schutzgeist wird. Abkaufen lässt sich ein Indianer seine „Medicin" um keinen Preis, weil er Leben, Glück und Ehre mit ihr verkaufen würde und er sie nur einmal im Leben sich holen kann. Sie wird mit ihm begraben.

Die Pelzhändler in diesem Lande (am Yellow-Fluss), bemerkt er dabei, sind fast alle Franzosen. Von ihnen wurde das Wort „Medicin" entnommen und auf alles Geheimnissvolle und Unbegreifliche übergetragen. Doch gebrauchen die Indianer dieses Wort nicht selbst, sondern jedes Volk besitzt für diesen Begriff ein entsprechendes eigenes Wort. So nennen z. B. die Dahcotahs Alles was ihre Fassungskraft übersteigt, ihnen als wunderbar geisterhaft erscheint whakun. So gilt ihnen unter Anderem die Ceder als „grosse Medicin", als whakun, denn ihre Blätter haben die übernatürliche Kraft, dass sie als Rauchwerk verbrannt, den Zauber eines feindlich gesinnten Menschen brechen und als Präservativ Unglück abwenden, namentlich die vom Blitze drohende Gefahr.

Jedes Indianervolk hat eine besondere Klasse von Menschen, die sich auf alle diese „Medicinen" ausschliesslich verstehen und mit ihnen umzugehen wissen, die „Medicin-Männer" und „Medicin-Weiber", die zugleich Aerzte, Wahrsager, Zauberer, Geisterbeschwörer sind, die Leitung der religiösen Ceremonien zu besorgen haben und natürlicher Weise in höchstem Ansehen stehen, so dass nächst Heldenkraft und Kriegsruhm auf der einen, Beredtsamkeit und erfinderischer Klugheit auf der andern Seite, nur ihre eigenthümlichen Talente dem Einzelnen Macht und Einfluss in der Gesellschaft zu verschaffen vermögen. Diese Leute sind meist schlaue Betrüger, welche die Geistesschwäche Anderer zu ihrem Vortheil benutzen, obwohl sie in vielen Fällen nicht mehr wissen mögen, in wie weit sie selbst noch an ihre Gauklerkünste glauben oder nicht. Zwischen Nord- und Südamerica besteht in Rücksicht auf diese „Medicin-Männer" kein wesentlicher Unterschied. Wenn der Indianer Regen braucht, lassen sie es regnen, wenn er krank ist, machen sie ihn wieder gesund, und es versteht sich von selbst, dass ein Mensch, der den höheren Mächten auf solche Weise gebietet, für seinen Lebensunterhalt zu arbeiten nicht nöthig hat; denn diejenigen, welche seine Hülfe bedürfen, versorgen ihn reichlich mit Allem, was er braucht. Vielleicht fürchtet man, dass sein Geschäft den Medicin-Mann leicht in die Lage bringe, sich zu compromittiren; doch damit hat es keine Noth: bald kommt ihm der unerschütterliche Glaube des Indianers, bald ein glücklicher Zufall zu Hülfe, bald auch seine eigene Erfindungskraft, Unverschämtheit oder Beharrlichkeit, denn wie der Indianer beim Büffeltanze verfährt, ganz so treibt er es; z. B. um es regnen zu lassen, setzt er unermüdlich seine wunderbaren Manipulationen fort, bis es wirklich Regen giebt, sei es auch noch so lange Zeit hindurch — und endlich muss doch einmal wieder Regen kommen — oder er weiss von dem Zorn böser Geister zu erzählen, durch deren Uebermacht der gewünschte Erfolg zurückgehalten wird.

Wie sich diess insbesondere auch an dem Heilverfahren bestätigt, das sie anwenden, und worin dieses selbst besteht, wird folgende Schilderung lehren, die Mrs. Eastman davon entwirft.

„Wenn ein Indianer krank ist und „den Doctor" braucht, wie wir sagen, oder „einen Medicinmann", wie sie sagen, schickt man einen Boten zu einem solchen mit einer vollen Pfeife in der einen und mit der Bezahlung in der andern Hand. Dieser Lohn kann eine Flinte, eine Bettdecke, ein Kessel sein, Alles, was sich zu einem Geschenke eignet. Beim Eintritt in den Wigwam (oder Teepee, wie die Hütten der Sioux heissen) des Wundermanns reicht ihm der Bote die Pfeife und legt das Geschenk oder die Bezahlung neben ihn. Hat der Doctor die Pfeife geraucht, so sucht er den Patienten auf, setzt sich in einiger Entfernung von ihm nieder, legt seinen Rock oder seine Decke ab und zieht die Gamaschen bis an die Knöchel herunter. Hierauf verlangt er einen wohl zugerichteten getrockneten Kürbis, in den man kleine Perlen oder Kiesel gethan hat, um ihn als Klapper gebrauchen zu können. Mit diesem fängt er an zu klappern und zu singen, um das Thier zu bezaubern, das im Leibe des Kranken steckt. Er singt in schneller Folge hei-hi-hei-hah, dann fällt der Chor feierlicher und langsamer ein: ha-ha-ha, hahahah. Nach gehöriger Wiederholung dieses Gesanges hält der Doctor inne, um zu rauchen; dann singt und klappert er wieder. Bisweilen versucht er mit dem Munde die Krankheit aus einem Arm oder anderen Gliede zu ziehen, das er für ergriffen hält. Dann erhebt er sich scheinbar fast erstickt, heult erschrecklich, steckt sein Gesicht in eine Schüssel voll Wasser und macht alle möglichen Geberden und Töne. Diess Alles thut er um die Krankheit loszuwerden, die er aus dem Patienten herausgezogen zu haben versichert. Wenn er glaubt, dass der Kranke von einem vierfüssigen Thiere, Vogel oder Fisch besessen ist, so ist es nöthig, das Thier zu vernichten, was durch Erschiessen geschieht. Zu diesem Zwecke macht der Doctor ein Bild des Thieres aus Baumrinde, das er in eine Schüssel voll Wasser mit rother Erde legt. Die Schüssel wird aus dem Wigwam hinausgetragen, wo einige junge Männer stehen, die der Doctor dann darüber belehrt, wie und wann sie das Thier erschiessen sollen.

Wenn Alles in Ordnung ist, streckt der Doctor den Kopf aus dem Wigwam hervor auf seinen Händen und Knieen. In diesem Augenblick feuern die jungen Männer auf das kleine Thier von Baumrinde, so dass es gänzlich zerstiebt; zugleich springt der Doctor nach der Schüssel, steckt das Gesicht ins Wasser, grunzt und heult und macht sehr vielen Unsinn. Plötzlich springt ein Weib ihm auf den Rücken, steigt dann wieder herunter, nimmt den Doctor bei den Haaren und zieht ihn in den Teepee zurück. Alle kleinen Splitter des Thieres von Baumrinde werden dann gesammelt und verbrannt. Damit endigt die Ceremonie. Wird der Kranke nicht wieder hergestellt, so sagt der Doctor, er habe nicht das rechte Thier getroffen, und offenbar liegt dann die Schuld nicht daran, dass der Arzt nicht hinreichende Anstrengungen gemacht hätte.

Die Sioux haben das grösste Vertrauen zu ihren Medicin-Männern und -Weibern. Wenn der Patient wieder gesund wird, so gereicht diess dem Doctor zur Ehre; stirbt er, so sagen sie: „die Zeit war gekommen, dass er sterben sollte," oder „die Medicin dessen, der auf den Kranken seinen Zauber warf, war stärker, als die des Doctors," und so finden sie stets eine befriedigende Lösung, wenn die Kur misslingt".

Da es gewöhnlich ein Thier ist, von dem sich die Indianer

den Kranken besessen denken, so ist es nur natürlich, dass manche Völker, wie die Itonamas und Cayuvavas in Moxos, ihrem Kranken, sobald sie Rettung nicht mehr möglich glauben, Augen, Mund und Nase fest zuhalten, so dass er erstickt, damit der Tod nicht aus ihm herauskomme und noch Andere ergreife.

Viele Sitten der Indianer gründen sich auf ihren Aberglauben. Ihre Teepees machen die Sioux immer von Büffelhäuten, und nichts könnte sie dazu bewegen, statt derselben etwa Hirschhäute dazu zu nehmen. Vor vielen Jahren, so erzählte man M. Eastman, machte einmal ein Weib einen Teepee aus Hirschfellen, sie wurde aber plötzlich krank und starb unmittelbar darauf. Einen Grund für ihren Tod musste man finden, und da man keinen andern wusste, schlossen die Indianer, dass sie ihren Tod durch die Verwendung von Hirschfellen zu ihrem Teepee sich selbst zugezogen habe. Seit dieser Zeit hat man immer Büffelhäute dazu genommen.

Die Weiber sollen wo möglich noch abergläubischer sein, als die Männer. Bei den Sioux darf ein Weib den Sack nicht einmal berühren, der Kriegsgeräthe enthält, und nichts würde sie dazu bewegen können, in einen Spiegel zu sehen, denn, wie die Medicinmänner sagen, würde Blindheit oder sogar der Tod die unausbleibliche Folge davon sein.

Zeigt sich ein Nordlicht, so ziehen die Sioux in voller Kriegsrüstung gegen dasselbe aus, stellen sich dann in Schlachtordnung und schiessen mit Flinten oder mit Bogen und Pfeilen nach ihm, um es durch Bedrohung zu erschrecken und zu verjagen oder zu zerstören. Ein ähnliches Verfahren beobachten sie auch öfters gegen ein heraufziehendes Gewitter. Wünschen sie nämlich ein solches durch Drohungen abzuwenden, so ziehen die Kämpfer aus, welche diese Kunst ausschliesslich für sich in Anspruch nehmen, mit ihren Waffen, der magischen Trommel und einer besonderen Art von Pfeife versehen, die aus dem Flügelknochen des Adlers gemacht ist. So gerüstet rennen sie fort, feuern auf die Gewitterwolke, schreien, pfeifen, lärmen und trommeln, um sie wieder wegzuscheuchen.

Zu den sonderbarsten Arten ihres Aberglaubens gehört auch diejenige, mit welcher Catlin als Maler zu kämpfen hatte. Die Indianer glaubten nämlich, dass ihnen dadurch, dass sie abgemalt würden, ein Zauber angethan und ihnen selbst von ihrer Lebenskraft und ihrem eigenen Wesen etwas entzogen werde, das der

Maler auf die Leinwand auftrüge; doch liess sich ihr Misstrauen gewöhnlich beruhigen, und sie waren dann stolz auf die Ehre, sich selbst in einem zweiten Exemplare vor sich zu haben und von ihren Freunden wiedererkannt zu sehen. Wie völlig unberechenbar indessen diese Menschen in ihrem Denken und Handeln sind, lehrt der sehr ernsthafte Streit, zu dem einst Catlin dadurch die unwillkürliche Veranlassung wurde, dass er einen Häuptling im Profil gemalt hatte: ein Anderer nämlich, der jenem übelwollte, warf ihm sogleich vor, er sei nur ein halber Mann, das beweise ja das Bild, seine andere Hälfte tauge nichts und fehle deshalb auf diesem. Der Streit wurde gefährlich, da man nun anfing, sich an den Maler zu halten, und ihm die Schuld gab; und es kostete viele Mühe, den Frieden wiederherzustellen.

Das Vorstehende wird hinreichen um zu zeigen, wie durchaus unerschöpflich der Aberglaube der Indianer ist und wie er es in der That für einen civilisirten Menschen fast zur Unmöglichkeit macht, mit einiger Ruhe und Sicherheit unter ihnen zu leben, weil die Gedanken, von denen sie sich im Handeln leiten und bestimmen lassen, durchaus ohne bleibenden inneren Zusammenhang sind und oft den bizarrsten Einfällen weichen müssen, die irgend ein zufälliger Umstand ihnen eingiebt. Träume und Visionen, die in einem Zustande der Schwäche oder der Aufregung sich ihrer bemächtigen, gelten ihnen immer als übernatürliche Offenbarungen, und sie glauben sich zu einer Menge von sonderbaren Handlungen verbunden, von deren Ausführung nach ihrer Ansicht aller Erfolg abhängt, den sie erreichen, sei es im Kriege oder in der Liebe, auf der Jagd oder bei irgend einer andern Unternehmung. Diese Sonderbarkeiten nennen sie „Medicinen", und sie sind oft toll genug. Der eine isst den rechten, ein Anderer den linken Flügel eines Vogels nicht; Einige stossen, so oft sie rauchen, mit dem dicken Ende der Pfeife auf den Boden, Andere wollen mit Allem was sie sprechen, das Gegentheil sagen; Einer bildet sich ein, dass Alles für ihn verloren sei, wenn er nicht jeden Weissen, der ihm begegnet, zwänge, einen Napf voll kaltes Wasser zu trinken; einem Andern hat der grosse Geist im Traume gesagt, dass er immer um Mitternacht ein gewisses Lied singen müsse. Diess Alles wird dann natürlich als höchst wichtiges Geschäft getrieben und mit grösster Regelmässigkeit ausgeführt.

Die Ursachen, aus welchen die Thätigkeit der Missionäre namentlich zu Anfang bei den Indianern meist so geringen Erfolg hatte, sind von uns früher an mehreren Stellen beiläufig erwähnt worden. Die grosse instinctive Liebe des Indianers zu persönlicher Freiheit und Unabhängigkeit nach allen Seiten hin, nimmt unter ihnen die erste Stelle ein. Zu ihr kam dann weiter seine grosse Anhänglichkeit an den Glauben der Väter und sein natürliches Misstrauen gegen die Fremden, die ihm das Christenthum brachten. Konnten doch häufig die Missionäre nur durch Dolmetscher mit den Eingeborenen verkehren; wo dennoch ihre Bemühungen von dem wünschenswerthen Erfolg gekrönt wurden, da wirkte ohne Zweifel die Macht der Engländer und die Furcht vor ihr in hohem Maasse mit. Abweisende Antworten wie die eines Sachem, der, aufgefordert das Missionswerk unter seinem Stamme fördern zu helfen, erwiderte: „Bessre erst deine Landsleute, die Engländer!" sind durch die Lage der Indianer so sehr motivirt, dass sie keine Verwunderung erregen können. Manche Häuptlinge suchten namentlich auch deshalb die Einführung des Christenthums zu hindern, weil sie alsdann nicht mehr so willkürlich mit ihren Leuten verfahren konnten, als früher; mehrere erklärten geradezu „dass die Indianer, die zu Gott beteten, ihnen nicht mehr den Tribut bezahlen wollten, wie sonst."

Merkwürdig genug sind die Gesetze, deren Feststellung der Missionär John Elliot — er begann seine Wirksamkeit im J. 1646 — in einer Indianerversammlung durchsetzte, um die Bekehrung zum Christenthum gehörig vorzubereiten. Da sie nächst dem Missionär selbst auch den Zustand der Indianer charakterisiren, theilen wir sie hier mit: 1) Wenn jemand eine Woche oder höchstens vierzehn Tage müssig geht, soll er 5 Schillinge bezahlen. 2) Wenn ein unverheiratheter Mann verbotenen Umgang hat mit einem Mädchen, soll er 20 Schillinge bezahlen. 3) Wenn ein Mann seine Frau schlägt, soll er, die Hände auf den Rücken gebunden, vor Gericht geführt und hart bestraft werden. 4) Jeder selbstständige Mann soll einen Wigwam für sich selbst aufrichten und nicht in fremden Wigwams sich umhertreiben. 5) Wenn eine Frau ihr Haar nicht aufbindet, sondern es fliegen lässt oder es schneidet wie die Männer, so soll sie 5 Schillinge bezahlen. 6) Wenn eine Frau mit blosser Brust geht, soll sie 2 Schillinge bezahlen. 7) Alle Männer, die das Haar lang tragen, sollen 5 Schillinge bezahlen. 8) Wenn jemand seine Läuse mit den Zähnen knackt, soll er 5 Schillinge bezahlen.

Will man sich das Bild der Faulheit und des Müssigganges,

des Missbrauches der rohen Gewalt, des Schmutzes und der ekelhaften Gewohnheiten weiter ausmalen, das sich schon aus diesen wenigen Bestimmungen allein ergiebt, so wird man es zwar missbilligen, aber wohl verständlich finden, wenn sich Parkman über das Verhältniss, in dem sich der Weisse zu den Indianern findet, wenn er unter ihnen lebt, in folgender Weise äussert.

„Ein civilisirter Mensch kann nur wenige Punkte der Uebereinstimmung seines eigenen Wesens mit dem des Indianers finden, so dass er mit ihm sympathisiren könnte. Bei aller Gerechtigkeit gegen ihre guten Eigenschaften muss er inne werden, dass eine unüberschreitbare Kluft zwischen ihm und seinen rothen Brüdern der Prärie liegt. Ja sie erscheinen ihm selbst so fremd, dass wenn er einige Monate oder Wochen die Luft dieses Landes geathmet hat, er anfängt, sie als eine lästige und gefährliche Art von wilden Thieren zu betrachten, die er unter Umständen mit eben so wenig Bedenklichkeit niederschiessen könnte, als sie selbst hegen würden, wenn sie an ihm dasselbe thäten." So spricht sich ein Mann aus, der aus Interesse für die Indianer und um sich aus eigener Anschauung ein Urtheil über sie zu bilden, längere Zeit unter ihnen lebte, ein Mann, dem es als passionirtem Jäger zwar eine wahre Freude ist, die plumpen, stumpfsinnigen Büffel zu schiessen, der aber bisweilen eine gewisse Selbstüberwindung nöthig hat, um einer angeschossenen Antilope den Todesstoss zu geben. So leicht und naheliegend für uns ein harter Tadel über eine solche Aeusserung ist, so erklärlich wird sie doch, wenn wir an einer andern Stelle lesen, wie die Indianer über einen getödteten Büffel herfallen: „die Gruppe bot kein anziehendes Schauspiel für ein gebildetes Auge dar. Einige spalteten die gewaltigen Schenkelknochen und verschlangen das Mark daraus, Andere schnitten Stücken von der Leber und andere Leckerbissen ab und verschluckten sie auf der Stelle mit der Gier der Wölfe. Die Gesichter der meisten, mit Blut beschmiert von einem Ohre bis zum andern, sahen grässlich genug aus. Bei diesen extemporirten Gastmählern wählt man jedoch nur einige besonders schmackhafte Theile des Thieres aus und die Indianer würden jeden mit Abscheu betrachten, der ohne Unterschied von dem frisch getödteten Wilde ässe."

Das Lehrreiche der ganzen Sache liegt hauptsächlich darin, dass sie zeigt, wie das Leben unter rohen Menschen für den civilisirten einen gewissen Grad der Verwilderung zur unausbleiblichen Folge hat.

Sittliche Vorstellungen.

Die sittlichen Vorstellungen der Indianer knüpfen sich an ihre religiösen Ansichten nicht an und stehen zu diesem überhaupt in keiner Beziehung. Sie sehen in ihnen keine göttlichen Gebote oder Offenbarungen, so zahlreich auch diese letztern bei ihnen sind, sondern sind ganz und gar nur Ergebnisse der Natur der persönlichen Verhältnisse, in die sie selbst gerathen. Dass die Götter ihnen ihre Uebelthaten vergelten sollten in diesem oder gar in einem anderen Leben, ist ein Gedanke, der ihnen durchaus fremd bleibt. Die rohesten unter ihnen, wie namentlich die Yuracares in Südamerica, wollen nicht einmal von einem Rechte Uebelthaten zu strafen etwas wissen, obwohl sie die Rache natürlich und nothwendig finden; ein jeder ist nach ihrer Ansicht so ganz Herr seiner Thaten, dass er Niemandem Rechenschaft oder Verantwortung schuldig ist: die Vorstellung der Schuldigkeit und Schuld fällt bei ihnen demnach völlig hinweg.

Bei den meisten indessen verhält es sich anders. Ihre Rechtsbegriffe beruhen hauptsächlich auf der talio, der strengen Wiedervergeltung, auf die wir schon öfters etwas näher einzugehen Gelegenheit gehabt haben. Auf dem Morde steht der Tod von Rechtswegen, aber nicht in Folge eines Richterspruches, sondern vermöge der Rache, welche die Betheiligten zu nehmen verpflichtet sind, doch kommt es vor, dass selbst der Mord abgekauft wird. Er ist gesühnt, sobald sich die Betheiligten für befriedigt erklären. Abgesehen von Rache gilt der Mord den Indianern für eine Schändlichkeit. So sehr sie die Rache für einen solchen von Seiten der Verwandten in der Ordnung finden, so ungern verstehen sie sich dagegen zur Auslieferung eines Mörders an eine Staatsbehörde. Es wiederstrebt diess ihren Begriffen. Es entstanden daher fast immer Schwierigkeiten und selbst neue Kriege in solchen Fällen, in denen die Regierung der Vereinigten Staaten sich genöthigt sah auf einer solchen Auslieferung zu bestehen. Gewöhnlich schützen sie zuerst den Verbrecher, wie es ihr eignes Rechtsgefühl fordert; sind sie dazu nicht mehr stark genug, so lassen sie ihn laufen und liefern dann wohl gar einen Unschuldigen aus, wenn sie n ch ferner gedrängt und mit Krieg bedroht, den mit Erfolg zu führen sie sich zu schwach fühlen, alle ihnen zu Gebote stehenden Mittel zu ergreifen gezwungen sind, um den Frieden zu erhalten.

Ausser dem Beleidigten, Verletzten oder Ermordeten selbst und seinen Anverwandten glaubt der Indianer durchaus Niemandem Rechenschaft schuldig zu sein, daher muss ihm zunächst eine solche Auslieferung selbst und das gerichtliche Verfahren, das man gegen ihn einleitet, als unrecht und willkürlich erscheinen. Ein langer Prozess ist ihm dabei vollends unbegreiflich und er hält die Weitläufigkeiten, die man dabei macht, leicht für Feigheit, die sich nicht an ihn wagt, zumal weil der schuldige Indianer sich in der Regel zu seinen Thaten bekennt und deren Folgen auf sich nimmt, denn zum Leugnen, wie zu weibischem Betteln um Erlass oder Milderung der Strafe ist er zu stolz; demüthiges Bitten um Frieden, selbst nach langen Leiden und vielfachen Niederlagen, ist von Seiten der Indianer in ihren Kriegen mit den Weissen fast nicht vorgekommen, sondern ihr männliches Selbstgefühl und ihre ungezügelte Freiheitsliebe blieb ungebrochen und standhaft bis zum Ende. Ueber Alles unerträglich aber sind dem Indianer die Ketten und das Gefängniss denen er entgegengeht, wenn er als Verbrecher den Weissen in die Hände geliefert wird. Nicht selten zieht er es vor, sich selbst den Tod zu geben, um ihnen zu entfliehen.

Im Jahre 1827, als ein Mord in Prairie du chien vorgefallen war, forderte Major Whistler im Namen der Vereinigten Staaten von den Winibegs die Auslieferung der Schuldigen. Sie erfolgte wie immer mit ernster Feierlichkeit und ohne viele Worte. Die beiden Mörder waren „der rothe Vogel" und Wekau, jener ein Mann von angenehmer, Zutrauen erweckender Erscheinung und von edler stolzer Haltung, so dass es kaum möglich schien, ihm einen Mord zuzutrauen, und dennoch hatte er einen solchen begangen, nicht in der Hitze der Leidenschaft, sondern mit vollkommen ruhiger Ueberlegung; einen Mord an einem völlig unschuldigen Weissen, da derjenige, dem seine Rache eigentlich galt, ihr entgangen war — so wollte es die Indianersitte, und er konnte sich der That nicht entziehen, ohne vor den Seinigen als ein Feiger dazustehen. Der Häuptling, welcher die beiden Mörder übergab, that es mit den Worten: „Hier sind sie. Wie Männer sind sie gekommen. Behandle sie als Männer. Lege sie nicht in Eisen." Der „rothe Vogel" hatte mit dem Leben abgeschlossen, da er sich zur Auslieferung stellte, und ging mit der vollsten inneren Ruhe dem Tode entgegen, er hatte nach Indianer-Ansicht kein Unrecht gethan. Freiwillig war er gekommen, um sein Volk vor grösserem Unglück zu bewahren. „Ich bin bereit," sprach er. „Ich habe mein Leben weggegeben, es ist fort, und ich möchte es nicht zurück haben."

Wollen zwar einige Indianervölker von eigentlicher Strafe für begangene Verbrechen nichts wissen, abgesehen von der strengen Wiedervergeltung, welche die Ehre und Würde des beleidigten Theiles selbst fordert, so wurde doch bei vielen, und zwar gerade durch die ungerechten Kriege, welche die Weissen gegen sie führten, und durch den harten Druck, den sie von ihnen zu leiden hatten, das Rechtsgefühl weiter und schärfer entwickelt, als es sonst geschehen sein würde. Freilich war davon die nächste Folge für sie selbst nur diese, dass sie ihre Ohnmacht und die Trostlosigkeit ihrer Lage dann um so bitterer empfanden.

Ein Missionär hatte einst vor Indianern gepredigt und wurde von einem Häuptling in dessen Wigwam eingeladen. Als er wieder weggehen wollte, nahm ihn dieser bei der Hand und sprach: „Ich habe eine sehr böse Frau. Sie hatte zwei Kinder. Eines liebte, das andere hasste sie. In einer kalten Nacht, da ich auf der Jagd war, stiess sie es hinaus und es erfror. Was soll mit ihr geschehen?" Der Missionär antwortete: „Sie muss gehängt werden." „Ah, sagte darauf der Häuptling, so geh und hänge euren Gott, der es ganz so macht wie sie." — Es lässt diess zugleich einen tiefen Blick in die Hindernisse thun, welche die Bekehrung zum Christenthum bei den Indianern finden musste.

Um das Jahr 1794 machte ein Officier einem Häuptling aus dem Westen eine Medaille zum Geschenk, auf deren einer Seite der Präsident Washington mit einem Schwerte, auf der andern ein Indianer zu sehen war, der den Tomahawk begrub. Der Häuptling sah nur das Unrecht vor sich, das sein Volk erlitten hatte, und sagte ruhig: „Warum begräbt denn der Präsident sein Schwert nicht auch?"

Sind die sittlichen Begriffe des Indianers erst etwas weiter entwickelt, so ist es nichts Seltenes, das sein Rechtsgefühl, wie so häufig beim aufrichtig bekehrten Neger und beim wohl erzogenen Kinde, strenger und unbestechlicher sich beweist als in der civilisirten Welt gewöhnlich ist, wo man im Gefühl der eigenen Schwäche zur Nachsicht gegen begangenes Unrecht so geneigt und in Entschuldigungen jeder Art so erfinderisch ist, dass mit dem rechten Maassstabe oft sogar der rechte Name dafür verloren geht. So ist es nicht beim Indianer, und so kann es bei ihm nicht sein, weil die

Gesichtspunkte, aus denen er menschliche Handlungen und Verhältnisse auffasst, weit weniger manigfaltig und verwickelt sind.

John Simon, ein Sogkonate, war von seinem Stamme ums Jahr 1700 als ein besonnener Mann, der das allgemeine Zutrauen genoss, zum Friedensrichter erwählt worden. In schwierigen Fällen entschied er gemeinschaftlich mit dem englischen Richter. Simon's Frau und einige Andere waren einst straffällig geworden. Der Richter Almy und Simon urtheilten verschieden über das Vergehen; jener wollte auf acht oder zehn Streiche erkennen, aber Simon sagte: „Nein, vier oder' fünf sind genug, die armen Indianer sind unwissend und es ist unchristlich den Unwissenden so hart zu strafen als den Wissenden." Nur seiner Frau wollte er die doppelte Strafe zuerkannt wissen, weil sie hätte besser thun können, Almy aber erliess aus Rücksicht auf Simon der Frau die Strafe ganz. Da wurde dieser ernst und schwieg zwar vor Gericht, aber bei der ersten Gelegenheit erklärte er sich streng gegen das gefällte Urtheil und sprach: „Wozu predigen wir die Religion der Gerechtigkeit, wenn wir ungerecht handeln im Gericht?"

Wird eine Strafe über einen Indianer verhängt oder Rache an ihm geübt, so macht es für ihn selbst wie in der allgemeinen Meinung einen grossen Unterschied, durch wen und auf welche Weise diess geschieht. Sein Ehrgefühl ist in diesem Punkte höchst empfindlich. Der Ehre eines Häuptlinges schadet es durchaus nicht, irgend eine Strafe mit eigener Hand auszuführen, sondern dies ist vielmehr das Gewöhnliche, für den Gestraften aber selbst ist es von hoher Wichtigkeit, nicht durch einen gemeinen Mann, sondern durch einen tapfern und angesehenen der Strafe unterworfen zu werden, und diese hört auf etwas Schimpfliches zu haben, wenn Vertheidigung gegen sie gestattet wird, so fruchtlos diese selbst auch sein mag. So war es die äusserste Schande, dass Chopart in Natchetz 1729 nur von einem verachteten Indianer mit einem hölzernen Tomahawk umgebracht werden durfte, und solche Schande dünkt dem Indianer härter als selbst die Grausamkeiten, die er sonst wohl an seinem Feinde ausübt.

Bei so lebendigem Ehrgefühl musste die Behandlung, welche die Delawares als Besiegte von den Irokesen erfuhren und die von den Weissen bisweilen als Strafe über einzelne Uebelthäter verhängt worden ist, einen tiefen Eindruck machen: sie besteht nämlich darin, dass Schmuck, Waffen und Kleider, die der Mann trägt, namentlich im Unterschiede von der Frau, ihm abgenommen und ihm dafür ein Weiberrock angezogen, „aus ihm ein Weib gemacht wird," wie man diess zu nennen pflegt. Dadurch ist er auf's Aeusserste beschimpft, wird allgemein verachtet und darf an keinem Geschäfte der Männer in Zukunft mehr Antheil nehmen. Mancher Indianer wollte lieber auf der Stelle erschossen sein, als diese Strafe leiden.

Mit diesem so leicht verletzlichen Ehrgefühl steht der Stolz in naher Verbindung, der bei gemeineren Naturen wohl in leerer Prahlerei, bei edleren in würdigerer Weise sich ausspricht, wie in der Antwort, welche Pometacan (Metacomet) vor dem Könige im Jahre 1675 dem Gesandten des englischen Gouverneurs gab, der ihn nach dem Grunde fragte, weshalb er Krieg anfangen wolle, und ihm einen Vergleich vorschlug: „Euer Gouverneur", sagte er, „ist nur ein Unterthan des Königs Karl von England. Ich unterhandle nicht mit einem Unterthanen. Ueber Krieg und Frieden unterhandle ich nur mit dem Könige, meinem Bruder. Wenn er kommen will, werde ich ihm Rede stehen." Da das früher Erzählte manche ähnliche Beispiele enthält, welche dem Obigen zur weiteren Bestätigung dienen können, enthalten wir uns, noch andere hinzuzufügen.

Ueber Ehrlichkeit und Wahrheitsliebe der Indianer hören wir sehr verschiedene Urtheile. Der Mangel an Uebereinstimmung unter ihnen erklärt sich theils aus dem besonderen Standpunkte und den verschiedenen Erfahrungen der einzelnen Beurtheiler selbst, theils aus den Unterschieden, die sich in dieser Rücksicht unter den einzelnen Stämmen und sogar bei demselben zu verschiedenen Zeiten und unter verschiedenen Verhältnissen wirklich finden. Hören wir darüber zunächst Mrs. Eastman.

„Unwahrheit und gewohnheitsmässige Unehrlichkeit in kleinen Dingen sind herrschende Züge bei den Sioux. Die meisten von ihnen nehmen einen Küchenlöffel oder eine Gabel, wenn sie ihrer habhaft werden können, und sie finden es in der Ordnung sich für die Betrügereien der Weissen auf diese Art schadlos zu halten. Sie haben wahrscheinlich die Vorstellung durch systematisch betriebene kleine Diebstähle den Preis zu erhöhen, den man ihnen für ihr Land bezahlt hat, oder vielleicht sehen sie Küchengeräthe als Merkwürdigkeiten an, wie die Weissen ihre Mocassins und Halsbänder von Bärenklauen. Ja, wir müssen gestehen, so wenig sentimental es auch ist, sie stehlen fast alle."

„Die Männer halten das Stehlen unter ihrer Würde und

schicken daher die Weiber aus, um auf diese Weise ihnen zu verschaffen, was sie brauchen — und wehe ihnen, wenn sie ertappt werden. Der Mann würde sein Weib beschimpfen und schlagen dafür, dass sie gethan hat, was zu verweigern ihr ebenfalls sicher Schläge zugezogen haben würde. Was die Ehrlichkeit der Männer betrifft, so will ich nur die Ansicht des Mannes der „gewürfelten Wolke" anführen, der ein vortrefflicher Indianer war. „Jeder Sioux, sagte er, stiehlt, wenn er es nöthig hat und wenn er glaubt, dass es gelingen werde. Der beste Indianer, der je gelebt hat, hat gestohlen. Ich selbst habe einmal etwas Pulver gestohlen."

Hiermit ist es in voller Uebereinstimmung, dass die Indianervölker, mit denen die Weissen bei ihrer ersten Niederlassung in Neu-England zusammentrafen, wie erzählt wird, unter den zehn Geboten nur mit dem siebenten unzufrieden waren und es nicht anerkennen mochten. Daher wird man mit Recht Anstand nehmen, die Neigung der Indianer zum Diebstahl mit Mrs. Eastmann erst aus einem Gefühle der Rache gegen die Weissen zu erklären.

Um so mehr verdient es Beachtung, dass (freilich erst in späterer Zeit) ein schon öfter erwähnter Häuptling der Sauks, „der Schwarzfalke", bei Gelegenheit eines Diebstahls, der auf einem Schiffe vorfiel, auf welchem er sich mit den Seinigen befand, mit verletztem Ehrgefühl ausdrücklich und mehrfach versicherte, dass seine Sauks nicht stählen, und eifrig bemüht war, durch Untersuchung der Sache diess zu beweisen. Auch von den Krähenindianern berichtet Catlin, dass das Stehlen bei ihnen für eine grosse Schande gelte. Feindliches Gut zu stehlen, scheint von den Indianern allgemein für ehrenvoll gehalten zu werden, wogegen sie die Entwendung dessen, was nicht befreundeten Leuten, Fremden und Unbekannten gehört, meistentheils als eine moralisch gleichgültige Handlung, nicht als schimpflich betrachten.

Bei manchen Stämmen findet sich eine strenge Wahrheitsliebe, allgemeiner Abscheu vor der Lüge und daher gänzliche Unbekanntschaft mit Betheuerungen und Schwüren. Zum Schwören aufgefordert, gab einst ein Indianer zur Antwort: „Bin ich ein Hund, dass ich lügen sollte?" Nicht selten ist es freilich, dass ihre Treue und Wahrheitsliebe sich nur auf ihre Stammverwandten und Freunde erstreckt, wogegen sie sich lügnerisch gegen Fremde und Feinde zeigen, da ihnen gegen letztere jede List für erlaubt gilt, gegen jene aber Misstrauen und Stolz sie erfüllt. Namentlich ist es ihr Stolz, der sie den Weissen gegenüber leicht zu Uebertreibungen verleitet. So versicherte ein Indianer einst, als er in Newyork vor einer ungeheuren versammelten Menschenmenge einen Luftballon steigen sah, dass mehr Menschen in ihrem kleinsten Dorfe seien als hier in Newyork.

Ein indianischer Läufer, erzählt man, kam einst zu seinen Landsleuten in ein Dorf und rief die Vornehmen und Angesehenen zusammen, um sie in einer wichtigen Angelegenheit um Rath zu bitten. Sie kamen; als aber jener seinen Fall vorgetragen hatte und ängstlich auf Antwort wartete, bekam er keine, man liess ihn stehen. Ein Fremder, der gegenwärtig war, fragte einen Häuptling nach dem Grunde dieses sonderbaren Verfahrens und erhielt zur Antwort: er hat uns einmal belogen. — Ein solches Heilighalten der Wahrheit wird man freilich den Indianern nicht allgemein zuschreiben dürfen, aber immerhin spricht die Erzählung für ihre Wahrheitsliebe, selbst wenn sie erdichtet sein sollte.

Ehrlich geschlossene Verträge, die sie nicht allein aus freier Entschliessung eingegangen waren, sondern in denen sie sich auch nicht auf eine durchaus schamlose Weise übervortheilt sahen — wie diess freilich oft genug vorkam —, haben die Indianer fast immer mit voller Treue gehalten, sowohl unter sich als auch gegen die Weissen. Wenn Verhandlungen zu diesem Zwecke mit ihnen eröffnet wurden, war es herkömmlich, dass die Weissen zum Zeichen der friedlichen und freundschaftlichen Absichten, in denen sie gekommen waren, zuerst Geschenke gaben. Waren ihnen dann die Vorschläge mitgetheilt, welche man ihnen zu machen hatte, so zogen sich die Indianer gewöhnlich zu eigener Berathung zurück und es dauerte häufig lange Zeit, bis sie sich einigten und zum Entschlusse kamen. Bei solchen Verhandlungen zeigten sie meist grosse Vorsicht und sorgfältige Ueberlegung, die Reden ihrer Häuptlinge dabei wurden gewöhnlich langsam gesprochen, waren wohlberechnet und legten meist Zeugniss von sehr richtiger Einsicht in Alles ab, was mit ihrem eigenen Interesse in Beziehung stand. War man endlich über die einzelnen Bestimmungen des Vertrages selbst einig geworden, so wurde er von Seiten der Indianer dadurch wirklich abgeschlossen und feierlich besiegelt, dass man die Friedenspfeife, keine gewöhnliche, sondern eine zu diesem Zwecke besonders aufbewahrte und eigenthümlich ausgeschmückte Pfeife, im Kreise herumgab und rauchte.

Sahen sich die Indianer durch einen Vertrag betrogen oder glaubten sie es zu sein, so war freilich ihre Ehrlichkeit zu Ende, und sie griffen von da an auch ihrerseits zu Betrug, List, Verrath oder offener Gewalt, je nachdem die Lage der Sache und ihr Intersss ihnen das Eine oder das Andere als vortheilhafter erscheinen liess. Namentlich wussten sie bisweilen Betrügereien auf die schlaueste Weise zu vergelten.

Ein Weisser verkaufte einem Missouri-Indianer Pulver und wusste ihn zu überreden, dass es in die Erde gesäet, wie Weizen, tragen und er so sein Pulver selbst ziehen könnte. Der Indianer, hoch erfreut über diese Aussicht auf Reichthum, bestellte ein Stück Feld und säete das Pulver mit aller Sorgfalt. Ein Monat verging nach dem andern und sein Pulver keimte nicht einmal und erst im Winter überzeugte er sich von dem Betrug. Er schwieg, aber nach einiger Zeit, als der Verkäufer die Sache vergessen hatte, brachte er es dahin, bei ihm Credit bis zu einem hohen Betrage zu erlangen. Nach Ablauf des Zahlungstermins stellte sich jener ein, um sein Geld zu holen. Der Indianer hörte ihn ruhig an, sah ihm listig ins Gesicht und sprach: „Ich bezahlen, wenn mein Pulver wachsen." (Bossu I, 167.)

Der Gedanke der Vergeltung scheint der einzige zu sein, der den Indianer in seinen persönlichen Verhältnissen und deren Beurtheilung leitet und beherrscht, was sich im Wesentlichen daraus erklärt, dass ihm alle Individuen als absolut selbstständige und von einander durchaus unabhängige Personen erscheinen, die erst ganz willkürlich dadurch in bestimmtere Beziehungen zu einander treten, dass der Eine etwas thut, was entweder einen Andern verletzt oder zu seinem Vortheil gereicht. Daher erfordert nach ihrer Vorstellung die Billigkeit, dass nicht minder auch alle Wohlthaten vergolten werden. Verlangt auf der einen Seite die Höflichkeit gegen jeden, mit welchem man in freundschaftlichem Verhältnisse steht, ihm den Dienst zu leisten oder die Geschenke zu geben, die er wünscht, so fordert auf der andern die Billigkeit, dass keine Leistung und keine Gabe bloss dankbar hingenommen, sondern vielmehr, dass sie vollständig vergolten werden, und es geschieht daher in vielen Fällen von Seiten des Indianers das Angebot einer solchen sogleich in der bestimmten Absicht ein gewisses Gegengeschenk zu erhalten, das er zu besitzen wünscht. Die Erwartung eines solchen ist bei ihm in jedem Falle dieser Art eine vollkommen bestimmte; wird sie nicht befriedigt, so fordert er seine Gabe billiger und natürlicher Weise wieder zurück, und wer sich daher eine solche Verpflichtung zu einem Gegengeschenke nicht aufladen lassen will, muss von Anfang an den angebotenen Dienst oder das Geschenk zurückweisen. Es steht ihm diess völlig frei und der Indianer sieht darin keine Beleidigung, da es jedem überlassen bleiben muss, eine Verpflichtung zu übernehmen oder nicht. Sehr deutlich tritt diese Auffassung der Verhältnisse in folgendem Vorfalle zu Tage.

General Johnson erhielt eines Tages eine Sendung reich gestickter Kleider von England, an denen Hendrik, ein Häuptling der Mohawks, mit welchem er auf gutem Fusse war, ausserordentliches Wohlgefallen fand. Eines Tages erzählte dieser daher Johnson, er habe einen Traum gehabt, in welchem ihm Johnson eine seiner neuen Uniformen zum Geschenk gemacht habe. Der General gerieth dadurch in Verlegenheit, doch entschloss er sich kurz zu den Einzigen, was unter diesen Umständen anständiger Weise zu thun war, und schenkte dem Häuptling das Gewünschte. Einige Zeit darauf aber liess er sich nun auch seinerseits träumen, dass Hendrik ihm einen sehr fruchtbaren Strich Landes, ungefähr 500 Acker gross, geschenkt habe, den er ihm genau beschrieb. Hendrik besann sich keinen Augenblick ihm das Land abzutreten, setzte jedoch gewitzigt hinzu: „Sir William Johnson, ich will nie wieder mit Euch träumen!"

Sehr mit Unrecht ist man hier und da sogar so weit gegangen die Gastlichkeit des Indianers herabzusetzen und ihre Quelle zu verdächtigen, indem man gesagt hat, sie gehe mehr aus Unüberlegtheit, als aus dem Gefühle der Theilnahme hervor, während es doch Beispiele genug giebt, welche theils unmittelbar beweisen, dass diess nicht wahr ist, theils zeigen, dass Unbedachtsamkeit in so nahe liegenden Dingen diesen Menschen ganz und gar nicht eigen ist. Wo sich in einer Hütte zu essen findet, da kann jeder der hungert ohne Weiteres mitessen, und man sieht diess nicht als Edelmuth an, sondern findet es natürlich und selbstverständlich. Dass ein Häuptling jedoch mit den Gästen, die er bewirthet, nicht zusammen isst, fordert die Sitte hier wie bei andern Völkern, welche sich durch Gastfreundschaft auszeichnen.

Interessant ist folgende Erzählung Franklin's, sowohl in Rücksicht der Gastfreundschaft der Indianer, als auch in Rücksicht ihres Misstrauens gegen die Weissen und dessen natürlichen Ursprung.

Der Dolmetscher Conrad Weiser, erzählt Franklin (Works 2d ed. III, 389), unter die Irokesen als einer der Ihrigen aufgenommen, kam einst mit einem Auftrage zu Canassatego, einem Häuptling der Onondagos (um das Jahr 1742), von dem er freundlich bewirthet und unter Anderem namentlich auch nach dem wahren Charakter und den Sitten der Weissen befragt wurde. „Conrad, sagte er zu ihm, du hast lange unter den Weissen gelebt und musst sie gut kennen: ich bin öfters in Albany gewesen und habe gesehen, dass sie alle sieben Tage einmal ihre Läden zuschliessen und sich in dem grossen Hause versammeln; sage mir, warum sie das thun und was sie da machen?" „Sie kommen da zusammen, antwortete Conrad, um gute Lehren zu hören und zu lernen." „Ich glaube wohl, fuhr der Indianer fort, dass sie dir das sagen, sie haben mir es auch gesagt, aber ich zweifle daran und will dir meine Gründe sagen. Ich ging neulich nach Albany um meine Häute zu verkaufen, und Tuch, Messer, Pulver und Rum dafür mitzunehmen. Du weisst, ich verkaufe sie gewöhnlich an Hans Hanson, aber ich hatte diess Mal Lust mich an Andere zu wenden. Doch ging ich zuerst zu Hans und fragte ihn, was er für Biber geben wolle. Er sagte mir, mehr als 4 Schillinge könne er für das Pfund nicht geben, aber er könne heute keine Geschäfte machen, es sei der Tag, an welchem sie zusammenkämen um gute Lehren zu hören, und er müsse hingehen. Da ich kein Geschäft machen konnte, dachte ich, es könne nichts schaden, wenn ich auch hinginge, und ging mit ihm. Da stand ein Mann in einem schwarzen Rock auf und sprach sehr zornig zu den Leuten. Ich verstand nicht was er sagte, da er aber mich oft zornig ansah und Hanson auch, dachte ich, dass er böse sei, weil ich dort war. Ich ging also hinaus, setzte mich hin, schlug Feuer und brannte mir die Pfeife an um zu warten, bis die Versammlung zu Ende wäre. Ich glaubte auch den Mann etwas von Biber sagen gehört zu haben und dachte, dass die Leute deshalb zusammenkämen. Als sie herauskamen, sprach ich zu Hans: „Nun Hans, ich denke, du giebst mir nun mehr als 4 Schillinge für das Pfund." „Nein, antwortete er, ich kann nicht so viel geben, ich kann nur 3½ Schillinge geben." Ich wendete mich an mehrere andere Kaufleute, aber überall dasselbe Lied — 3½ Schillinge, 3½ Schillinge. Das überzeugte mich, dass mein Verdacht begründet war, und dass, so viel sie auch vorgeben, gute Lehren zu hören, sie sich doch nur berathen, wie sie die Indianer im Biberhandel betrügen können. Bedenke nur ein wenig, Conrad, und du musst meiner Meinung sein. Wenn sie so oft zusammenkämen, um gute Lehren zu lernen, müssten sie gewiss bis jetzt schon etwas gelernt haben. Aber sie haben noch nichts gelernt. Du weisst, wie wir es machen. Wenn ein Weisser durch unser

Land reist und in eine Hütte kommt, so behandeln wir ihn alle, wie ich dich behandle. Wir trocknen ihn, wenn er nass ist, wir wärmen ihn, wenn er friert, und geben ihm zu essen und zu trinken, damit er seinen Durst und Hunger stillen kann, und legen weiche Häute für ihn hin, damit er sich ausruhen und schlafen kann; wir verlangen nichts dafür. Wenn ich aber in das Haus eines Weissen in Albany komme und um etwas zu essen oder zu trinken bitte, so sagen sie: Marsch fort, du Indianerhund. Du siehst, sie haben die guten Lehren noch nicht gelernt, die wir nicht erst in Versammlungen zu lernen brauchen, weil unsere Mütter sie uns als Kindern schon eingeprägt haben, und deshalb können unmöglich ihre Versammlungen diesen Zweck haben, wie sie sagen. Sie werden von ihnen gewiss nur gehalten, um die Indianer im Biberhandel desto besser zu übervortheilen."

Lewis und Clark erzählen, dass sie den Continent von America zweimal durchreist seien, aber eine wahrhaft gastfreundliche Aufnahme nur bei einem einzigen Volke, bei den Chopunnisch (Nez-percés) gefunden hätten. Morton bemerkt hierzu sehr richtig, man müsse bedenken, dass manche Völker, zu denen sie kamen, selbst Hunger litten, während in anderen Fällen die sprüchwörtliche Raubgier des Weissen und ein Verdacht gegen die Absichten der Reisenden die Indianer zu misstrauischer Zurückhaltung gegen sie bestimmen mochten. Sehen wir ab von dem Einfluss der Weissen, so dürfen wir wohl schwerlich beistimmen, wenn Morton selbst dennoch behauptet, dass der Indianer die Tugend der Gastfreundschaft nur in beschränktem Maasse besitze und diese nur mit Zurückhaltung, wenn nicht mit Widerstreben ausübe.

Es giebt Schriftsteller, die sich darin gefallen haben, den sog. niederen Menschenrassen alle zarteren Regungen überhaupt abzusprechen, um sie wo möglich dem Affengeschlechte wenigstens eben so nahe zu bringen als den Europäern, die ja alle so hohen Verstand und Zartgefühl in sittlichen Dingen besitzen. Es kann nicht unsere Absicht sein, diesen guten Glauben zu stören, obwohl er etwas an das starke Selbstgefühl mancher Indianervölker und nicht gerade der begabtesten erinnert. Wir sollten vielmehr dem Indianer gerecht sein, und Irrthümer bekämpfen, die man behalten will, weil man sich in ihnen gefällt. Wir könnten hier manche Fälle mittheilen, welche leider etwas Beschämendes haben für die Rasse, die der Träger unserer Civilisation ist, zugleich aber auch beweisen, dass höhere sittliche Fähigkeiten dem Indianer nicht abgehen, wenn sie auch oft bei ihm unentwickelt bleiben.

Zeigen dergleichen Beispiele ein tiefes Bedürfniss nach allgemein menschlicher Theilnahme, in welchem der Keim zu allem Guten liegt, so stellt das folgende eine Grösse der sittlichen Gesinnung dar, wie sie vielleicht bei allen Völkern ziemlich gleich selten ist.

Ein Jäger kam auf seinen Streifereien zu einer der Niederlassungen in Virginien und sah sich durch das abscheuliche Wetter genöthigt, eine Zuflucht daselbst zu suchen. Der Pflanzer, den er an der Thür fand, verweigerte ihm den Eintritt. Da er hungrig und durstig war, bat er um ein Stück Brod und um Wasser, aber statt dessen erhielt er immer nur zur Antwort: Mach, dass du fortkommst du Indianer-Hund! Im Verlaufe der Zeit traf es sich, dass derselbe Pflanzer einst sich im Walde verirrte und nach der Anstrengung eines ganzes Tages endlich die Hütte eines Indianers erreichte, wo er freundlich aufgenommen wurde. Der Weg nach der Niederlassung war in der Nacht nicht zu machen, der Pflanzer nahm daher die Bewirthung des Indianers an und blieb bis zum andern Morgen, an welchem ihn dieser bis zur Niederlassung der Weissen das Geleit gab. Als der Indianer von ihm Abschied nahm, sah er ihm voll in's Gesicht und fragte, ob er ihn nicht kenne. Entsetzt, sich in der Gewalt eines Menschen zu finden, den er so schlecht behandelt hatte, und stumm vor Schaam über die Art, wie diese Behandlung vergolten wurde, fing er endlich an, Entschuldigungen zu stottern, der Indianer aber sagte nur: Wenn du einen armen Indianer siehst, der nach etwas frischem Wasser schmachtet, so sage nicht wieder, mach dass du fortkommst, du Indianer-Hund! und ging fort.

Dass der Indianer tiefer Anhänglichkeit und dauernder Dankbarkeit für empfangene Wohlthaten fähig ist, steht ausser Zweifel. General Harrison, der so reiche Gelegenheit hatte, sie genau kennen zu lernen, bezeichnet Treue in der Freundschaft als eine ihrer glänzendsten Eigenschaften. „Ein Pfand dieser Art, sagt er, das ein Indianer, von welchem Charakter er auch sonst sei, einmal gegeben hat, wird bei ihm zur herrschenden Leidenschaft, von der jede zum Schweigen andere gebracht wird.

Schliesslich wollen wir noch die kurze naturwahre Schilderung beifügen, die Mrs. Eastmann von der Art entwirft, wie sich die persönlichen Verhältnisse der Indianer zu den Weissen da zu gestalten pflegen, wo diese sich aufrichtig, hülfreich und wohlwollend gegen sie beweisen. Man wird daraus leicht selbst beurtheilen, können, wenn man darüber nach dem Bisherigen noch in Zweifel sein könnte, ob der Indianer ein Wilder ist in jenem vulgären Sinne des Wortes oder nicht, das heisst, ob er höheren Motiven von Natur unzugänglich, unverbesserlich, unbändig und grausam aus blindem Instinct, oder ob er nur roh und unentwickelt, aber der Civilisation fähig ist, wenn diese in der geeigneten Form an ihn herantritt und sich bemüht, ihn zu gewinnen.

„Die Indianer, welche wir kennen lernten, zeigten die wärmste Dankbarkeit gegen jeden, der sie jemals freundlich behandelt hatte. Da unsere Kinder das Scharlachfieber hatten, wie besorgt sahen sie aus beim Anblick ihrer Leiden. Welcher Contrast! das schöne Kind, das nichts wusste selbst von der Gegenwart der vielen theilnehmenden Freunde, die bei ihm gewacht und geweint hatten — und die alten Sioux-Weiber, die unhörbar in's Zimmer geschlichen waren. Ich sehe sie noch vor mir, wie sie sich unten über das Bett herüberbogen mit ihren ausdrucksvollen und unterwürfigen Gesichtern voll Sorge. Die kleine weisse Hand, die so kraftlos dalag, hatte sich immer zum Grusse ihnen entgegengestreckt, wenn sie müde und hungrig kamen.

Sie erzählten mir später, dass „viel Wasser aus ihren Augen gefallen sei Tag und Nacht, als sie glaubten, dass es sterben würde", dass die Dienerschaft sie aus dem Krankenzimmer entfernt und dann aus dem Hause gewiesen hätte, dass sie aber nicht hätten fortgehen wollen, sondern draussen gewartet hätten, um zu hören, wie es dem Kinde ginge.

Während seiner Genesung fand ich, dass sie ebenso sich freuen konnten mit den Fröhlichen, wie sie weinen konnten mit den Weinenden. Die Krankheit verliess unser Haus und „der alte Harfner' (wie sie im Fort genannt wurde) erbot sich, beim Kinde zu wachen und das Feuer zu schüren. Wir erlaubten es ihr, denn die Vielen, welche uns so freundlich beigestanden hatten, waren erschöpft. Die Freude hatte allen Schlaf bei mir verscheucht und ich legte mich nieder und gab auf das alte Sioux-Weib Acht. Sie schien die Geschichte ihres Lebens in der Erinnerung an sich vorübergehen zu lassen, so unverwandt sah sie in die feurigen Kohlen im Kamin. Augenscheinlich beschäftigten sie viele sonderbare Gedanken. Aus eigenem Antrieb lebte sie im Hause des weissen Mannes, um dessen krankem Kinde wohlzuthun. Sie hatte Tagelang bitterlich geweint, dass das Kind ihr verloren sein sollte — und jetzt war sie glücklich, das Kind der Genesung entgegengehen zu sehen.

Wie sollen wir diess mit der Thatsache vereinigen, dass „der alte Harfner" eines der Sioux-Weiber war, die ein so langes Halsband als möglich von Händen und Füssen von Chippeway-Kindern trugen? Hier in der Stille der Nacht wendete sie sich oft zu dem Bette eines Kindes hin, wenn dessen unruhiger Schlaf ihr stilles Nachdenken störte. Sie glaubte, ich schliefe, aber auch mein Geist war geschäftig. Ich war weit fort von der Heimath meiner Jugend und ein Sioux-Weib mit dem Messer in ihrem Gürtel wachte mit mir bei meiner einzigen Tochter."

Intellectuelle Bildung und Begabung.

Werfen wir endlich noch einen Blick auf den Grad von Intelligenz, den der Indianer besitzt, so haben wir schon bemerkt, wie beschränkt das Maass von Kenntnissen ist, über das sie gebieten: die Natur haben sie in eine Gespensterwelt für sich verwandelt und sich selbst dadurch die Fähigkeit zu unbefangener Auffassung und Beobachtung, aus der sie lernen könnten, verkümmert; die Isolirung, in welcher sie leben, und der Mangel an Verkehrsmitteln, an dem sie leiden, macht sie der Belehrung durch Andere grossentheils unzugänglich, selbst abgesehen von den weiteren Hindernissen, die diese bei ihnen findet; ihre eigene Geschichte, die wenigstens in gewissem Sinne ein Bildungsmittel für sie werden könnte, verliert sich grösstentheils schon nach wenigen Generationen in fabelhafte Tradition.

America selbst wird von den meisten Indianervölkern für eine grosse Insel gehalten, doch ist diese Vorstellung bei ihnen eine höchst vage und unbestimmte. Von fernen Gegenden und Ländern erfahren sie wenig; sie kennen zu lernen, liegt ausserhalb des Kreises ihrer Interessen, die immer nur auf das räumlich und zeitlich Naheliegende gehen; die Berichte der Indianer, die unter den Weissen gereist sind, werden von den übrigen gewöhnlich als Fabeln angesehen und ihre Urheber als Lügner verachtet. Gleichwohl haben manche Indianer rohe Landkarten, d. h. rohe Abbildungen der kleinen Länderstrecken, die sie selbst besitzen. Sie werden von ihnen angefertigt, wenn es sich z. B. bei einem beabsichtigten Verkaufe derselben oder bei einer andern Gelegenheit um eine genauere Beschreibung handelt, als sie unmittelbar in Worten zu liefern im Stande sind. Drake hat in seinem Buche ein paar Proben davon gegeben, und es ist diess nicht die einzige Art von Zeichnungen, die sie besitzen. Viele freilich schmücken sich selbst, ihre Kleider und Wohnungen nur mit unregelmässigen Linien und Schnörkeln, einige aber (wie auch in Südamerica die durch Kunstfertigkeit ausgezeichneten Indianer von Moxos) malen Thiere, Pflanzen und Geräthe nach der Natur und benutzen diese Geschicklichkeit zu einer Art Bilderschrift, in welcher namentlich die Helden ihre Thaten auf den Thierfellen darstellen, in die sie sich kleiden; doch gilt diess nicht von ihrer alltäglichen Kleidung, sondern nur von ihrem Festanzug.

In dieser Bilderschrift, von welcher Mrs. Eastman Beispiele gegeben hat, werden Gefangene durch eine roh gezeichnete menschliche Figur bezeichnet, die keine Hände hat, ein getödteter Feind durch eine eben solche Figur ohne Kopf. Diese Menschengestalten bestehen immer nur aus ein paar Strichen, welche den Umriss des Leibes andeuten, an diesem sitzt unten ein Bein, oben Arme und Hände und ein Kopf. Die Weiber werden dabei von den Männern durch ein paar Striche mehr unterschieden. Auf verschiedene Weise an dem Barte eingeschnittene Federn des Kriegsadlers, die als Haarschmuck von den Kriegern getragen werden, bedeuten, dass ein Feind erschlagen, dass ihm der Kopf abgeschnitten und der Skalp genommen wurde, dass der Krieger der dritte, vierte oder fünfte war, der die Leiche des Feindes berührte, dass er viele Wunden von diesem Feinde erhielt.

Es ist zu vermuthen, dass diese Bilderschrift hier und da eine weitere Ausbildung erhalten hat, und Catlin giebt (vorausgesetzt, dass er hierüber sich nicht selbst im Irrthum befindet) einen Indianergesang in Bilderschrift (Tafel 310), deren Bedeutung er jedoch nicht allein selbst nicht kennt, sondern von der er auch versichert, dass sie sogar den indianischen Magiern unverständlich sei. Misstrauen erweckt gegen diese Angabe vorzüglich der Umstand, dass die Bilderschrift der Indianer, so viel man weiss, von ihnen nicht dazu benutzt worden ist, um das Gedächtniss historisch wichtiger Begebenheiten, Vertragsbestimmungen u. dergl. zu erhalten, trotz der grossen Sorgfalt, die wenigstens manche Indianervölker hierauf verwendet haben. Wären sie im Besitze einer nur einigermaassen entwickelten Bilderschrift gewesen, so würden sie diese Anwendung (die eine zweifelhafte Angabe den Pawnies zuschreibt) ohne Zweifel vor Allem von ihr gemacht haben. Dagegen hören wir von Einigen, dass ihr hauptsächliches Mittel zur Aufbewahrung ihrer Geschichte darin bestand, dass eine bestimmte Person die besondere Function übertragen bekam, sie genau im Gedächtniss zu behalten und alljährlich einmal dem Volke vorzutragen. Das Einzige, womit man dabei dem Gedächtnisse zu Hülfe kam, waren besondere Wampumschnüre aus weissen Thonperlen — ein ähnliches mnemonisches Hülfsmittel, wie die Quipos der Peruaner, die in vielen Bündeln von bunten Schnüren bestanden, die auf die mannigfaltigste Weise miteinander verknotet waren. Eines ähnlichen Apparates bedienten sich zu demselben Zwecke die alten Mexicaner; auch die alten chinesischen Historiker sollen einen solchen gehabt haben. Bei manchen Indianervölkern besteht ein wesentliches Geschäft der Weiber darin, alle wichtigen Ereignisse sich fest einzuprägen und den Kindern mitzutheilen. Sie sind die lebendigen Acten der Verhandlungen, die in den Versammlungen geführt werden. Die Bedingungen geschlossener Verträge namentlich werden durch mehrere Generationen hindurch auf diese Weise oft vollkommen richtig und genau von ihnen aufbewahrt, und in einzelnen Fällen hat das Gedächtniss der Indianer bei der Vergleichung mit den betreffenden Schriftstücken eine schwierige Probe bestanden. Auf der Richtigkeit ihrer Aussage bestehend, behaupteten sie alsdann, dass „das Papier lüge", wenn es anders rede als sie selbst, und zeigten sich meist einer schriftlichen Feststellung von Verträgen abgeneigt.

Wie ganz und gar keine Ahnung der Indianer in der Regel von dem hat, was schriftliche Mittheilung soll und worin ihre Bedeutung liegt, wie er sie vielmehr gewöhnlich nur als eine Art von Zauberei der Weissen ansieht, vor deren Geheimniss sein Verstand stille steht, mag Folgendes lehren.

Der Capitän eines Schiffes wollte einer Dame ein Geschenk mit einigen schönen Orangen machen, die er eben von der „Zuckerinseln" mitgebracht hatte und gab sie einem Indianer, der sie ihr bringen sollte. Um sich gegen das Naschen zu sichern, schrieb er einen Brief dazu. Unterwegs bekam der Indianer Lust nach einer Erfrischung und überlegte sich, wie er von den Orangen nehmen könnte, ohne entdeckt zu werden. Ohne Vorstellung von der Art der Mittheilung durch Schrift, glaubte er seine Absicht nur vor dem Briefe selbst geheim halten zu müssen, damit ihn dieser nicht verrathe. Er legte diesen daher auf die Erde und wälzte einen grossen Stein auf ihn; hierauf entfernte er sich eine Strecke, erquickte sich mit einigen Orangen und setzte dann seinen Weg fort. Da er den Brief der Dame gegeben hatte, fragte ihn diese, wo denn die übrigen Orangen seien, aber er blieb dabei, dass er sie alle abgeliefert habe, und wenn der Brief anders rede, so lüge dieser.

Der unvollkommenen Kenntniss der Vergangenheit entspricht die mangelhafte Voraussicht der Zukunft, die von ihr unzertrennlich ist. Die Himmelserscheinungen beobachtet der Indianer nicht und weiss daher nichts von einer genaueren Zeiteintheilung. Schon diess liegt seinem unmittelbaren Interesse zu fern. Kommt es darauf an, den Tag eines Festes, eines gemeinsamen Angriffes mehrerer verbündeter Völker zu bestimmen, so hilft man sich gewöhnlich damit, dass alle Häuptlinge der einzelnen Dörfer ein Bündel Pfeile oder Hölzer erhalten, aus dem sie jeden Morgen einen Pfeil herausziehen und wegwerfen. Sind sie auf diese Weise bis auf den letzten gekommen, so ist der bestimmte Tag da.

Dass Scharfblick, Umsicht und genau zutreffendes Räsonnement, wenn nicht bei der Masse, doch bei den Häuptlingen ziemlich häufig anzutreffen sind, haben wir schon öfter zu bemerken Gelegenheit gehabt, aber die Intelligenz derselben erstreckt sich auch bei den begabteren unter ihnen nur selten über den gewöhnlichen Kreis der Vorstellungen und Interessen des Indianers hinaus. Ohne Zweifel ist es daher vollkommen richtig, wenn Parkman den intellectuellen Standpunkt des Indianers im Allgemeinen auf folgende Weise bezeichnet: „In Rücksicht auf Alles, was in ihrem Vorstellungskreise liegt, kann es keine neugierigeren Menschen geben, gegen alles Andere aber sind sie völlig gleichgültig. Was sie nicht verstehen, das bemühen sie sich nie zu untersuchen, sondern begnügen sich damit voll Verwunderung die Hand auf den Mund zu legen und auszurufen: das ist „grosse Medicin!" Mit dieser allumfassenden Lösung des Räthsels geräth ein Indianer nie in Verlegenheit. Er ergeht sich nie in Speculationen und Conjecturen, sein Verstand geht nur den getretenen Weg. Seine Seele schläft, und keine Anstrengungen der Missionäre, Jesuiten oder Puritaner aus der alten oder aus der neuen Welt haben bis jetzt etwas genützt, um sie zu erwecken."

Das Alles ist nur zu begreiflich, denn man bringt keine Civilisation durch das Eindringen einiger Individuen, die bloss lehren und bekehren wollen, in eine grosse und rohe Bevölkerung —, und wird man etwa die intellectuellen Fähigkeiten des Indianers deshalb besonders ungünstig beurtheilen wollen, weil die Masse des Volkes es in der Anstrengung des Nachdenkens ziemlich genau so weit treibt, als Tausende bei uns wirklich thun und Millionen thun würden, wenn sie in ähnlicher Umgebung aufgewachsen wären und in ähnlichen Verhältnissen ihr Leben hinbrächten wie der Indianer?

Von der glänzendsten Seite haben grosse Talente bei den Indianern sich vorzüglich in der Beredtsamkeit gezeigt. Zwar muss es als ungeschickt erscheinen, dass man (wie Jefferson einmal that) die sämmtlichen Reden des Demosthenes und Cicero und aller Redner der civilisirten Welt überhaupt herausgefordert hat, etwas aufzuweisen, was die Muster indianischer Beredtsamkeit übertreffe, denn wo die Bewunderung oft so wesentlich verschiedenen Eigenthümlichkeiten gilt, wie in diesen Fällen, ist es immer gerathen, sich der Vergleichungen zu enthalten, aber jeder unbefangene Beurtheiler wird allerdings zugeben — wir dürfen in dieser Rücksicht auf früher gegebene Beispiele verweisen —, dass es bei den Indianern Redner giebt, die namentlich durch einfache Naturwahrheit, durch schlagende Kürze und Kraft des Ausdrucks eine überwältigende, unwiderstehliche Gewalt so gut auszuüben wussten, wie nur die grössten Redner civilisirter Nationen. Besonders reich waren die Irokesen an ihnen, und zu den bedeutendsten derselben gehören vor Allem Logan und „Rothjacke" (Red-jacket), welchen letzteren wir schon vorher etwas näher kennen gelernt haben.

Nächst der Gabe der Rede sind es vorzüglich Witz und Schlauheit, in denen höhere geistige Fähigkeiten des Indianers sich zu äussern pflegen. Ein auffallendes Beispiel der Verbindung der beiden letzteren, wenn diese auch nicht gerade von sehr edler Art war, gab Sam Hide, dessen Name durch Tapferkeit, noch mehr aber durch Scherze und Lügen in Neuengland zu Anfang des vorigen Jahrhunderts zu solcher Berühmtheit gelangte, dass er zum allgemeinen Spottnamen grosser Lügner wurde. Einer seiner Streiche ist folgender:

Als renommirter Aepfelweintrinker pflegte er sich diesen von Haus zu Haus zu betteln. Einst in Verlegenheit um einen Trunk, trat er bei einem Manne ein, den er kannte, von dem er aber das Gewünschte durch Bitten zu erlangen nicht hoffen konnte. Daher nahm er ihn bei Seite und erzählte ihm mit wichtiger Miene, dass er ein schönes Reh geschossen habe und es ihm für einen Kronenthaler überlassen wolle. Sie kamen bald über eine halbe Krone und einen Krug Aepfelwein überein und Sam sollte nun den Platz beschreiben, wo das Reh zu finden sei. „Du weisst die Wiese, sagte er, — ja — und die dicke Esche an dem kleinen Bach, — ja — nun unter diesem Baum liegt das Reh." Als Sam fort war, ging der Mann aus, das Wild zu suchen, und fand den Platz wohl, aber kein Reh. Sam zum Ersatz zu nöthigen, sagte er sich, wäre noch thörichter als das Reh zu suchen, und er schwieg deshalb. Nach einigen Jahren traf er indessen wieder mit ihm zusammen, zog ihn auf und verlangte sein Geld und den Aepfelwein zurück. Nun, sagte Sam, wirst du mit Indianern unzufrieden sein, wenn sie nur die halbe Wahrheit sagen? — Nein. — Gut, die Wiese hast du gefunden? — Ja. — Den Baum hast du gefunden? — Ja. — Warum schiltst du also Sam Hide, wenn er dir zwei Wahrheiten auf eine Lüge gesagt hat?

Ein paar andere Beispiele witziger Antworten sind folgende.

Ein Ottaway-Häuptling, der bei den Franzosen als Trunkenbold bekannt war, wurde von Graf Frontenac einst gefragt, woraus er glaube, dass der Branntwein gemacht werde, worauf er antwortete, er müsse aus Herzen und Zungen gemacht werden, denn wenn ich viel davon getrunken habe, ist mein Herz so stark wie Tausende und ich kann mit ungeheurem Fluss und Freimuth reden.

Ein Weisser redete einmal einen Indianer als Bruder an. Mit einem sehr bestimmten und bezeichnenden Ausdruck des Gesichts fragte ihn darauf der Rothe, woher sie denn Brüder seien. „O, von Adam her, denke ich," antwortete jener. „Nun, sagte der Indianer darauf, dann danke ich dem grossen Geiste, dass wir nicht nähere Brüder sind."

Oft treten Einfalt und Schlauheit auf eine sonderbare und eigenthümliche Weise miteinander gemischt beim Indianer hervor. Dahin gehört unter Anderm folgende Anekdote, die, wie in so vielen Fällen, an dem Naturkinde deutlich und unverhüllt hervortreten lässt, was in unsrer civilisirten Gesellschaft der Sache nach ebenso vorkommt und vielleicht öfters, aber geschickt verkünstelt und bemäntelt —; man nennt das Anstand und Sitte in der „guten Gesellschaft".

Eine junge Wittwe, deren Mann ungefähr acht Tage todt war, wollte gern mit der Trauerzeit rasch zu Ende kommen — sie dauert bei vielen Indianern so lange, bis das völlig abgeschnittene

Haar seine ganze frühere Länge wieder erreicht hat —, um dann einen jungen Krieger zu heirathen. Sie nahm sich daher vor, in kurzer Zeit ungeheuer zu trauern. Sie zerriss ihr Haar, trank geistige Getränke und zerschlug sich die Brust, um die Thränen recht reichlich fliessen zu lassen, und brachte es dadurch so weit, dass sie am Abend des achten Tages genug getrauert hatte, um sich wieder verheirathen zu können.

Am meisten und leichtesten tritt die Anlage des Indianers zu listigen Streichen in seiner Berührung mit dem Weissen hervor, dessen Ueberlegenheit seine Erfindungskraft herausfordert. Wir theilen zum Belege dafür hier noch folgenden Fall mit.

Joseph Dudley, Gouverneur von Massachussets, beaufsichtigte eines Tages einige seiner Arbeiter und bemerkte unter diesen einen kräftigen Indianer, der obwohl halbnackt bisweilen herbeikam, nur um der Arbeit zuzusehen zum Zeitvertreib. Eines Tages fragte er ihn, warum er nicht selbst arbeite, um sich wenigstens die nöthigen Kleider zu verdienen, worauf der Indianer mit der Frage antwortete: warum er denn nicht arbeite? Der Gouverneur zeigte nach seiner Stirn und erwiederte, er thue Kopfarbeit und brauche deshalb nicht mit den Händen zu arbeiten. Hierauf erklärte sich der Indianer bereit zu arbeiten, wenn ihn jemand verwenden wolle. Der Gouverneur sagte ihm, er wünsche ein Kalb geschlachtet zu haben und wolle ihm dafür einen Schilling geben, wenn er es thue. Der Indianer nahm den Antrag an, schlachtete es und ging dann wieder müssig umher. Der Gouverneur besah seine Arbeit und fragte ihn, warum er das Kalb nicht zugerichtet habe. Der Indianer gab zur Antwort, dass das nicht im Handel einbegriffen gewesen sei, sondern nur das Schlachten und das Kalb sei todt. Der Gouverneur trug ihm auf, es zuzurichten für einen weiteren Schilling.

Als diess geschehen war und der Indianer das Versprochene erhalten hatte, ging er sogleich in einen Laden nach Rum, kam aber bald zum Gouverneur zurück und versicherte, dass er ihm ein schlechtes Schillingstück gegeben habe, das er vorzeigte. Der Gouverneur dachte, es könne sich wirklich so verhalten, und gab ihm ein anderes. Es dauerte nicht lange, so kam er zum zweiten Male mit einem falschen Schilling, und jener, zwar jetzt überzeugt von dem Betruge, gab ihm noch eins, um nicht viele Worte zu verlieren, doch beschloss er, den Schelm dafür zu strafen.

Bald darauf gab er ihm einen Brief nach Boston zu tragen. Dieser war an den Director des Zuchthauses gerichtet, welcher darin gebeten wurde, dem Ueberbringer so und so viele Streiche zumessen zu lassen; der letztere indessen merkte wohl, dass der Auftrag nicht besonders angenehm für ihn sein konnte, und befahl einem Bedienten des Gouverneurs, dem er unterwegs begegnete, im Namen seines Herrn den Brief zu bestellen, da er selbst so schnell als möglich zurückkehren solle. Der Bediente hat keinen Verdacht und erhielt eine ausgezeichnete Tracht Prügel. Der Schuldige blieb straflos und der Gouverneur ärgerte sich, zweimal von einem Indianer überlistet zu sein.

Einige Zeit entzog sich dieser seinen Blicken; als er ihn aber endlich einmal antraf, fragte er ihn, wie er ihn habe so wiederholt hintergehen können. Der Indianer fing ihn wieder in seiner eigenen Schlinge, deutete auf seine Stirn und sagte: „Kopfarbeit, Coponoh (Gouverneur), Kopfarbeit!"

Den werthvollsten Beitrag zu unserer Kenntniss der Indianer, namentlich in Rücksicht ihres inneren Lebens, hat in neuerer Zeit Mrs. Mary Eastman geliefert. Ihre Schilderung bezieht sich auf die Sioux oder Dahcotahs, die (wie schon früher bemerkt) am ersten als typisch für die Indianerbevölkerung des Innern von Nordamerica gelten können, und stützt sich in Allem, was die religiösen Vorstellungen, die geselligen Verhältnisse und das Gemüthsleben der Indianer betrifft, auf eigene Anschauung und auf unmittelbare Erzählungen derselben. Die Verfasserin lebte sieben Jahre lang mitten unter ihnen in Fort Snelling, verstand ihre Sprache und scheute keine Mühe, die so vielfach ihr dargebotene Gelegenheit zur genauen Kenntniss derselben sorgfältig und gewissenhaft zu benutzen. „Die Häuptlinge von nah und fern", sagt sie selbst, „besuchten fortwährend das Fort und waren stets in unserm Hause. Kein Gefühl findet sich in den von mir aufgezeichneten Sagen, das ich nicht von den Lippen der Indianer selbst habe. Sie betrachteten meinen Mann als Freund und sprachen sich offen über Alles gegen ihn aus, über ihre Religion, ihre Sitten, ihre Leiden. Man sagte ihnen oft, dass ich über sie schriebe, damit jeder erführe, wie grosse Krieger sie wären." „Ich behaupte nicht, dass alle Vorfälle, die ich erzähle, genau so geschehen sind, wie ich sie mittheile. Die meisten von ihnen sind vollständig wahr, während ich die Erzählung einiger etwas verändert habe, um eine herrschende Sitte zu schildern oder eine Ansicht zu erläutern, welcher diese Indianer anhängen." Catlin bemerkt zwar, dass die Sioux in der Nähe von Prairie du chien und Fort Snelling, da sie in häufige Berührung mit den Weissen kämen, starke Branntweintrinker geworden und deshalb nur ein unvollkommenes Beispiel des ganzen Stammes seien, dessen grösster Theil als ein Wandervolk in dem Lande zwischen dem Missouri und dem Felsengebirge umherziehe und sich allein noch im primitiven Zustande befinde; aber der Bericht, den Mrs. Eastman giebt, zeugt deutlich genug für sich selbst dafür, dass es nicht entartete Indianer sind, die er schildert, so sehr man auch zu beachten hat, dass er die interessanten und anziehenden Seiten ganz überwiegend an ihnen hervortreten lässt. Wer nur ihn liest, geräth in die Gefahr sich ein zu romantisches Bild von den Indianern zu machen.

Der eigene und eigentliche Name der Sioux ist Dahcotah. Jener erstere Name, den französische Kaufleute diesem Indianerstamme gegeben haben sollen, um sie nicht merken zu lassen, wenn von ihnen im Gespräche die Rede war, ist nur denen bekannt, die in der Nähe der Weissen wohnen, und man weiss nicht, was es bedeutet. Das Wort „Dahcotah" bedeutet Bund, Völkerbund: der ganze Stamm ist nämlich in eine Anzahl von Banden oder Völkerschaften, und diese sind wieder in einzelne Dörfer getheilt, die untereinander befreundet sind, dieselben Sitten und Gesetze haben.

Einen jungen Dahcotah-Krieger, der keine hervorragende Stellung einnahm, beschreibt Parkman auf folgende Weise. Wie die meisten seines Stammes war er nahezu sechs Fuss hoch, von gelenkem und wohlproportionirtem, dabei aber kräftigem Gliederbau, von vorzüglich reiner und zarter Haut. Er war nicht bemalt, der Kopf unbedeckt, das lange Haar hinten in einen Wulst zusammengewickelt, auf dessen Höhe zum Schmuck und zugleich als Talisman die mystische Pfeife quer befestigt war, die aus dem Flügelknochen eines Kriegs-Adlers (war-eagle*) gemacht ist und mancherlei magische Kräfte besitzt. Am Hinterkopfe hing eine Reihe glänzender Messingplatten von der Grösse einer Doublone bis zu der eines halben Hellers in der Form einer Pyramide herab, ein schwerer Schmuck, der bei den Dahcotahs sehr in der Mode ist und den sie von den Handelsleuten zu ganz übertriebenen Preisen kaufen. Brust und

---

*) Catlin (I p. 68) giebt an, dass diese Adlerart sich nur im Felsengebirge finde. Die Indianer schätzen namentlich seine Schwanzfedern als Schmuck und nennen ihn Kriegs-Adler, weil er allen andern Adlerarten überlegen sei. Catlin sah ihn noch in keinem Museum.

Arm waren nackt, das Büffelkleid, das sie beim Ausruhen bedeckt, war von ihnen heruntergefallen und wurde um die Taille von einem Gurt zusammengehalten. Diess und die schönen hellen Moccassins an seinen Füssen machte den Anzug vollständig. Als Waffen führte er einen rohen, aber mächtigen Bogen in der Hand und einen Köcher von Hundefell auf dem Rücken. Sein Pferd hatte keinen Zaum, statt desselben diente ein Haarseil, das um seine Kinnlade herumgebunden war. Der Sattel war von sehr eigenthümlicher Art, nämlich von Holz und mit rauhem Fell bedeckt, vorn und hinten reichlich acht Zoll in die Höhe gebogen, so dass der Reiter fast in seinem Sitze eingekeilt war und nur beim Reissen der Gurte abgeworfen werden konnte.

Was wir früher über die Mythologie der Indianer beigebracht haben, beweist, dass es ihnen an poetischer Erfindungskraft nicht ganz gebricht, dass aber die Schöpfungen ihrer Phantasie meist an einer gewissen Maasslosigkeit leiden, welche die Production des Schönen in hohem Grade beeinträchtigt. Diess bestätigt sich an ihren Liedern und Gesängen. Sie sind bisweilen schwer verständlich, weil den Wörtern in ihnen oft ganz andere Bedeutungen beigelegt werden, als sie in der gewöhnlichen Sprache haben, und die Antiphrase sehr beliebt ist, so dass z. B. der Dahcotah, um einen Tapfern zu loben, zu ihm sagt: Freund, du hast dich von den Ojibway schlagen lassen. Die Lieder haben meist einen Refrain, den der Chor singt. Ihr Hauptgegenstand ist der Krieg und sie ergehen sich in wilden Prahlereien des Muthes und der Kraft, den mannigfaltigsten, zum Theil symbolischen Ausdrücken der Tapferkeit, der Verspottung der Feinde, den Anspielungen auf die Schutzgötter und dergleichen; andere feiern den Sieg, oder sind als Klagelieder der Erinnerung der Todten, eines Kindes, eines Helden gewidmet, noch andere sind von der Furcht vor bösen Geistern eingegeben.

Häufig bestehen sie aus einer einzigen Zeile, die in endloser Wiederholung von Einzelnen und vom Chor gesungen wird: „Wenn ich dem Feinde entgegengehe, zittert die Erde unter meinen Füssen", oder: „Das Haupt des Feindes ist abgeschnitten und fällt mir zu Füssen." Wie die Pottowatomi scheinen auch die Osagen und Cherokees keine Liebeslieder zu haben, doch giebt es deren bei anderen Völkern. Wir geben hier nur noch ein Liebeslied und ein Kinderlied, welche jedenfalls unter den bekannten Indianerpoesien eine hervorragende Stelle einnehmen.

Liebeslied.

O, wenn ich an ihn denke — mein Geliebter!
Da er in den Kahn stieg zur Rückkehr, legte er das weisse Wampum um meinen Nacken — mein Geliebter.
Ich werde mit dir gehen in dein Vaterland, mein Geliebter!
Ach, mein Vaterland ist weit, weit weg, mein Geliebter!
Da ich mich umsah nach dem Platz, wo wir schieden, stand er dort und sah mir nach, mein Geliebter.
Noch stand er auf einem Baume, der in das Wasser des Flusses gefallen war, mein Geliebter!
O, wenn ich an ihn denke — o, wenn ich an ihn denke!

Kinderlied.

Feuerfliege, Feuerfliege, leuchte mir zu Bett.
Komm, komm, kleiner Leuchtwurm.
Du bist mein Licht, leuchte mir auf meinem Weg.

Vorzüglich geeignet, um die intellectuelle Bildungsstufe zu charakterisiren, auf welcher die Indianer stehen, sind ihre Sagen, Mährchen und Erzählungen. Wir haben hierbei nicht diejenigen von ihnen im Auge, welche eine bestimmte historische Grundlage besitzen, wie z. B. die Geschichte von der Trennung der in alter Zeit vereinigt gewesenen Wyandot und Seneca, sondern die grosse Menge derer, in welchen die Phantasie ein freieres Spiel treibt, die selbstständigen Schöpfungen des Indianers auf diesem Gebiete. Sie sind theils bloss zur Unterhaltung erfunden, theils sollen sie wichtige moralische Wahrheiten in symbolischer Einkleidung oder im Gewande der Fabel darstellen. Manche von ihnen bewegen sich auf dem Gebiete der Mythologie allein, andere verknüpfen die Götter- und Heroenwelt in der Weise des Mährchens mit dem Treiben der Menschen. Nicht selten fehlt es ihnen allerdings an tieferem, innerem Zusammenhange und an psychologischer Motivirung: mächtige Zauberer mit ihren vielfachen Verwandlungen, Thiergeister und andere Genien, die den Menschen bald hülfreich sind, bald sie plagen und quälen, spielen in ihnen die Hauptrolle; Riesen, welche Menschen fressen, und Zwerge, die mit Wunderkräften begabt sind, treiben darin ihr Wesen. Viele dieser Erzählungen sind offenbar nur Fragmente. Longfellow hat in „The song of Hiawatha"[*]) eine Menge der Mythen und Sagen, welche

---

[*]) „Das Lied von Hiawatha" deutsch von Adolf Böttger, Leipzig 1856.

Schoolcraft und Andere gesammelt und in Prosa erzählt haben, in Verse gebracht und zum Theil mit sorgsamer Verwendung des Poetischen und Sinnigen, das sie enthalten, zu einem, wenn auch nur lose zusammenhängenden Ganzen verwebt. Man darf dabei nicht vergessen, dass die Form dieses Ganzen, „das geistige Band", der Zusammenhang und die specielle Ausmalung der zerstreuten Elemente, die der Dichter vorfand, und somit die ganze künstlerische Gestaltung dem letzteren allein angehört und nach modernem Geschmack von ihm hinzugedichtet worden ist. Gerade die poetischen Vorzüge dieses Werkes sind es, durch welche der Spiegel getrübt und selbst verfälscht wird, den es uns von den dichterischen Leistungen der Indianer vorhalten will: das zusammenhangslose, abenteuerlich bunte Durcheinander, das die Phantasiegebilde dieser Menschen charakterisirt, ist öfters abgestreift, das Spröde geglättet und in Fluss gebracht, das Abstossende und Widrige in den Hintergrund gedrängt und gemildert: wir haben ein anziehendes, interessant colorirtes Bild erhalten, das in seinen Elementen grösstentheils wahr, als Ganzes aber unwahr ist; unwahr besonders auch insofern, als der Heros Hiawatha mit Manabozho und Michabou ganz ungegründeter Weise identificirt, und die Sagen verschiedener Völker, die höchst wahrscheinlich nie in irgend einem Zusammenhange gestanden haben, miteinander verschmolzen worden sind.

Ein richtigeres Urtheil über ihre Leistungen und Fähigkeiten auf diesem Gebiete lässt sich auf die Sagensammlungen gründen, welche wir in den Schriften von Jones, Loskiel, Heckewelder, Lewis und Clarke finden; auch lieferten werthvolle Beiträge Mrs. Eastman, Schoolcraft und Andere. — Die Zeit der Erzählungen bei den Indianern sind die langen Winterabende; der Schnee, der dann die Erde deckt, treibt auch die Geister, die sonst alles beleben und überall umherschwärmen, sich in ihr Versteck zurückzuziehen; vom Froste gedrückt, überlassen sie sich dem Schlafe und es ist ungefährlich, sie bei Namen zu nennen, über sie zu lachen und zu spassen, denn sie hören es nicht, da sie erst mit dem Frühjahr wieder erwachen. Wir beschränken uns auf die kurze Angabe einiger Beispiele, welche moralische Sätze in der Form der Allegorie einschärfen, oder sich durch Züge feiner Ironie gegen die herrschenden Vorstellungen von Anstand und Sitte auszeichnen, wie man sie bei diesen Menschen kaum erwarten wird. In einer Erzählung giebt das Haupt der Familie vom Falken, dessen Verwandter das Unglück hat, einen Flügel zu zerbrechen, ein grosses

Beispiel von brüderlicher Liebe durch eine Reihe von Opfern, die er bringt, und durch kluges Benehmen während einer langen Zeit des Mangels. In einer andern verlässt die Seele eines Kriegers das Schlachtfeld, um zu sehen, ob der Verlust eines so tapfern Mannes wirklich so tief gefühlt und betrauert wird, als man gewöhnlich glaubt. In einer dritten kehrt ein geliebtes Weib oder eine Schwester aus dem Jenseits auf diese Erde zurück, um zu erfahren, ob die Trauer tief gefühlt und aufrichtig, oder nur ein conventionelles Schauspiel sei. Ein berühmter Krieger besucht im Traume die glücklichen Jagdgründe der andern Welt und findet dort die Seelen der Todten schwer belastet mit dem, was man ihnen mit ins Grab und auf den Weg gegeben hat: er schafft daher diesen Gebrauch ab.

Viele Sagen enthalten gar manchen Gedanken, den man der Phantasie des Indianers kaum zutrauen sollte, und warnen dringend vor der Geringschätzung, mit der man gewohnt ist, von ihnen zu sprechen. „Wir müssen", sagt Schoolcraft, „die Indianer nach den ausgezeichnetsten Beispielen beurtheilen, die sie von geistiger Kraft und Talent gegeben haben, wie wir diess mit civilisirten Völkern thun. Dass ein vielfach gedrücktes und durch Anstrengung für seinen Lebensunterhalt auf's Aeusserste gebrachtes Volk überhaupt noch Beispiele von Geistesgrösse und erhabenen Gedanken hervorbringt, verdient unsere Bewunderung".